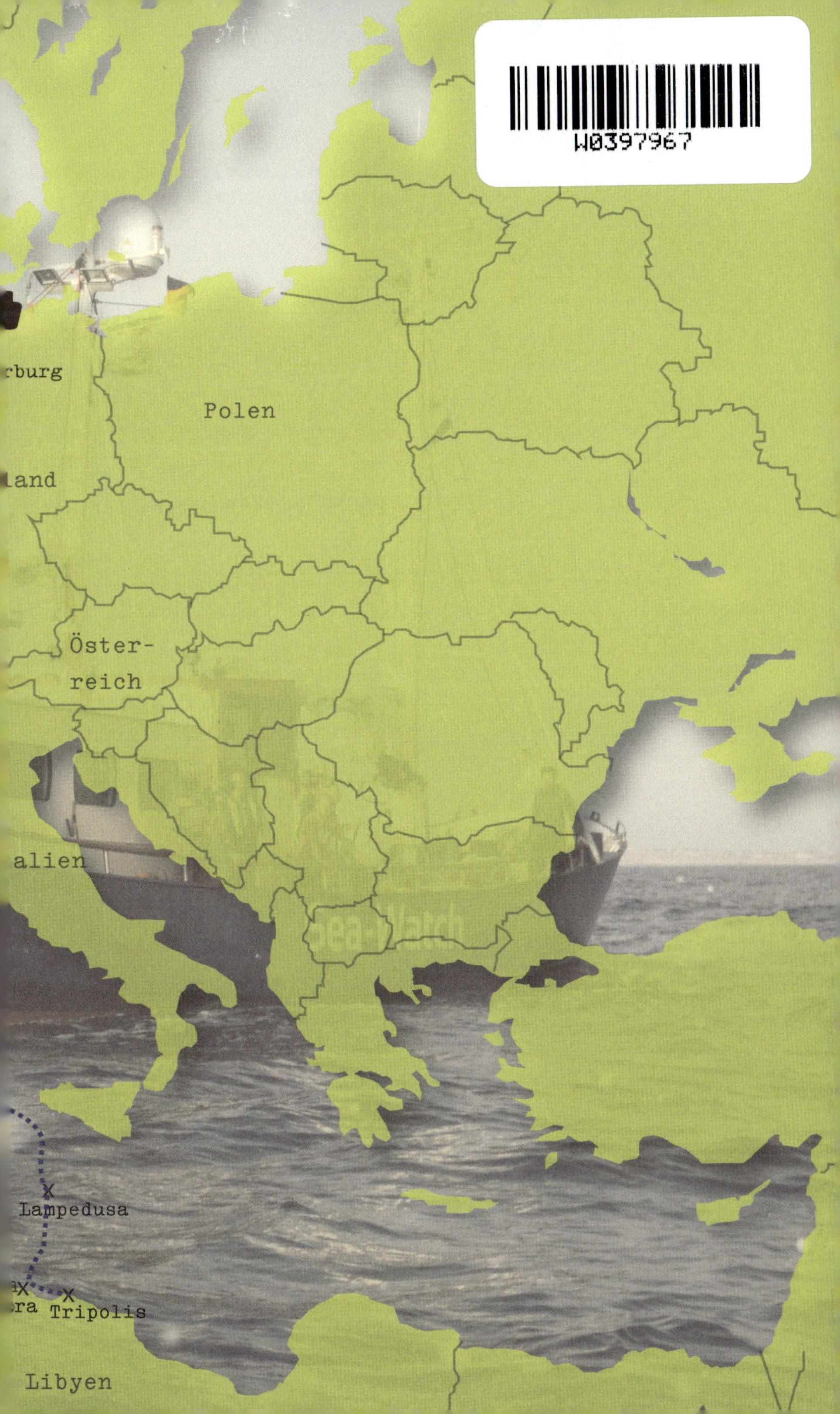
rburg
Polen
land
Öster-
reich
alien
Lampedusa
Tripolis
Libyen
W0397967

Harald Höppner | Veronica Frenzel
Menschenleben retten!

Harald Höppner | Veronica Frenzel

MENSCHEN-LEBEN RETTEN!

Mit der Sea-Watch im Mittelmeer

eichborn

MIX
Papier aus verantwortungsvollen Quellen
FSC® C014496
FSC
www.fsc.org

Dieser Titel ist auch als E-Book erschienen.

Originalausgabe

Copyright © 2016 by Bastei Lübbe AG, Köln

Textredaktion: Gesine von Prittwitz
Umschlaggestaltung: Christina Hucke, www.christinahucke.de
Einband-/Umschlagmotiv: © Christina Hucke unter Verwendung von Motiven von Ruben Neugebauer und Dollarphotoclub
Satz: two-up, Düsseldorf
Gesetzt aus der Sabon Next
Druck und Einband: GGP Media GmbH, Pößneck
Printed in Germany
ISBN 978-3-8479-0616-2

5 4 3 2 1

Sie finden uns im Internet unter:
www.eichborn.de sowie www.luebbe.de
Bitte beachten Sie auch: www.lesejury.de

Ein verlagsneues Buch kostet in Deutschland und Österreich jeweils überall dasselbe.
Damit die kulturelle Vielfalt erhalten und für die Leser bezahlbar bleibt, gibt es die gesetzliche Buchpreisbindung. Ob im Internet, in der Großbuchhandlung, beim lokalen Buchhändler, im Dorf oder in der Großstadt – überall bekommen Sie Ihre verlagsneuen Bücher zum selben Preis.

Ich danke allen Mitstreitern,
die Sea-Watch möglich machen.
Vor allem meiner Frau Tanja
und meinem Freund Matthias.

Inhalt

Vorwort

Als ich im Frühjahr 2015 auf Einladung von Harald Höppner nach Hamburg-Harburg fuhr, hatte ich durchaus ein etwas mulmiges Gefühl. Und der Anblick des betagten Kutters »GO 36«, der da am Lotsekai lag, verstärkte meine Bedenken noch. Mit diesem hundert Jahre alten Schiffchen, kaum mehr als zwanzig Meter lang, sollten im Mittelmeer Flüchtlinge aus Seenot gerettet werden? Das würde ein schwieriges Unternehmen werden. Elf Jahre zuvor hatte ich meine eigenen Erfahrungen mit dieser Art Einsatz gemacht: Als Kapitän der »Cap Anamur« musste ich erleben, wie italienische Behörden im Juni 2004 unser humanitäres Hilfsschiff an der Einfahrt in den Hafen von Porto Empedocle hinderten, nachdem wir vor Lampedusa 37 afrikanische Schiffbrüchige von einem sinkenden Schlauchboot gerettet und an Bord genommen hatten.

Nach einer elftägigen Seeblockade folgte die Beschlagnahmung unseres Schiffes. Die Geretteten wurden auf Sizilien inhaftiert und trotz internationaler Proteste und entgegen der Genfer Flüchtlingskonvention ohne Anhörung nach Afrika abgeschoben. Gemeinsam mit dem damaligen »Cap Anamur«-Vorsitzenden Elias Bierdel und meinem Ersten Offizier Vladimir Daschkewitsch landete ich im Gefängnis. Es folgte ein jahrelanger Prozess wegen angeblicher »Schlepperei«. Erst im Herbst 2009 sprach uns ein italienisches Gericht frei, nachdem wir beweisen konnten, dass alle gegen uns erhobenen Vorwürfe entweder frei erfunden oder nur durch gefälschte Dokumente belegt waren.

Die schockierende Erfahrung der »Festung Europa« im zentralen Mittelmeer und die skrupellosen Lügen vieler Staatsdiener während unseres Gerichtsverfahrens haben mir die Augen geöffnet. Und das Elend der Flüchtlinge, die zu Tausenden an den Seegrenzen starben, ohne dass die Öffentlichkeit in den EU-Mitgliedsstaaten davon Notiz nahm, sollte mich nie mehr loslassen. Noch während sich der miese Schauprozess in Agrigento dahinschleppte, gründeten wir in Berlin einen Verein, der sich ausschließlich mit den tatsächlichen Zuständen an den EU-Außengrenzen beschäftigen sollte: »borderline europe – Menschenrechte ohne Grenzen«.

In zahllosen Veranstaltungen, Ausstellungen, Gottesdiensten, Interviews und Diskussionsrunden versuchten wir, die Öffentlichkeit für das heikle Thema zu sensibilisieren. Meine Schilderungen über die wahren Vorgänge rund um die „Cap Anamur“ wurden aufmerksam verfolgt. Unter dem Eindruck des Gehörten kam aus dem Publikum immer wieder der spontane Vorschlag, für ein neues Schiff zu sammeln, um Flüchtlinge im Mittelmeer zu retten. Doch noch waren es zu wenige, die sich für ein solches Projekt engagieren wollten.

Dann kam der 3. Oktober 2013. Vor Lampedusa war ein völlig überladener Kutter gesunken. Mindestens 390 Menschen ertranken. Die EU-Abschottungspolitik hatte ihr Tschernobyl – jetzt ließen sich die zynischen Strategien der Grenzwächter und deren Opfer nicht mehr verbergen. Ein Aufschrei ging durch Europa. Nun gab es überall Bürgerinnen und Bürger, die sich mit den Toten an den Grenzen nicht mehr abfinden wollten. Eineinhalb Jahre später trat Harald Höppner in einer der prominentesten Talkshows des deutschen Fernsehens auf, um für einen der überraschendsten TV-Momente des Jahres zu sorgen. Vor laufender Kamera tat er etwas, was im hektischen Mediengeschäft so nicht vorgesehen ist: Er sorgte für Stille. Der Unternehmer aus Brandenburg erzwang eine Schweigeminute für die Toten im Mittelmeer! Und er kündigte an, dass ein eigenes Schiff unterwegs sei, um Flüchtlinge zu retten. Der Moderator hatte Mühe, seine Fassung zu bewahren. Herrlich.

Schon einige Wochen zuvor hatte ich die »GO 36« besucht und konnte vielleicht den einen oder anderen nützlichen Hinweis geben. Als ich nach der Schiffstaufe von Harburg wieder nach Hause fuhr, waren meine anfänglichen Bedenken tiefer Freude gewichen. Denn ich hatte in den »Sea-Watch«-Leuten jene Unbeirrbarkeit wiedererkannt, mit der wir selbst einst von Lübeck aus in See gestochen waren. Dass der kleine, uralte Kahn tatsächlich tausende Menschen aus Seenot gerettet hat, ist wunderbar. Bald wird ein neues, stärkeres Schiff im Einsatz sein.

Aber noch wichtiger scheint mir, dass »Sea-Watch« es geschafft hat, zehntausende Unterstützer zu mobilisieren, die angesichts des Flüchtlingselends jene Lethargie der Wohlstandsgesellschaft abgelegt haben, die Albert Schweitzer einst die »Schlafkrankheit der Seele« nannte. Wir können etwas bewegen, das ist die wichtigste Botschaft eines solchen Projekts. Es ist jederzeit möglich, dem Unrecht entgegenzutreten.

Kapitel 1

Dann mach ich das eben

Das Bild war schrecklich. Aber ich konnte meinen Blick nicht abwenden. Ein Mann klammerte sich an die hölzernen Bodenplanken eines sinkenden Schlauchboots. Sein Gesichtsausdruck war panisch, die Augen waren weit aufgerissen, der Mund zu einem stummen Schrei verzogen. Eine Hand streckte er nach vorne. Etwa einen Meter vor ihm im Wasser befand sich eine Frau, sie schien im Wasser zu stehen und war deutlich zu erkennen. Sie trug Jeans und ein helles, gestreiftes T-Shirt. Ihr Kopf war unter Wasser, die langen, schwarzen Haare schwammen auf der glatten Oberfläche. Sie schaute nach unten, so als sei sie erschöpft. Die Arme nach vorne gestreckt, schien sie nach dem Mann oder nach den Holzplanken greifen zu wollen.

Das Bild zog mich ganz in seinen Bann. Wie durch einen Schleier drangen die Worte des Nachrichtensprechers zu mir. »... Neues Unglück im Mittelmeer ... zwischen Libyen und Lampedusa ... mindestens 40 Tote.« Ich stand im Türrahmen zum Wohnzimmer, starrte auf den Fernseher und fragte mich, ob die Frau und der Mann sich gekannt hatten. Waren sie Geschwister? Oder waren es einfach nur zwei Menschen, die einander helfen wollten? Wo war der Mann jetzt? Wie ging es ihm? Aber dann dachte ich, dass das Foto der beiden vermutlich gar nicht das neueste Unglück zeigte. Mit Sicherheit stammte es aus einem großen Bildarchiv, das die Medien zu den Unglücken im Mittelmeer angelegt hatten. Ich war zufällig in die Nachrichtensendung geraten. Eigentlich hatte ich im Arbeitszimmer E-Mails beantwortet. Ins Wohnzimmer war ich nur gekommen, um mit meiner Frau Tanja, die sich nach dem Abendessen vor den Fernseher gesetzt hatte, unsere Urlaubspläne für die Herbstferien zu besprechen.

Ich sah selten fern. Überhaupt verfolgte ich die Nachrichten damals kaum. Eine Zeitung hatte ich seit Monaten nicht mehr gelesen. Auch die Seiten im Internet mit den aktuellen Meldungen klickte ich kaum mehr an. Es war nicht so, dass ich mich nicht dafür interessierte, was in der Welt geschah. Im Gegenteil. Am liebsten wollte ich jedes Land sehen und erleben. Nachrichten aber langweilten mich zumeist. Ich hatte oft das Gefühl, sie wiederholten sich, und dass ich zu wenig Informationen bekam, um wirklich verstehen zu können, um was es ging. Lediglich dann, wenn ich im Auto Radio hörte, ließ ich die Nachrichten an. Dann konnte es hin und wieder passieren, dass ich etwas Interessantes hörte, zu dem ich später im Internet mehr Informationen suchte. Jetzt schaute ich wie hypnotisiert auf den Bildschirm. Auf die Frau und den Mann. Ich erinnerte mich an einen Text über das Ertrinken, den ich erst kürzlich gelesen hatte. Ich war darauf gestoßen, als ich zu Bootsunglücken auf dem Mittelmeer recherchierte. Nach etwa einer Minute unter Wasser atmet man reflexhaft. Wasser dringt in die Lungen, das Zwerchfell krampft, man hustet, noch mehr Wasser gelangt in die Atemwege. Der Sauerstoffgehalt im Blut sinkt unaufhaltsam. Nach ein paar Minuten wird man bewusstlos. Kurz darauf steht der Atem still und wenig später das Herz. Wie sich das Ertrinken anfühlt, kann niemand sagen. Aber es muss eine besonders schreckliche Todesart sein. Auch erfahrene Schwimmer können ertrinken, wenn sie sich zu lange im Wasser aufhalten. Sinkt die Körpertemperatur, dann verlangsamt sich der Kreislauf. Irgendwann reicht die Kraft nicht mehr aus, um sich über Wasser zu halten.

Ich bin kein guter Schwimmer. Im Wasser fühle ich mich nicht wohl. Ich vermeide es, zu schwimmen, wenn ich keinen Grund mehr sehen kann. Hin und wieder fordern mich meine Söhne im Schwimmbad auf, mit ihnen um die Wette zu tauchen. Natürlich bin ich ein kläglicher Verlierer, weil ich bereits nach wenigen Sekunden wieder an die Wasseroberfläche muss. Ich stellte mir vor, dass ich mich anstelle des Mannes an der Holzplanke festklammere und vor meinen Augen eine Frau ertrinkt. Der Gedanke schauderte mich. Als ich ihn wieder abgeschüttelt hatte, hörte ich den Nachrichtensprecher sagen: »In diesem Jahr sind mehr als 3000 Flüchtlinge im Mittelmeer gestorben. Seit dem Jahr 2000 ertranken mindestens 22 000 Menschen.« Statt des Fotos von dem Mann und der Frau war jetzt hinter dem Sprecher ein größerer Kahn zu sehen, auf dem sich Hunderte Menschen drängten. Mit ausdrucksloser Miene fuhr der Journalist fort: »Nach Angaben der Internationalen Organisation für Migration ist das Mittelmeer derzeit die gefährlichste Grenze der Welt.« Er hatte den Satz noch kaum beendet, schon wechselte er zum nächsten Thema über. Mich überfiel eine irrationale Wut. Wie konnte der Nachrichtensprecher nach einer solchen Meldung, nach diesen Bildern einfach zum nächsten Tagespunkt übergehen? Kannte er keine Anteilnahme? Ich blickte zu meiner Frau, die mich noch immer nicht im Türrahmen bemerkt hatte. Sie starrte in den Fernseher, schüttelte bei den letzten Sätzen des Sprechers ein wenig den Kopf, um sich dann der nächsten Nachricht zu widmen.

Natürlich hatte ich längst mitbekommen, dass Flüchtlinge

im Mittelmeer ums Leben kamen. Die Nachricht, dass am 3. Oktober 2013 nahezu 400 Menschen vor der italienischen Insel Lampedusa ertrunken sind, hatte mich tief getroffen. Doch diesmal war meine Reaktion anders. Vielleicht war es das Bild der beiden, das etwas in mir in Bewegung setzte? Vielleicht waren es die Zahlen? Vielleicht dieser Satz: »Das Mittelmeer ist die gefährlichste Grenze der Welt«? Das Mittelmeer, diese Badewanne, in der meine Kinder und ich schon zigmal geplanscht haben, konnte doch nicht so plötzlich unkontrollierbar geworden sein! Jedenfalls fühlte ich mich in diesem Moment, als ich im Türrahmen stand und zufällig die Fernsehnachrichten sah, für die Toten mitverantwortlich. Wie können wir hinnehmen, dass Menschen an unserer europäischen Grenze sterben? Diese Frage ließ mich nicht mehr los.

Wenige Wochen später, am Abend vor dem 25-jährigen Mauerfalljubiläum, fiel meine Entscheidung: Wenn niemand etwas gegen das Sterben unternimmt, dann würde ich das eben tun. An jenem Abend saßen meine Frau Tanja und ich mit Freunden an unserem Küchentisch zusammen. Ich hatte indisches Curry mit Reis zubereitet, dazu tranken wir eine Flasche Rotwein. Wie so oft in den vergangenen Tagen, als es im Fernsehen und im Radio nahezu ausnahmslos um die Öffnung der innerdeutschen Grenzen ging, sprachen wir über die europäischen Außengrenzen und über die zahlreichen Flüchtlinge, die im Mittelmeer ums Leben kamen. Ein Freund sagte halb im Spaß, halb im Ernst: »Man müsste einfach mit einem Frachter nach Libyen fahren und die Menschen abholen, damit niemand auf dem Weg nach Europa ertrinkt.«

Damals kamen die meisten Flüchtlinge übers zentrale Mittelmeer nach Europa. Allein bis Oktober waren es im

Jahr 2014 nach Angaben der Vereinten Nationen mehr als 218 000. Die meisten Boote starteten in Libyen, wo sich nach dem Sturz von Muammar al-Gaddafi im Jahr 2011 die Schlepperbanden breitgemacht hatten. In weiten Teilen des Landes gab es keinen funktionierenden Staat mehr und damit auch keine Küstenwache, mit der die Europäische Union hätte zusammenarbeiten können, damit die Boote mit den Flüchtlingen gar nicht erst ablegen. Natürlich war uns allen klar, dass der Vorschlag mit dem Frachter nicht funktionieren würde. Die Gefahr war groß, dass man als Schlepper angeklagt würde. So konnten wir nichts erreichen. Trotzdem spann ich den Gedanken weiter. Sprach von Besitzern privater Segeljachten, die die Flüchtlinge hinter den libyschen Hoheitsgewässern aus ihren maroden Schiffen herausholen könnten. Und dann kam mir dieser Gedanke: »Wir fahren selber mit einem Schiff aufs Mittelmeer und retten die Menschen vor dem Ertrinken.« Meine Frau und die Freunde lachten. Ich ließ mich nicht beirren, setzte mich an den Computer, um Jachtcharter-Firmen zu recherchieren. Als ich mich durch die Angebote geklickt hatte, wurde mir klar: Niemand würde uns mit so schicken Booten an die libysche Grenze fahren. In Libyen herrschte Bürgerkrieg, islamistische Milizen beherrschten die Küsten. Keine Versicherung der Welt würde Jachtcharterer in dieser Gegend absichern. »Wir müssen unser eigenes Boot kaufen«, sagte ich, als ich an den Küchentisch zurückkehrte. Von da an sollte kein Tag mehr vergehen, an dem ich nicht an dieses Boot dachte, mit dem wir im Mittelmeer Flüchtlinge retten könnten. Ich ahnte noch nicht, dass daraus tatsächlich ein Projekt werden würde, das mich monatelang nicht mehr zur Ruhe kommen ließ.

Schon bevor ich das Bild von dem ertrinkenden Mann und der toten Frau in der Nachrichtensendung gesehen hatte, war etwas mit mir passiert. Auf den ersten Blick war es nur eine Kleinigkeit gewesen. Aber sie veränderte meinen Blick auf die Welt und auf die Flüchtlinge. Während der Sommerferien in Norwegen hatten wir in einem Museum in Trondheim ein Glücksrad entdeckt. In den Kästchen, in denen normalerweise Geldbeträge notiert sind, stand zum Beispiel: »Syrien. Pech gehabt. Als Teil der normalen Bevölkerung werden Sie und Ihre Familie zwischen den Truppen von Assad und den islamistischen Kämpfern aufgerieben. Zwar gelingt Ihnen die Flucht, das Schicksal Ihrer Familie ist aber ungewiss. Wahrscheinlich sind sie tot.« In einem anderen Kästchen stand: »Deutschland. Glück gehabt. Sie leben in Frieden und können problemlos durch die Welt reisen.«

In jenem Norwegenurlaub sprachen meine Frau und ich mit unseren Kindern häufig über das Glücksrad. Wir versuchten, die Sichtweise von Menschen aus anderen Ländern und die von Flüchtlingen einzunehmen. Immer wieder kamen wir zu dem Schluss, dass wir verdammtes Glück gehabt hatten, als Europäer auf die Welt gekommen zu sein. Dass die Chancen und Möglichkeiten, die man im Leben hat, davon abhängig sind, wo man geboren wurde. Und wir waren uns auch einig: Wer in diesem Glücksspiel den Hauptgewinn gezogen hatte wie wir, sollte anderen Menschen helfen. Wenn er die Möglichkeit dazu hat.

Auch nach dem Urlaub dachte ich immer wieder über die Menschen nach, die ihr Leben auf dem Meer riskierten, weil sie nach Europa wollten. Wie verzweifelt mussten sie sein, um diese Reise anzutreten? Was mussten sie zu Hause erlebt haben? Was hatten sie aufgegeben? Welche Erwartungen hatten sie und ihre Familien? Ich las über Libyen und wusste: Dort konnten sie nicht bleiben. Dort war Bürgerkrieg. Dort wurden Flüchtlinge entführt und ermordet. Seitdem ich das Bild der beiden Ertrinkenden gesehen hatte, grübelte ich auch darüber nach, wer dafür verantwortlich war, dass die europäische Außengrenze die gefährlichste der Welt geworden ist. Wer etwas daran ändern könnte. Und ich fragte mich, welche Verantwortung ich trug.

Anfang November wollte mir all das überhaupt nicht mehr aus dem Kopf gehen. In vielen Fernsehbeiträgen zum Mauerfall wurden die DDR-Flüchtlinge als Helden gefeiert, die vor November 1989 in den Westen geflohen waren. Anlässlich des Jubiläums war auch die Trauer wieder groß, dass zahlreiche Menschen an der deutsch-deutschen Grenze gestorben waren. Meine Gedanken allerdings waren bei den Flüchtlingen auf dem Mittelmeer. Immer wieder fragte ich mich, warum die vielen Toten an unseren Außengrenzen nur so selten einen Aufschrei provozieren. Und wenn überhaupt, geschah das nur bei den großen Katastrophen, und dann auch lediglich für kurze Zeit. Wieso vergessen wir die Tragödien immer wieder so schnell? Was muss passieren, damit sich wirklich etwas ändert? Wann nimmt niemand mehr hin, dass Menschen auf dem Weg zu uns sterben? Mir fiel nichts ein. Und je mehr ich über diese Fragen nachdachte, desto machtloser fühlte ich mich und desto wütender wurde ich.

Einige Tage bevor mir die Idee mit dem eigenen Schiff gekommen war, hatte ich im Radio einen Bericht über eine Aktion vom »Zentrum für politische Schönheit« gehört. Die Berliner Aktivisten hatten die Gedenkkreuze für die Mauertoten gestohlen und diese an die europäische Außengrenze in Bulgarien gebracht. Dort wollten sie »den europäischen Mauerfall inszenieren« und den Zaun an der bulgarisch-türkischen Grenze niederreißen. Das verhinderten zwar die bulgarischen Grenzschützer. Aber immerhin machte die Aktion darauf aufmerksam, dass wir gerade dabei waren, neue Wälle zu errichten, an denen Menschen starben. Und das zu einem Zeitpunkt, an dem die Deutschen sich dafür feierten, im November 1989 eine tödliche Mauer niedergerissen zu haben. Eine coole Aktion, wie ich fand, aber irgendwie auch realitätsfremd. Es müsste doch etwas Sinnvolles geben, das die Menschen aufrüttelt, das sie immer wieder daran erinnert, dass an unseren Grenzen Menschen sterben.

Als ich den Bericht im Radio gehört hatte, überkam mich zum ersten Mal das Gefühl, dass es doch irgendwie in unserer Macht stand, etwas gegen die schrecklichen Zustände im Mittelmeer zu tun. Dass wir etwas tun konnten, was den Flüchtlingen nachhaltig half und was die Europäer aufweckte, auch die Politiker. Diese Gedanken ließen mich nicht mehr los und nahmen fortan immer größeren Raum ein. In erster Linie musste es darum gehen, dauerhafte Anteilnahme zu schaffen. Die Menschen müssten das Leid der Flüchtlinge ebenso klar vor Augen haben, wie ich es angesichts des Fotos der beiden Ertrinkenden gehabt hatte. Gelänge es uns, dass die Menschen Empathie entwickeln, dann könnten sich die Verhältnisse sogar allmählich verändern. Das Flüchtlingsthema musste in unserer Gesellschaft so präsent sein, dass die Regierenden gezwungen wären, endlich zu handeln. Für mich war klar, dass am Ende nur die Politiker das Sterben im Mittelmeer beenden können. Von ihnen aber würde keine Veränderung ausgehen, da sie viel zu kurzfristig denken. Nämlich an den nächsten Wahlkampf. Der Wandel muss von uns, von den Wählern, mitten aus der Gesellschaft kommen.

Um dafür einen Anstoß zu geben, fassten wir einen weiteren Plan. Das Boot sollte nicht nur den Flüchtlingen auf dem Mittelmeer helfen. Es sollte die Geschehnisse auf dem Meer zu den Menschen nach Berlin bringen. Alles, was wir dort sehen und erleben würden, sollte live von Bord gesendet werden. Niemand mehr sollte zukünftig behaupten können, er wisse nicht, was an unseren Außengrenzen passiert. Auch nicht, dass man gegen das massenhafte Sterben im Mittelmeer nichts tun kann. Uns war klar, dass wir die Medien brauchen würden, um ein größeres Publikum zu erreichen. Die Nachrichtensendungen im Fernsehen, die so viele Menschen sahen. Die Zeitungen, die so viele lasen. Die Online-Seiten, die so viele anklickten. Die Webseite von ein paar Brandenburgern, so wichtig und relevant die dortigen Informationen auch sein mochten, würde kaum jemand beachten. Wir entschieden, dass wir Journalisten einladen würden, auf unserem Schiff mitzufahren.

In der Nacht zum 9. November bauten wir mit meinen Freunden das Glücksrad aus dem Museum in Norwegen nach. Mir hatte es die Augen dafür geöffnet, dass das Leben eine Lotterie ist. Syrien oder Deutschland, Krieg oder Frieden, Armut oder Wohlstand – kein Mensch kann sich sein Schicksal aussuchen. Bis in die frühen Morgenstunden sägten wir Holzreste zurecht und schrieben Texte für die Schicksalskästchen. Am Nachmittag des 25-jährigen Jubiläums des Mauerfalls stellten wir das Rad bei der Gedenkstätte in der Bernauer Straße auf. Jeden vorbeikommenden Passanten luden wir ein, daran zu drehen. Während sie auf ihr Schicksalskästchen warteten, erläuterten wir ihnen unsere Ansicht, dass das Leben eine Lotterie ist. Dass an unseren Grenzen weiterhin Mauern existieren, an denen Menschen sterben. Jedem stellte ich die provokante Frage: »Wie können wir den Mauerfall feiern und gleichzeitig die neue Mauer um Europa ignorieren?«

Abgesehen von einigen Eltern, die ihre Kinder nicht am Rad drehen ließen, kam unsere Aktion bei den meisten gut an. Ein Mann allerdings vertrat den Standpunkt, dass ihn das nichts angehe, dass im Mittelmeer Menschen sterben. Dass die Afrikaner selbst dafür verantwortlich seien, wenn sie sich in diese unsicheren Boote setzen. Was die überhaupt bei uns wollen? Mich machten seine Äußerungen fassungslos. Dass er so über die Toten sprach, dass er keinerlei Empathie empfand und dass er es nicht für ungerecht hielt, dass wir uns frei und sicher in der Welt bewegen können, während andere Menschen diese Möglichkeit nicht haben. Ich ahnte, dass unser Plan auch auf Widerstände stoßen würde. Und ich fragte mich, warum meine Frau, meine Freunde und ich in diesen Fragen so gänzlich anderer Ansicht waren als dieser Mann.

Vielleicht hat es mit meiner eigenen Geschichte zu tun, dass ich so große Empathie mit Menschen auf der Flucht empfinde? Ich bin in der DDR aufgewachsen, ganz im Osten von Berlin, in einer ruhigen Einfamilienhaus-Siedlung in Mahlsdorf. Meine Eltern waren beide Ärzte, meine Oma auch. Ich hatte eine glückliche Kindheit. Aber manchmal fühlte ich mich eingesperrt. Doch ich war zu jung, um darüber nachzudenken, in den Westen zu gehen. Als die Mauer fiel, war ich gerade 16 Jahre alt geworden. Heute bin ich mir ziemlich sicher, wäre ich damals älter gewesen, wäre ich geflohen. Schon zu DDR-Zeiten hatte ich vor, die Welt zu bereisen. Und wenn ich etwas wollte, dann konnte mich nichts davon abhalten. Die Sehnsucht, die Welt zu sehen, habe ich von meiner Großmutter geerbt. Nachdem sie in Rente gegangen war und nun auch einfach so in den Westen reisen durfte, fuhr sie auf Handelsschiffen zu allen Kontinenten. Sie schickte mir Postkarten mit Elefanten, Pinguinen,

Gletschern und Wüsten darauf. Seit meinem 13. Lebensjahr hatte ich vor, nach dem Schulabschluss diese Orte ebenfalls zu bereisen. Um dafür Geld zusammenzubekommen, programmierte ich für die ersten Computer, die in der DDR auf dem Markt waren, nach dem Schulunterricht Desktop-Publishing-Programme und Spiele. Verkauft wurden sie bei Treffen von Computerfreaks, die regelmäßig in irgendwelchen Turnhallen stattfanden, DDR-Vorläufer der heutigen Zusammenkünfte des Chaos-Computer-Clubs. Nach dem Abitur, als die Mauer schon gefallen war, jobbte ich ein paar Wochen als Paketbote. Danach konnte ich mir meine erste Fernreise leisten. Für drei Monate ging es mit einem Freund nach China. Ich war fasziniert von der Fremde, von dem einfachen Leben der Menschen auf dem Land, von dem Chaos in den Straßen. Zurück in Berlin vermisste ich die Lebendigkeit Chinas.

Ich begann Maschinenbau zu studieren, weil es mich interessierte, und Sozialpädagogik, weil man in diesem Fach viele Mädels kennenlernen konnte. Nebenbei jobbte ich wieder so oft als möglich als Paketbote, um das Geld für meine nächste Reise zusammenzubekommen. In den ersten Semesterferien fuhr ich mit Freunden durch Indien. In den nächsten flog ich nach England. Dort entstand auch die Idee zu dem Laden, den ich noch heute besitze und der es mir möglich machen sollte, das Projekt Sea-Watch zu finanzieren. Ich war mit einer Freundin in London unterwegs. Sie wollte möglichst alle Straßenmärkte von London besuchen. Die Märkte langweilten mich zunächst. Doch dann fiel mir auf, dass viele Händler Kleider, Schmuck und Räucherstäbchen aus Indien anboten und dass die deutschen Touristen das Zeug wie verrückt kauften, obwohl es ziemlich teuer war. Ab sofort achtete ich bei jedem Straßenmarkt, den wir erkundeten, auf das Angebot. Und tatsächlich: Überall boten Händler Dinge aus Asien feil. In Berlin kannte ich keinen einzigen Laden, wo es solche Dinge gab. Ich war sicher, eine Marktlücke gefunden zu haben. An den folgenden Tagen fragte ich die Händler, wo sie die Sachen erstanden hatten.

Mit Adressen von indischen Großhändlern im Gepäck, die in verschiedenen Londoner Vororten saßen, kehrte ich nach Hause zurück, um meine Familie voller Begeisterung in meine Pläne einzuweihen. Meine Großmutter war die Einzige, die an mich und meine Idee glaubte. Sie borgte mir 5000 Mark. Ich flog nach London zurück, um Großhändler abzuklappern und ihnen alles abzukaufen, was die deutschen Touristen auf den Märkten besonders gern mitgenommen hatten: kleine Statuen von Hindu-Gottheiten, Räucherstäbchen, CDs mit indischer Meditationsmusik, Fuß- und Armkettchen, weite, bunte Hosen und Hemden. Um die Sachen zu verkaufen, mietete ich in Berlin auf fast allen Flohmärkten der Stadt Stände. Es sollte kaum mehr ein Tag vergehen, an dem ich nicht morgens um sechs Uhr meine Ware auf einem Tisch ausbreitete. Das Geschäft lief so gut, dass ich meiner Großmutter bereits nach wenigen Monaten das geliehene Geld zurückzahlen konnte. Seither habe ich nie wieder einen Kredit aufgenommen. Ich investiere nur das, was ich auch verdient habe.

Nach ein paar Monaten war mir allerdings die Lust daran vergangen, ständig auf Flohmärkten unterwegs zu sein. Weil sich die Sachen aber weiterhin gut verkauften und ich noch vieles davon zu Hause lagern hatte, wollte ich das Geschäft nicht aufgeben. Also mietete ich einen Laden in Mitte. Ich nannte ihn »Guru«, weil ich damals der Meinung war, dass das lustig klingt. Der Laden heißt bis heute so. Der Verkauf lief weiterhin gut. Ich begann mit einem Großhändler in

Delhi zusammenzuarbeiten. Die Ware wurde in Containern verschifft. Da mich der Laden voll auslastete, hängte ich mein Studium an den Nagel. Den idealen Job hatte ich ja längst gefunden. Die Arbeit im Laden machte mir große Freude, ich verdiente gut, und es blieb noch Zeit für anderes.

Als ich meine Frau Tanja mit Mitte 20 kennenlernte, stieg sie bereits nach kurzer Zeit in die Firma ein. Wir eröffneten einen zweiten Laden, fuhren gemeinsam nach Indien und Nepal, um Produzenten zu finden, die exklusiv für uns Kleider und Möbel herstellen. Dabei war uns immer wichtig, unseren Zulieferern faire Bedingungen anzubieten. Seit zehn Jahren bieten wir unsere Waren auch im Internet an. Seither ist auch mein bester Freund Matthias Teilhaber der Firma. Wir kennen uns aus Mahlsdorf, wo wir zusammen zur Schule gegangen sind. Noch bevor er zu »Guru« stieß, haben wir gemeinsam einen alten Bauernhof in Brandenburg gekauft und diesen fünf Jahre lang um- und ausgebaut, wir haben alles selbst gemacht. Unsere beiden Familien leben bis heute dort. Vor einigen Jahren kam noch eine alte Mühle an der Ostsee hinzu, die wir ebenfalls selbst renoviert haben. Wenn wir die Räumlichkeiten nicht selbst nutzen, werden sie an Feriengäste vermietet.

Tanja und Matthias sind meine Geschäftspartner, vor allem aber sind sie meine engsten Vertrauten. Wir sind durch Höhen und Tiefen gegangen. Manchmal haben wir mit unseren Geschäften gute Gewinne erzielt, manchmal weniger. Längst sind wir uns einig, dass die Firma groß genug geworden ist. Das Geschäft soll nicht weiter wachsen, wir haben genug, alles, was wir brauchen. Es reicht auch aus, um ein paar Kindern in Nepal eine gute Ausbildung zu finanzieren. Vor einigen Jahren hatte ich zu Geld noch eine andere Einstellung. Ich wollte möglichst viel und immer mehr. Damals beschäftigte mich die Frage oft, wie ich das Geld, das wir gerade nicht notwendig brauchten, anlegen könne. Ich spekulierte mit Aktien und verlor dabei viel. Ich trug mich mit dem Gedanken, weitere Immobilien zu kaufen. Aber im Grunde genommen hatte ich gar keine Lust mehr, noch ein Haus zu kaufen und es zu renovieren. Irgendwann begann ich mich zu fragen, warum mir Besitz wichtig war. Schließlich kam ich zu dem Schluss, dass ich gar nicht so viel brauchte. Dass ich fast reflexhaft nach mehr gestrebt habe, einfach deshalb, weil es die meisten Menschen in meinem Umfeld auch so tun. Dass noch mehr Besitz noch mehr Arbeit und noch mehr Stress bedeuten würde. Ich erinnerte mich daran, warum ich den ersten »Guru«-Laden an den Start gebracht hatte. Weil mir die Arbeit Spaß machte und ich Geld verdienen wollte, um die Welt erkunden zu können. Ich schlug Tanja vor, mit der ganzen Familie eine Weltreise zu machen. Sie war sofort einverstanden. Womit ich fest gerechnet hatte, schließlich ist meine Frau ebenso reiselustig wie ich. Wir beschlossen, Richtung Osten bis nach Indien zu fahren. Ich kaufte einen Unimog, einen kleinen Lastwagen mit Allradantrieb, und montierte auf die Ladefläche einen fünf Quadratmeter großen Kasten, in den ich zwei Schlafkojen, eine kleine Sitzecke und eine Küche baute.

Im Sommer 2011 meldeten wir uns in Deutschland ab – mitsamt unseren drei Söhnen. Die beiden Älteren sollten im Ausland Schulen besuchen, Theo, der Jüngste, war damals gerade erst ein Jahr alt. Wir durchquerten den Iran, Pakistan, Indien und halb Nepal. Während wir die afghanische Grenze entlangfuhren, eskortierten uns in Pakistan zum Schutz fünf Tage lang Soldaten. Einer von ihnen schob immer mit einem Maschinengewehr in der Hand auf dem Beifahrersitz unseres Wagens Wache. Wenn wir auf die Toilette mussten, stellte er sich mit geladener Waffe neben uns. Mehrere Male mussten wir im Hof einer Polizeistation übernachten und wurden dabei rund um die Uhr von zwei Polizisten bewacht. Es war eine aufregende Zeit mit vielen, teilweise auch recht gefährlichen Abenteuern. In Indien mussten wir unseren Unimog mit Seilen auf einem Floß befestigen, weil sich ein Bach, den wir überqueren wollten, nach heftigen Regenfällen in einen reißenden Fluss verwandelt hatte. Im Himalaya brach unmittelbar hinter uns eine regennasse Straße weg. Das Wohnmobil, das unserem Wagen gefolgt war, kippte um und rutschte den schlammigen Hang hinunter. Nur mit Mühe konnten wir es mithilfe eines Abschleppseiles wieder aufrichten.

Wir fuhren bis Kathmandu, der Hauptstadt von Nepal. Nach sechs Monaten, in denen wir zu fünft auf fünf Quadratmetern gelebt hatten, traten wir die Rückreise nach Berlin an. Während unserer Tour durch Asien dachte ich erstmals intensiver darüber nach, wie privilegiert wir eigentlich waren. Für fast jedes Land, das wir durchquerten, hatten wir problemlos ein Visum bekommen. Die meisten Menschen, denen wir auf unserer Reise begegnet waren, hatten die Möglichkeit nicht, selbstbestimmt durch die Welt zu touren. Ich war überwältigt von der Gastfreundschaft, die wir überall erfahren durften. Von der Fürsorge der Pakistaner, die uns in gefährlichen Gebieten Schutz geboten hatten. Wenn ich am Steuer des Unimog saß und beim Fahren die Schönheit der Landschaft betrachtete, fragte ich mich oft, was ich noch aus meinem Leben machen wollte. Reisen und die Welt erkunden, das hielt ich damals für gute Ideen.

Zwei Jahre später, während unseres Sommerurlaubs in Norwegen, stellte ich mir die Frage erneut. Ob ich nicht sinnvoller leben könne als bisher? Ich musste häufig an die

Menschen denken, die wir auf unserer Weltreise getroffen hatten und die nicht die gleichen Chancen und Rechte hatten wie wir. Aber erst als ich im Museum von Trondheim das Glücksrad betrachtete und mir dabei bewusst wurde, dass es purer Zufall gewesen ist, dass ich in Europa zur Welt gekommen bin, wurde mir klar, wie selbstverständlich es doch ist, dass fremde Menschen zu uns kommen. Weil sie auch das Recht haben, an unserem Wohlstand und den vielen anderen Privilegien teilzuhaben, die wir besitzen, weil sie ebenfalls in Frieden leben wollen. Ich musste auch daran denken, dass ich aus der DDR geflohen wäre, wenn ich älter gewesen wäre. Und dass ich mich von niemandem aufhalten lasse, wenn ich mir etwas in den Kopf gesetzt habe.

Ich begann, Informationen darüber zu sammeln, welche Fluchtwege nach Europa es damals gab. Und je mehr ich darüber wusste, desto deutlicher wurde mir, dass Europa nicht nur eine Insel der Glückseligen, sondern auch eine Festung ist. Mir wurde klar, dass ich nicht in einer Welt leben wollte, in der sich Europäer von anderen abschotteten, ihren Wohlstand nicht teilen und auf Kosten anderer leben. Ich will keine Welt, in der die Menschenrechte nur für Privilegierte gelten. Wer in Europa Asyl oder einen anderen Schutzstatus erhalten möchte, der sollte am besten vom Himmel fallen. Asyl oder subsidiären Schutz – der zum Beispiel für Bürgerkriegsflüchtlinge gilt – kann man nur auf europäischem Boden beantragen. Ein Visum aber, um Asyl anzufragen, vergibt im Grunde genommen kein Staat in Europa. Wenige Ausnahmen gelten für Kontingentflüchtlinge, die beispielsweise in der deutschen Botschaft ihren Antrag stellen und dann per Flieger zu uns kommen. Ohne Visum aber lassen die Fluggesellschaften keinen an Bord. Laut einer Richtlinie der Europäischen Union müssen Fluglinien Passagiere ohne gültige Einreiseerlaubnis, die schon in der Transitzone ausgewiesen werden, auf eigene Kosten zurückfliegen, im Zweifelsfalle für Unterkunft, Verpflegung sowie medizinische und juristische Versorgung aufkommen.

Ein Visum bekommt auch nur, wer ausreichend Geld auf dem Konto hat und das nachweisen kann. Man muss also in einem Land mit einem funktionierenden Bank- und Behördensystem leben und nicht etwa in einem korrupten oder umkämpften Land. Natürlich besteht die Möglichkeit, sich ein gefälschtes Visum zu beschaffen. Auf welchen Wegen auch immer. Oder man kommt auf dem Landweg. Da Europa die Grenzen zu Lande aber abgeschottet hat, versuchen es immer mehr Menschen über das Meer. Und da es inzwischen so viele sind, hat sich ein gigantischer Schwarzmarkt für die Überfahrten nach Europa entwickelt. Darunter sind viele Kriminelle, die auf maximalen Profit aus sind und dafür das Leben der Flüchtlinge aufs Spiel setzen. Solange die europäischen Einwanderungs- und Asylgesetze keine legalen Wege bieten, werden die Flüchtlinge gezwungen sein, sich auf die hoch riskanten Schwarzmarkt-Deals einzulassen.

Im November 2014 war Europa auch noch drauf und dran, noch mehr Tote an unseren Grenzen hinzunehmen. Unfassbar zynisch war für mich, dass die Europäische Union lieber Gelder in die Befestigung der Außengrenzen steckte als in die Rettung von Flüchtlingen. Italien hatte am 31. Oktober die Rettungsmission »Mare Nostrum« eingestellt. Die Operation zur Seenotrettung von Flüchtlingen war mit 9,5 Millionen Euro im Monat teuer gewesen und die Europäische Union nicht gewillt, sich finanziell daran zu beteiligen. Viele Länder lehnten die Mission auch mit dem Argument ab, dass staatliche Rettungsaktionen ein zusätzlicher Anreiz für Flüchtlinge seien, die Überfahrt zu wagen. Teilweise wurde deshalb sogar Druck auf Italien ausgeübt, die Mission zu beenden. Tote sollten billigend in Kauf genommen werden. Auf »Mare Nostrum« folgte die Mittelmeer-Mission »Triton«, nach einem griechischen Meeresgott benannt. Sie unterstand der europäischen Grenzschutz-Agentur Frontex, deren Aufgabe es ist, die europäischen Außengrenzen zu kontrollieren und vor illegaler Migration zu schützen. Mehrere Hilfsorganisationen warfen Frontex-Mitarbeitern seit Jahren vor, Flüchtlinge nach Libyen, Marokko, Tunesien oder in die Türkei zurückzubringen, ohne ihre Asylgründe angehört zu haben, was gegen das Völkerrecht verstoßen würde. Auch hieß es, dass die Marineschiffe von Frontex nicht aktiv nach Flüchtlingsbooten suchen, sondern nur dann helfen würden, wenn sie zufällig in die Nähe eines Schiffes geraten waren, das sich in Seenot befand.

Dass »Mare Nostrum« eingestellt wurde, empörte mich sehr. In den zehn Monaten, in denen die Rettungsmission gelaufen war, hatte die italienische Küstenwache nach eigenen Angaben mehr als 100 000 Bootsflüchtlinge aus dem Wasser holen können. Und obwohl aktiv nach Flüchtlingsbooten gesucht wurde, sollen in der Zeitspanne trotzdem mindestens 3000 Menschen ertrunken sein. Da die Schiffe der italienischen Küstenwache nicht vor der gesamten libyschen Küste patrouillierten, dürften es sehr viel mehr Flüchtlinge gewesen sein, die ihr Leben damals im Mittelmeer lassen mussten. Mir wollte es nicht in den Kopf, dass mit »Mare Nostrum« Schluss sein sollte. Dass Flüchtlinge in maroden Booten ihrem Schicksal überlassen bleiben sollten. Dass ertrunkene Menschen als Abschreckung dienen sollten. Wie konnte das nur möglich sein?

Ich stieß auf »Migrant Files«, ein Datenbankprojekt, das mehrere europäische Journalisten zusammengeführt haben, weil es von offiziellen Stellen keine konkreten Zahlen zur Flüchtlingskatastrophe gab. Laut »Migrant Files« lag die Zahl der Flüchtlinge, die im Mittelmeer gestorben waren oder vermisst wurden, 50 Prozent über den offiziellen Schätzungen. Es stand auch zu lesen, dass die Wahrscheinlichkeit, dass ein Flüchtling bei seiner Überfahrt ertrinkt, bei sechs Prozent liegt. Erneut musste ich an den Satz aus der Nachrichtensendung denken: »Das Mittelmeer ist die gefährlichste Grenze der Welt.« Meine Empörung wuchs: Wie leicht es das Mittelmeer den Europäern doch macht, die Flüchtlinge zu ignorieren. Das Meer ist riesig, es schluckt die Toten einfach. Kein Mensch erfährt, was dort passiert.

Nachdem unser Entschluss feststand, das Mittelmeer mit einem eigenen Boot zu befahren, um Flüchtlinge zu retten, las ich alles, was ich zu den Themen Seenotrettung und Bootsflüchtlinge finden konnte. Unter anderem stieß ich dabei auf Mussie Zerai, einen eritreischen katholischen Priester, der mich tief beeindruckt hat. Er lebt in der Schweiz und ist ein Lobbyist der Flüchtlinge. Seit Jahren konfrontiert er Politiker mit den Toten, mit dem Leid der flüchtenden Menschen und mit dem Versagen der europäischen Politik in der Flüchtlingsfrage. Einige Hilfsorganisationen behaupten sogar, dass es ihm zu verdanken sei, dass Italien die Rettungsmission »Mare Nostrum« im Oktober 2013 im Alleingang gestartet hat. Bereits seit Sommer 2004 kursiert Zerais Telefonnummer unter Flüchtlingen, die sich auf den beschwerlichen Weg nach Europa machen. Sie rufen ihn an, wenn sie Probleme haben, wenn sie festgehalten oder gefoltert werden. Wenn sie sich in Seenot befinden. Sein Handy schaltet Mussie Zerai nie ab. Immer versucht er, zu helfen. Fast täglich – oft mitten in der Nacht – bekommt er Anrufe, die meisten kommen vom Mittelmeer. Diese Fälle meldet er der Seenotrettungsleitstelle in Rom, der offiziellen Anlaufstelle für Schiffbrüchige im zentralen Mittelmeer. Abschließend werden die jeweiligen Rettungsaktionen penibel dokumentiert. So auch die Geschichte des »Left-to-die-Boat«, die mich besonders fassungslos machte.

Am Morgen des 27. März 2011 ging ein Notruf bei Mussie Zerai ein. Von einem Eritreer, der mit 71 weiteren Flüchtlingen auf einem zehn Meter langen Schlauchboot vor der libyschen Küste trieb. Der Motor war schwach und der Tank fast leer. Zerai verständigte die Seenotrettungsleitstelle in Rom. Der dortige Mitarbeiter funkte die Position umgehend an sämtliche Schiffe, die sich zur fraglichen Zeit in der Umgebung des Flüchtlingsbootes befanden. Am Nachmittag des 27. März erreichte Zerai den Mann auf dem Boot telefonisch. Er erfuhr, dass noch immer keine Hilfe gekommen war. Als er es am Abend abermals versuchte, war das Telefon aus. Es blieb auch an den folgenden Tagen tot. Zwei Wochen später konnte ein Überlebender der Katastrophe dem Priester berichten, was geschehen war. Das Schlauchboot war noch am Abend des 27. März in einen Sturm geraten. Längst war der Tank leer. Tagelang trieben die Menschen auf dem Meer. Sie nahmen ein Gemisch aus Zahnpasta und Urin zu sich. Täglich starben Menschen. Als das Boot schließlich nach zehn Tagen an die Küste Libyens angespült wurde, lebten nur noch elf der einst 72-köpfigen Besatzung. Ein Mann starb völlig entkräftet unmittelbar nach der Rettung, ein weiterer in einem libyschen Gefängnis, wo es drei Tage lang nichts zu trinken und nichts zu essen gab.

Der Eritreer erzählte Zerai auch, dass das Schlauchboot auf dem Meer drei Mal Kontakt mit dem Militär hatte. Am Abend des 27. März habe sich ein grauer Hubschrauber mit der Aufschrift »Army« dem Boot genähert, es umkreist und wieder abgedreht. Daraufhin sei der Steuermann des Schlauchbootes, ebenfalls ein Flüchtling, in Panik geraten. Aus Angst, man würde ihn als Schlepper bezichtigen, habe er das Satellitentelefon und den Kompass über Bord geworfen. Stunden später sei der Hubschrauber zurückgekehrt. Die Besatzung habe einige Flaschen Wasser und Packungen mit Keksen zu den Flüchtlingen hinabgeworfen. Tage später sei es dann zu einer zufälligen Begegnung mit einem Militärschiff gekommen. Zu diesem Zeitpunkt waren auf dem Schlauchboot bereits etliche Menschen verstorben. Um auf die Lage an Bord aufmerksam zu machen, hätten einige Bootsinsassen Leichen in die Luft gehalten. Das Schiff habe sich bis auf wenige Meter genähert und dann wieder abgedreht. – Gemeinsam mit Flüchtlingshilfsorganisationen aus mehreren europäischen Staaten erhob Mussie Zerai Klage wegen unterlassener Hilfeleistung gegen Unbekannt. Bis heute weiß man über die Verantwortlichen nichts.

Je tiefer ich mich damals mit der Materie auseinandersetzte, desto wütender und zugleich ungeduldiger wurde ich. Besser heute als morgen wollte ich aufs Mittelmeer. Doch zuvor musste ich Tanja und Matthias davon überzeugen, dass das Vorhaben, Flüchtlinge mit einem eigenen Schiff zu retten, keine fixe Idee von mir war. Ich würde viel Zeit und Energie in das Projekt stecken, was auch hieß, dass ich weniger für die Firma da sein würde. Außerdem brauchte ich die Unterstützung der beiden bei der Finanzierung des Vorhabens. Wenige Tage nach dem Mauerfall-Jubiläum bat ich Tanja und Matthias um ein Gespräch. »Wir können etwas tun, um zu verhindern, dass Menschen sterben, und deshalb sollten wir etwas tun«, eröffnete ich die Runde in der Hoffnung, dass sie ahnten, was auf sie zukommen würde. Schließlich hatte ich in den vergangenen Tagen oft genug über die

Flüchtlinge und darüber gesprochen, dass man Hilfe leisten müsse. Sie kannten mich gut genug und wussten, dass ich nicht lockerlasse, wenn ich mir etwas in den Kopf gesetzt habe. »Besser als in ein Schiff, das Flüchtlinge aus dem Mittelmeer fischt, können wir unser Geld gar nicht investieren.« Zu meinem Erstaunen nickten beide. Tanja schmunzelte: »Schon als du das erste Mal darüber gesprochen hast, dass man etwas gegen die Flüchtlingskatastrophe tun müsse, war mir klar, dass du es ernst meinst.«

Ich war ebenso glücklich wie erleichtert, dass sie mitmachten. Wir verabredeten, 150 000 Euro für das Projekt bereitzustellen. Das sollte für die Investitionen in ein gebrauchtes Boot und den Sprit für die ersten Monate vorerst hinreichen. Und wir konnten die Summe gut entbehren. »Wer soll das Schiff eigentlich fahren?«, fragte Tanja. Ich hatte keine Ahnung von Schiffen. Tatsächlich hatte ich bis dahin noch nie ein Schiff betreten, nicht einmal einen Ausflugsdampfer auf der Spree. Matthias, der wie meine Frau und ich eine Landratte ist, war zuversichtlich. Dass wir sicherlich einige Leute finden würden, die sich mit Booten auskannten und die das Projekt freiwillig unterstützen wollten. Davon war auch ich überzeugt. Es musste viele Menschen geben, die das Sterben im Mittelmeer ebenso wenig hinnehmen wollten wie wir, die nur darauf warteten, endlich etwas dagegen tun zu können. Mit unserem Boot würden wir ihnen dafür ein Werkzeug zur Verfügung stellen. Noch am selben Abend lud ich einen befreundeten Künstler zum Essen ein. Ich bat ihn, ein Logo für das Projekt zu entwerfen. Einen Namen dafür hatte ich schon. »Sea-Watch«, Meerwache. Unser Freund malte einen Rettungsring mit einem Fernglas in der Mitte.

»Wieso helft ihr nicht den Flüchtlingen, die schon hier sind? Mit dieser Aktion lockt ihr die Menschen doch nur an.« Fortan sollte ich solche und ähnliche Ansichten öfter hören. Nicht immer gelang es mir, die Einwände zu entkräften und dabei ruhig zu bleiben, schon gar nicht, wenn es um politische Fragen ging. In dieser Debattenkultur bin ich nicht geübt. Ich bin nie ein politischer Mensch gewesen. Habe nie demonstriert, mich für keine Partei engagiert und auch keine Wahlprogramme gelesen. Unser Vorhaben hielt ich zunächst auch gar nicht für politisch. Es ging schlicht darum, Menschenleben zu retten! Und weil mir bewusst war, dass wir lediglich einen verschwindend geringen Anteil der vielen Flüchtlinge aus dem Mittelmeer würden retten können, sollte eine neue Mission wie »Mare Nostrum« nachgelegt werden. Das war mein Ziel. Und dafür wollte ich die Öffentlichkeit und damit auch die Politik einnehmen.

Ich war überzeugt: Die Flüchtlinge würden in jedem Fall übers Mittelmeer zu uns kommen, egal, was unsere Politiker entschieden, egal, ob jemand da war, um sie zu retten oder nicht. Sie mussten oder wollten weg aus ihrer Heimat. Wenn sie es an die libysche Küste geschafft hatten, wenn sie erst einmal den schweren Weg durch die Wüste und die Gefahren durch die Terroristen, die sie entführen und erpressen wollten, überstanden hatten, dann gab es für sie nur noch die Option weiter, übers Meer. Diese Menschen durften wir nicht ertrinken lassen! Selbstverständlich war mir bewusst, dass Einwanderung ein vielschichtiges politisches Problem darstellt. Allerdings war ich damals nicht daran interessiert, mit anderen über die Einwanderungspolitik zu diskutieren, darüber, wer ein Recht hat, zu uns zu kommen und wer nicht. Ich wollte auch nicht darüber spekulieren, aus welchen Gründen die Menschen aus ihrer Heimat weg und nach Deutschland wollten. Was ich wollte, war, dass keine

Menschen mehr auf ihrem Weg nach Europa sterben müssen. Ein Standpunkt, mit dem sich meiner Meinung nach auch entschiedene Kritiker der Zuwanderung einverstanden erklären würden.

Mitte November 2014 machte ich mich zu einer Flüchtlingsunterkunft in Pankow auf. Ich wollte mit jemandem reden, der die gefährliche Reise auf einem maroden Boot übers Mittelmeer nach Europa auf sich genommen hatte. Ich stellte mich beim Pförtner vor und bat, mit dem Chef des Heimes sprechen zu dürfen. Nach einer Weile kam eine Frau zu mir, die sich als die stellvertretende Heimleiterin vorstellte. Sie war freundlich, wirkte aber ein wenig gestresst. Als ich ihr erklärte, dass wir ein Boot kaufen werden, um damit Flüchtlinge aus Seenot zu retten, veränderte sich ihr Gesichtsausdruck. Freundlichkeit wich Ungläubigkeit. Schließlich sah sie mich an, als sei ich verrückt oder als machte ich mich über sie lustig. Ich sprach von den vielen Menschen, die beim Versuch, zu uns zu kommen, sterben, dass die Mission »Mare Nostrum« aus mir unverständlichen Gründen eingestellt worden war. Sie nickte ungeduldig, natürlich wisse sie das alles. Ich erklärte, dass wir das Sterben nicht mehr hinnehmen wollten und vorhätten, etwas Konkretes dagegen zu tun. Sie blickte mich wieder etwas freundlicher an, blieb aber skeptisch. Wahrscheinlich hielt sie mich noch immer für verrückt. Aber immerhin schien sie nicht mehr zu glauben, dass ich mich über sie lustig machen wollte. »Kann ich mit jemandem sprechen, der übers Mittelmeer gekommen ist?« Sie lächelte unsicher. Ich erläuterte ihr, wie wichtig authentische Informationen für unser Projekt seien. Dass wir herausfinden müssten, wie wir am besten helfen könnten, was die Bootsflüchtlinge am dringendsten benötigten. Und dass uns das am besten die Menschen sagen könnten, die auf dem beschwerlichen Seeweg nach Europa gekommen sind. Sie versprach mir, sich in der Unterkunft umzuhören und sich bei mir zu melden. Nachdem sie sich meine Telefonnummer notiert hatte, verschwand sie wieder im Gebäude. Ich schaute ihr so lange verunsichert nach, bis mir der Pförtner unmissverständlich zu verstehen gab, dass ich das Gelände verlassen sollte. Hatte ich die richtigen Worte gefunden? Würde die Heimleiterin mir helfen? Auf dem Nachhauseweg beschloss ich, für alle Fälle in den nächsten Tagen bei weiteren Unterkünften nachzufragen.

Bis zu diesem Zeitpunkt hatte ich kaum mit Flüchtlingen zu tun gehabt. In unserem kleinen Dorf in Brandenburg gab es kein Asylbewerberheim, auch nicht in den Nachbarorten. Nach Berlin, wo einige existierten, fuhr ich in der Regel nur, wenn ich in unseren beiden Läden zu tun hatte, die in den Bezirken Prenzlauer Berg und Kreuzberg liegen. Auch dort war mir kein Ort bekannt, an dem ich hätte Flüchtlinge treffen können. Trotzdem fühlte ich mich ihnen nah. Es ärgerte mich, wenn andere die Meinung vertraten, sie hätten bei uns nichts zu suchen, oder wenn ihnen unterstellt wurde, sie würden zu uns kommen, um dem deutschen Steuerzahler auf der Tasche zu liegen. Ich schwieg dazu nie. Meistens entgegnete ich, dass die Menschen aus Not geflohen waren, dass niemand seine Heimat freiwillig verlässt und dass wir uns in die Lage der Flüchtlinge versetzen sollten. Immer schon empfand ich es als Bereicherung, wenn Menschen aus anderen Teilen der Welt zu uns kommen. Deshalb hätten meine Frau Tanja und ich es auch gerne gesehen, wenn in die Wohnung über der Dorfkneipe, die seit Jahren leer stand, Flüchtlinge eingezogen wären. Als im Sommer 2014 nahezu täglich gemeldet wurde, es gäbe nicht genügend Unterkünfte für Asylsuchende, wandten wir uns mit dem Vorschlag an die

Gemeindeverwaltung, die Wohnung Flüchtlingen zur Verfügung zu stellen. Leider fand die Verwaltung eine andere Verwendung für die Wohnung.

Bereits am Nachmittag nach meinem Besuch in der Pankower Flüchtlingsunterkunft meldete sich die stellvertretende Heimleiterin aus Pankow zurück. Bei ihr lebe eine Syrerin, die mit ihren Söhnen übers Meer gekommen sei und sich bereit erklärt habe, mit mir über ihre Flucht zu sprechen. Wann ich kommen könnte? »Sofort?« »Sofort!« Begeistert berichtete ich Tanja, dass ein Gespräch zustande kommen sollte. Sie sah mich skeptisch an. Ob mir bewusst sei, dass die Familie traumatisiert sein könnte? Dass ich Mutter und Kinder mit meinen Fragen verstören und Wunden aufreißen könne? Tanja rief eine befreundete Sozialpädagogin an, die mich kurzentschlossen begleitete. Wir verabredeten, dass sie mir ein Signal geben würde, wenn sie das Gefühl hatte, dass die Situation aus dem Ruder geriet oder meine Fragen heikel wurden. Da es mir um einen möglichst authentischen Eindruck von der Flucht ging, hatte ich mir zudem vorgenommen, anfangs nur sehr allgemein gehaltene Fragen zu stellen und die Frau möglichst viel reden zu lassen.

Die Heimleiterin begrüßte uns überaus freundlich. Das Gefühl, dass sie mich für verrückt halten konnte, hatte ich überhaupt nicht mehr. Auf dem Weg zum Zimmer der Syrerin erfuhren wir, dass der Ehemann in Syrien vermisst wurde und dass die Frau alleine mit ihren Kindern gekommen war. Sie wartete bereits an der Tür, als wir zu dritt den Gang entlangkamen. Sie bat uns, an einem kleinen runden Tisch in der Mitte des Zimmers Platz zu nehmen. Dann schenkte sie aus einer silbernen Kanne schwarzen Tee in zierliche Gläser und schob uns eine ebenfalls silberfarbene Zuckerdose zu. Die beiden Söhne, sie waren etwa zehn und zwölf Jahre alt, lagen auf dem Bett und spielten auf einem Smartphone. Die Heimleiterin stellte uns auf Englisch vor. Mit einem Lächeln, in dem ich vermeinte, einen Rest Skepsis zu erkennen, erklärte sie der Syrerin, dass wir vorhätten, Flüchtlinge zu retten, die im Mittelmeer in Seenot geraten waren. Ich dankte ihr für die Bereitschaft, ihre Erfahrungen mit uns zu teilen, und erklärte, wie wichtig Informationen über die Überfahrten und Seewege für uns seien. Die Syrerin nickte ernst und meinte, dass es notwendig sei, den Menschen beizustehen, die die Strapazen einer Flucht über das Meer auf sich nehmen wollten. Für sie und ihre Kinder sei es sehr schlimm gewesen.

Die gemeinsame Reise mit den beiden Söhnen hatte an einem Strand in Syrien begonnen. Die Schleuser hätten sie und ihre Kinder gemeinsam mit vielen weiteren Menschen zunächst in einem kleinen Holzboot zu einem Stahlkutter bringen wollen. Da das Meer so unruhig war und die Wellen viel Wasser in den Holzkahn spülten, hätten sie die Fahrt zum Kutter etliche Male abbrechen und zum Strand zurückkehren müssen. Die Söhne hätten jedes Mal laut geweint, wenn sie wieder in den Kahn steigen mussten. Sie hätten gesagt, dass das, was sie da gerade taten, nicht richtig sei, und dass die Männer, die das Holzboot steuerten, gefährlich seien. Mit dem Stahlkutter seien sie zehn Tage unterwegs gewesen. Das Schiff sei so voll gewesen, dass kaum jemand Platz gehabt hatte, sich hinzusetzen. Eine Toilette für Hunderte Menschen, und viele von ihnen seien seekrank gewesen, auch ihre eigenen Kinder. Kurz vor Sizilien hätten sie alle wieder in kleine Holzboote umsteigen müssen. »Meine Kinder hatten solche Angst«, meinte sie unter Tränen. Sie hätte gedacht, dass es keinen schlimmeren Ort gebe als ihre Heimat, wo sie jeden Tag eine Fassbombe fürchten mussten. »Aber diese Überfahrten sind lebensgefährlich.« Ich verspürte einen Kloß im Hals und brachte die Kraft nicht auf, bei der weinenden Syrerin nachzuhaken. Auf die Fragen, die ich mir in diesem Moment stellte, hätte sie auch keine Antworten gehabt. Wieso werden Menschen zu diesen Strapazen gezwungen? Wieso gibt es keine ungefährlichen Fluchtwege? Wieso lassen wir diese Menschen im Stich?

Nach dem Gespräch verbrachte ich jede freie Minute damit, nach einem für unsere Zwecke tauglichen Schiff zu suchen. Ich achtete auf die Preise, das Alter und den Motor. Nach einigen Tagen stieß ich im Internet auf eine Motorjacht, die mir passend erschien. Sie sah auf den Bildern aus wie neu, und der Preis lag mit knapp 80 000 Euro in unserem Budget. Ich studierte die detaillierten Informationen über das Schiff, die ich bis auf die Angaben zum Getriebe nicht verstand. Spätestens jetzt wurde mir bewusst, dass ich Unterstützung von jemandem brauchte, der Ahnung von Schiffen hatte. Und zwar sofort. Die folgenden Tage hing ich dauernd am Telefon. Ich rief bei allen Organisationen und Vereinen an, die sich mit der Situation der Flüchtlinge auf dem Mittelmeer beschäftigten. Ich sprach mit den Menschenrechtsaktivisten der Organisation »Borderline Europe«, die seit Jahren anprangern, dass Menschen an unseren Außengrenzen sterben, mit den Anwälten von »Human Rights at Sea«, die Fälle wie den des »Left-to-die«-Boots vertreten haben. In Kreuzberg traf ich drei Aktivisten von »Watch the Med«, die gerade ein Notruftelefon für Flüchtlinge in Seenot eingerichtet hatten und deshalb auch mit Mussie Zerai zusammenarbeiteten. Und ich schrieb dem Geschäftsführer eines privaten Rettungsschiffes, das den Namen »Migrant Offshore Aid Station« (MOAS) trug. Es gehörte einem reichen italienisch-amerikanischen Unternehmerpaar und war bereits im

Sommer 2014 mit einer professionellen Crew, mit Drohnen und Schnellbooten zwischen Malta und der libyschen Küste unterwegs gewesen, um Flüchtlinge zu retten. Sie alle bat ich um Unterstützung bei unserem Vorhaben und um Soforthilfe beim Bootskauf. Alle von ihnen fanden unseren Plan gut, jeder versprach, sich umzuhören. Keiner von ihnen gab mir das Gefühl, ich sei ein Spinner.

Als Erster meldete sich Hagen zurück, der Mitbegründer von »Watch the Med«, der unser Projekt immer wieder bestärkt hat. Bis heute arbeiten wir eng zusammen. Er berichtete mir von einigen Mitgliedern eines Traditionssegler-Vereins, die auch schon darüber nachgedacht hätten, mit einem Boot aufs Mittelmeer zu fahren, um dort Menschenleben zu retten. Leider seien die Pläne stets am Geld gescheitert. Er sicherte mir zu, den Verein über unser Projekt zu informieren, und riet dazu, spätestens im Frühling auf dem Meer zu sein und, wie das MOAS-Schiff, möglichst zwischen Malta und der libyschen Küste zu patrouillieren. Damals ging die italienische Küstenwache davon aus, dass mehr als 600 000 Menschen in Libyen auf die Überfahrt warten würden. Im Winter legten aufgrund der schlechten Witterung nur wenige Boote an. Sobald das Wetter besser werde, würden wieder viele Boote übersetzen, wahrscheinlich würde es im Mai losgehen.

Von Harald von Borderline Europe habe ich die Nummer vom Cap-Anamur-Kapitän Stefan Schmidt erhalten, der bereits im Sommer 2004 Flüchtlinge aufgenommen hatte, die auf dem Mittelmeer in Seenot geraten waren. Als er und seine Crew die Geretteten auf Sizilien an Land bringen wollten, verweigerten die Behörden der Crew tagelang die Erlaubnis zum Anlegen. Nachdem sie endlich eine Genehmigung dafür erhalten hatten, warteten italienische Beamte bereits im Hafen. Sie beschlagnahmten das Schiff, Kapitän Schmidt und »Cap-Anamur«-Chef Elias Bierdel wurden festgenommen und wegen Beihilfe zur illegalen Einwanderung angeklagt. Erst nach einem fünfjährigen Rechtsstreit wurden die beiden Männer von einem italienischen Richter freigesprochen. Noch während des Prozesses hatten sie den Verein »Borderline Europe« gegründet.

Stefan Schmidt ließ sich schnell von unserem Projekt begeistern und sprach uns Mut zu. Nach dem Vorfall auf Sizilien würden viele Menschen glauben, führte er aus, dass es illegal sei, Flüchtlinge im Mittelmeer aufzunehmen. Doch das Gegenteil sei der Fall; jeder Kapitän sei verpflichtet, Menschen in Seenot zu retten. Die meisten Flüchtlinge befänden sich in akuter Seenot, da ihre Boote so gut wie nie hochseetauglich seien. Für das Prozedere würden klare Regeln existieren. Traf man auf ein Boot in Seenot, musste man die Rettungsleitstellen in Rom und Malta informieren, die »Maritime Rescue Coordination Centers« (MRCC), mit denen auch Mussie Zerai in Kontakt stand. Die Leitstellen benannten dann einen Hafen, wo die Flüchtlinge an Land gehen konnten. Wir verabredeten, uns gegenseitig auf dem Laufenden zu halten. Für den Fall, dass wir seine Hilfe benötigten, bot er zudem Unterstützung an.

Ende November meldete sich Tillmann von dem Traditionssegler-Verein bei mir, den Hagen angeschrieben hatte, und bot seine Hilfe beim Kauf eines Schiffes an. Seit Längerem besitzt er in Greifswald ein 110 Jahre altes Holzschiff, auf dem er im Sommer mit seiner Frau und ihren beiden Kindern lebt und Interessierten Segeltouren auf der Ostsee anbietet. Bis heute gehört Tillmann zum Sea-Watch-Team. Bei unserem ersten Gespräch allerdings verlor er nicht viele Worte. Er wollte wissen, wie viel Geld wir für das Projekt zusammen hätten. Als ich ihm unser Budget für Schiff und Sprit nannte, atmete er pfeifend aus, um dann für einige Sekunden zu schweigen. Später, als wir unser Schiff längst gekauft hatten, gestand er mir, dass er mich anfänglich für naiv gehalten hätte, weil ich an das Projekt ohne jegliche nautische Erfahrungen und Kenntnisse heranging. Um mich nicht zu verunsichern, habe er sich das bei unserem ersten Telefonat nicht anmerken lassen. Er habe schon einige Freunde erlebt, die bei ähnlichen Projekten gescheitert waren. Das Problem sei immer das Finanzielle gewesen. Da in unserem Fall Geld da war, sollten mangelnde nautische Kenntnisse kein Hindernis sein.

Tillmann erklärte mir, dass wir für 100 000 Euro kein Boot bekommen würden, das groß genug wäre, um Menschen aufzunehmen. Die Alternative wäre ein kleineres Boot, mit dem wir nach Flüchtlingsbooten in Seenot Ausschau halten können. Entdeckten wir eines, müssten wir Hilfe anfordern. Wir würden bleiben, bis die Retter kommen, Essen und Wasser verteilen und Erste Hilfe leisten. Er meinte auch, dass wir Rettungsinseln dabeihaben müssten für den Fall, dass ein Flüchtlingsboot kentern würde. Meine Enttäuschung hielt sich in Grenzen, da ich aufgrund meiner Recherchen längst eingesehen hatte, dass unser Budget nur für ein kleineres Boot reichen würde. Wichtig war doch, dass wir einen Weg gefunden hatten, um Menschen in Seenot beizustehen und ihre Rettung zu organisieren.

Tillmann und ich machten uns auf die Suche nach einem geeigneten Schiff. Genauer gesagt nach einem Stahlkutter, da diese Schiffe besonders robust und pflegeleicht sind. Täglich telefonierten wir am Abend miteinander, um uns über die Angebote auszutauschen, die wir im Internet gefunden hatten. Ich war meistens euphorisch, Tillmann skeptisch. In den nächsten Wochen flogen wir zwei Mal nach Italien, zwei Mal fuhren wir nach Holland, und wir reisten quer durch Deutschland. Alle Boote, die wir uns ansahen, waren für unser Projekt ungeeignet. Zu verrostet, zu kaputt, zu teuer. Kurz vor Weihnachten stieß ich schließlich auf einen dunkelblauen Stahlkutter mit weißem Deck, der auch Tillmann spontan gefiel. Er war über 20 Jahre lang als Hausboot in Amsterdam im Einsatz gewesen, wo er jetzt noch lag. Das Schiff war hochseetauglich, 21 Meter lang, 180 Tonnen schwer, Baujahr 1917. Es hatte zwei Kajüten, in denen insgesamt sechs Betten Platz hatten. Das Beste: Mit 60 000 Euro lag der Preis in unserem Budget.

Da Tillmann keine Zeit hatte, fuhr ich am zweiten Weihnachtsfeiertag mit meinem ältesten Sohn Moritz nach Amsterdam, um den Stahlkutter persönlich in Augenschein zu nehmen. Hagen von »Watch the Med« hatte mir Kontakt zu Reinier, einem niederländischen Zimmerer, vermittelt, der regelmäßig am Notruftelefon von »Watch the Med« Dienst tat und sich bestens mit Schiffen auskannte. Er untersuchte den Kutter gründlich und gab mir das OK. Den Kaufvertrag unterschrieb ich mit Herzklopfen. Endlich sollte es losgehen. Ende Dezember flog Tillmann dann nach Amsterdam, um das Schiff nach Hamburg zu überführen. Zwar wäre ihm der Hafen von Greifswald lieber gewesen, da er den Hafenmeister und die Werftmitarbeiter persönlich kannte. Außerdem hatte er dort viele Bekannte, die beim Umbau des Schiffes gerne mitgeholfen hätten. Ich hatte mir jedoch Hamburg als Liegeplatz in den Kopf gesetzt, weil dort viele Redaktionen ihren Sitz haben. Hier würde es uns leichter fallen, die Medien auf unser Projekt aufmerksam zu machen.

Die Überführung des Stahlkutters war schwierig. Bereits in

der ersten Nacht klingelte weit nach Mitternacht mein Telefon. Es war Tillmann. »Hab gerade verhindert, dass der Kahn abbrennt«, sagte er. »Die Dieselleitung ist durchgebrannt.« Auch in den kommenden Tagen meldete er sich alle paar Stunden, um mir von immer neuen Pannen und Problemen mit dem Motor, der Elektronik oder den nautischen Geräten zu berichten. Außerdem informierte er mich, dass das Schiff sehr stark schaukele, was vermutlich daher rühre, dass es sich um einen Fischkutter handelte. Zwei Stützmasten würden Abhilfe schaffen, das Schiff würde stabiler liegen. Mir war klar: Es würde eine Menge Arbeit auf uns zukommen.

Am dritten Tag erreichte Tillmann Helgoland. Ich fuhr mit Matthias nach Hamburg-Harburg. Dort hatte ich beim Hafenmeister des Jachthafens telefonisch einen Liegeplatz für unseren Kutter reserviert. Der Preis dafür war allerdings utopisch. Fast 1000 Euro monatlich sollten wir zahlen. Meine Hoffnung war, dass der Hafenmeister für den Liegeplatz weniger verlangen würde, wenn er erst einmal unser Projekt kannte. Leider sollte ich mich getäuscht haben. Der wortkarge Mann war an unserem Vorhaben überhaupt nicht interessiert. Als ich gerade ansetzen wollte, um vom Mittelmeer und den Flüchtlingen zu sprechen, knurrte er, das ginge ihn nichts an. Er überreichte uns den Mietvertrag und wollte dafür eine Kopie der Police unserer Haftpflichtversicherung sehen, die wir noch nicht hatten. Um ihn milde zu stimmen, begann ich abermals über das Vorhaben zu reden, Flüchtlingen zu helfen, und dass wir für unser Projekt so gut wie kein Budget hätten. »Wenn ihr keine Police habt, könnt ihr hier nicht bleiben«, sagte er. »Sucht euch was anderes.« Danach schickte er uns raus.

Ratlos und schweigend liefen wir durch den Harburger Hafen, vorbei an mehreren, teilweise ein wenig heruntergekommenen Hausbooten. In der Nacht würde Tillmann mit unserem Schiff ankommen, ein Liegeplatz musste schnellstmöglich her. Wir beschlossen, nach Hamburg zu fahren, um uns dort umzusehen. Auf dem Weg versuchten wir unser Glück im Hafen in Finkenwerder. Dort fragte ich einen Mann, wo wir einen Liegeplatz für einen 21-Meter-Kutter finden könnten. Ich erklärte ihm, dass auf dem Schiff viel Arbeit anstünde, da wir im Frühling auf dem Mittelmeer sein wollten, um Flüchtlinge zu retten. Der Mann lachte, so als hätte ich einen schlechten Witz gemacht. Ich ging nicht darauf ein und erklärte ihm, wie dringlich die Angelegenheit sei, da das Schiff bereits in wenigen Stunden eintreffen würde. Der Mann hörte auf zu lachen und empfahl uns eine kleine Werft ein paar Straßenzüge weiter. Auch dort begann der Arbeiter zu lachen, als wir ihn über unser Vorhaben und unsere momentanen Nöte informierten. Aber immerhin kam von ihm der Tipp mit dem kleinen Jachthafen, wo unser Kutter zumindest für einige Tage bleiben konnte. Dort legte Tillmann gegen Mitternacht an. Matthias und ich gingen mit gemischten Gefühlen an Bord. Einerseits freuten wir uns riesig, dass es bald losging, andererseits trieb uns die Sorge, wohin mit unserem Boot? Wir setzten uns in den Schiffsbauch und beratschlagten dort zu dritt, wie wir das Problem lösen könnten. Tillmann beharrte auf dem Greifswalder Hafen, ich erinnerte mich an die Hausboote, die ich im Harburger Hafen gesehen hatte, und dass ich am Kai ein paar Lücken ausgemacht hatte. Am nächsten Morgen wollten wir dort nachfragen.

Zu meinem Erstaunen belächelte uns der dortige Hafenmeister nicht, als er von unserem Projekt erfuhr. Als er uns dann auch noch das Angebot machte, das Schiff für 150 Euro im Monat zuzüglich Strom und Wasser festmachen zu können, konnte ich unser Glück kaum fassen. Ich war euphorisch. Mit so geringen Kosten hatte ich nicht gerechnet. Nachdem wir den Kutter in Harburg fest vertäut hatten, fuhren wir erst mal zurück nach Hause. Dort schaltete ich die Webseite »Sea-Watch.org« frei, die ich vor dem Schiffskauf programmiert hatte. Unter dem Punkt »Mitarbeit« schrieb ich: »Ab sofort brauchen wir in Hamburg Schiffsbauer, Elektriker und Tischler.« Ich aktivierte das Kontaktformular, über das sich Mitstreiter melden konnten. Danach schrieb ich an meine Kontakte bei »Borderline Europe«, »Human Rights at Sea«, »Watch the Med«, MOAS und »Cap Anamur« und bat darum, den Link zu verbreiten. Wir mussten loslegen, wenn wir im April im Mittelmeer sein wollten. Und – es gab viel zu tun. Den Motor warten, die Masten aufstellen, Betten in die Kojen bauen, Kabel verlegen, das Unterwasserschiff streichen. Und es musste eine Satellitenanlage installiert werden, damit wir live ausstrahlen konnten, was wir auf unseren Fahrten durch das Mittelmeer erleben würden.

Bereits drei Tage nach dem Freischalten der Webseite meldete sich der erste Freiwillige, ein Elektriker. »Das ist Spitze! Endlich fängt jemand an, etwas zu tun. Ich bin für alle Handlangerdienste zu haben.« Er hatte bis Mitte Januar frei und wollte sofort loslegen. Am darauffolgenden Tag erhielt ich zwei weitere E-Mails von Handwerkern, die uns helfen wollten. Einer war Schlosser, der andere Schweißer. Wir verabredeten, uns einige Tage später am Hamburger Kai zu treffen. Ich suchte auf unserem Hof Werkzeug und Material, das wir auf dem Schiff brauchen konnten, und packte alles in den Unimog.

Kapitel 2

Die große Bühne

Ich stand auf dem Oberdeck des Kutters, den wir mittlerweile auf den Namen Sea-Watch getauft hatten, und schweißte die Halterung für die Rettungsinseln, als mich der Mitarbeiter von Günther Jauch anrief. Es war Donnerstag, der 16. April, nachmittags. Ich nahm die Schutzbrille nicht ab, als ich den Anruf entgegennahm. Ich wollte gleich weiterarbeiten, keine Zeit verlieren. Eigentlich sollten wir längst auf dem Mittelmeer sein. Die Saison für die Überfahrten hatte begonnen, und wir waren spät dran. In der Nacht waren wieder einmal Menschen im Mittelmeer ertrunken. Mindestens 400 hatten ihr Leben verloren, als ihr Boot auf dem Weg nach Italien in Seenot geraten und gekentert war, bevor das Rettungsschiff zur Stelle war. Es handelte sich um das schlimmste Unglück seit dem 3. Oktober 2013, als vor Lampedusa 366 Menschen gestorben waren. Ob ich am Sonntag in die Talkshow kommen könne, fragte der Mann am Telefon, Thema der Sendung sei: »Das Flüchtlingsdrama! Was ist unsere Pflicht?«. Günther Jauch würde sich sehr freuen, wenn ich dabei sein könne. Es wäre doch eine tolle Gelegenheit, Sea-Watch einem größeren Publikum vorzustellen.

Tags zuvor war ich bei »Stern TV« gewesen, die ebenfalls von Jauchs Produktionsfirma gemacht wird. Eine der vielen Sendungen, die in den vergangenen Wochen über Sea-Watch berichtet hatten. »Bin gerade am Schweißen«, antwortete ich dem Mann. »Ich melde mich in einer Stunde zurück.« Anstatt das Schweißgerät wieder zur Hand zu nehmen, stand ich einige Sekunden wie versteinert da. Dann nahm ich die Schutzbrille ab und sprang mit einem Satz von Bord. Längst hatte ich mich an das Schiff gewöhnt und mir endlich sogar gemerkt, dass steuerbord rechts und backbord links ist. Ich setzte mich auf die Kaimauer. Das Ganze überforderte mich allmählich ein wenig. Ich hatte nicht damit gerechnet, dass unser Vorhaben solchen Rummel machen würde, jedenfalls nicht jetzt, wo wir doch noch gar nichts erreicht hatten. Ich drückte die Handballen auf meine Stirn und dachte nach, was nun zu tun wäre.

Am 10. März hatten wir das Projekt der Öffentlichkeit vorgestellt. Zu der Pressekonferenz auf dem Schiff, das noch eine Baustelle war – nicht einmal die Masten standen –, waren 20 Journalisten erschienen. »Spiegel Online« berichtete, der NDR und sämtliche Hamburger Zeitungen. Seitdem klingelte mein Telefon täglich, manchmal mehrmals in der Stunde. Vor der Pressekonferenz hatte es manchmal tagelang gar nicht geläutet. Jeden Tag meldeten sich seitdem Freiwillige über unser Online-Portal, die ich zurückrufen musste. Sanitäter, Ärzte, Skipper, Mechaniker, Schlosser, Elektriker, Zimmerer, Studenten. Die meisten wollten mitfahren oder an Land helfen. Manche lobten oder kritisierten das Projekt. Andere spendeten Geld für dessen Gelingen. Ich kam kaum noch hinterher, allen zu antworten. Umso froher war ich, als ich die E-Mail von Stephanie, einer Werbetexterin, erhielt. Sie bot an, bei der Organisation und Kommunikation mitzuhelfen. Von da an beantwortete sie die allermeisten Anfragen. Für die Einrichtung und Betreuung der Sea-Watch-Facebook-Seite war sie ebenfalls verantwortlich. Fast noch mehr Interesse als die zahlreichen Freiwilligen zeigten die Journalisten, die über mich und das Projekt berichten wollten. Bisher hatte ich bereitwillig mitgemacht, selbst dann, wenn ich keine Lust hatte oder unter Zeitdruck stand, weil mich die Geschäfte oder Familienangelegenheiten in Beschlag nahmen. Ich war überzeugt, dass jeder Bericht wichtig war, um unser Projekt voranzubringen und die Öffentlichkeit aufzurütteln. Abgesehen von dem Auftritt bei »Stern TV« hatte ich mich vor Talkshows bisher allerdings immer gedrückt.

Manchmal nannten mich die Journalisten naiv oder sie beschrieben mich als Idealisten. Fast alle hatten die gleiche Botschaft: Ein paar normale Leute – keine Aktivisten, wie stets betont wurde – wollen etwas gegen das Sterben im Mittelmeer tun, während die Politiker untätig bleiben. Häufig endeten die Berichte mit der Frage: Werden Harald Höppner und sein Team es schaffen, im Mittelmeer Menschen zu retten? Wir bekamen das, was wir erreichen wollten: Aufmerksamkeit. Die Einladung, Sea-Watch bei Günther Jauch vorzustellen und damit viele Zuschauer zu erreichen, beunruhigte mich allerdings. Obwohl mir durchaus bewusst war, dass ich mit meinem Auftritt viele neue Mitstreiter und Spender gewinnen könnte, zögerte ich. Tanja nervte es schon länger, dass sich unser Leben fast nur noch um Sea-Watch drehte. Vor allem aber störte es sie, dass ständig Fernsehteams bei uns zu Hause auftauchten und dass ich andauernd in irgendeiner Zeitung oder in irgendeinem Fernsehsender zu sehen war. Auch einige Bekannte waren irritiert, dass die Medien so häufig über mich berichteten. Sie warfen mir vor, ich würde unser Privatleben verkaufen, mich den Medien anbiedern. Einer hielt mich sogar für eitel. Ob es mir gefallen würde, fragte er, mich im Fernsehen zu sehen?

Für mich waren die Medienbeiträge ein Mittel zum Zweck. Anfangs dachte ich mir noch, dass die Journalisten

Sea-Watch spannend fänden. Allmählich dämmerte mir jedoch, dass sie sich stärker für unser Privatleben als für unser eigentliches Anliegen interessierten. Sie wollten wissen, wer wir waren, was wir sonst so machten, wie wir die viele Arbeit für Sea-Watch mit Alltag und Jobs zusammenbrachten. Zwar hatten Tanja, Matthias und ich vereinbart, auch gewisse Teile unseres Privatlebens preiszugeben, um die Öffentlichkeit zu erreichen. Und obwohl Tanja prinzipiell mit der Entscheidung einverstanden gewesen war, litt sie inzwischen unter dem großen Medieninteresse. Sie hatte das Gefühl, dass uns die Dorfbewohner deshalb schräg ansahen und über uns tuschelten. Wir leben in einer kleinen Gemeinde mit etwas mehr als 400 Einwohnern. Tanja mag es nicht, im Mittelpunkt zu stehen.

Ich verstand die Haltung meiner Frau. Auch mir war der Trubel anfangs ziemlich unangenehm. Inzwischen hatte ich mich jedoch an die Situation gewöhnt und meine Hemmungen gegenüber Journalisten abgelegt. Noch war es mir auch stets gelungen, Tanjas Bedenken beiseitezuwischen. Aber ich wusste, dass ich ihr Verständnis nicht überstrapazieren durfte. Deshalb musste ich die Entscheidung, ob ich zu Jauch gehe oder nicht, mit ihr gemeinsam treffen. Die Sendung am Sonntagabend hatte eine beachtliche Reichweite. Meine Familie würde noch mehr ins Licht der Öffentlichkeit rücken. Ich saß in der Zwickmühle. Auf der einen Seite war die öffentliche Aufmerksamkeit für das Projekt extrem wichtig. Auf der anderen Seite belastete der Rummel meine Familie. Ich sah mich in der Pflicht, unsere Privatsphäre zu schützen.

Während ich meinen Gedanken nachhing, ging Peer an Bord. Er sah mich von der Seite an, murmelte »Moin«, um dann unter Deck zu verschwinden. Peer und ich verstanden uns ohne große Worte. Der 31-Jährige arbeitete seit Januar auf der Sea-Watch und würde auch zur Crew gehören, die den Kutter ins Mittelmeer bringt. Vor drei Monaten war er plötzlich auf dem Schiff aufgetaucht. Wortkarg und ein bisschen grimmig, aber nicht unfreundlich. Er erinnerte mich an mich selbst. An den Menschen, der ich gewesen bin, bevor der Trubel um Sea-Watch losging. Bis heute habe ich Peer nicht gefragt, wie er von Sea-Watch erfahren hat. Er war einfach da und gehörte gleich zum Team dazu. Er lebte damals am Hamburger Hafen auf der »Stubnitz«, einem früheren DDR-Fischkutter, der seit 1992 als Partyschiff genutzt wurde. Darauf gab es ein paar Kojen für Leute wie Peer, die das Schiff gegen freie Logis in Schuss hielten. Sein Geld verdiente Peer mit Reparaturen in der Werkstatt von »Greenpeace«. Für uns war er ein absoluter Glücksfall. Er konnte schweißen, wusste über Motoren Bescheid und kannte nach kurzer Zeit jede Schraube der Maschine. Und er war so begeistert von dem Projekt, dass er fast täglich kam, um mit anzupacken. War er einmal nicht da, dann hatte er am Tag zuvor zu lange gefeiert.

Ich ging zurück aufs Schiff und fand Peer in der Bordküche. Er schmierte sich gerade ein Käsebrot. Ich schenkte mir von dem Kaffee ein, der vom Frühstück übrig geblieben war, lehnte mich an die dünne Wand zur Kapitänskoje und nahm schweigend zwei große Schluck. »Günther Jauch will, dass ich in seine Talkshow gehe.« Peer sah mich ausdruckslos an und biss in sein Brot. »Cool«, meinte er kauend, zog die Augenbrauen auf die ihm eigene Art nach oben und goss sich Kaffee nach. »Kannst du die Halterungen für die Rettungsinsel fertig schweißen?« bat ich ihn. »Ich habe schon angefangen, muss jetzt aber ein paar Dinge klären.« Wir tranken den Kaffee schweigend aus und gingen dann ans Oberdeck.

Dort wies ich auf die Metallhaken und gab ihm die Schutzbrille, die ich nach dem Telefonat mit dem Redakteur in meine Jackentasche gesteckt hatte. Dann lief ich am Kai entlang zu einer Bank, von der aus ich die Sea-Watch betrachten konnte und gleichzeitig Ruhe hatte für das Telefonat mit Tanja. Mein Blick glitt von der Satellitenanlage, die ganz oben auf dem Mast angebracht war, hinab aufs Oberdeck, wo Peer schon die Metallhaken schweißte.

Meine Gedanken schweiften ab. Ich dachte über die vergangenen Monate nach. Bisher hatte sich alles erfreulich entwickelt. Fast täglich kamen an unserem Liegeplatz Menschen vorbei, die sich spontan bereit erklärten, für ein paar Stunden oder Tage mitzuarbeiten. Erst am Morgen waren zwei junge Niederländer aus Rotterdam an Bord gegangen. Sie verlegten gerade in den Kojen Teppichboden, damit es dort etwas gemütlicher wurde. Beide engagierten sich beim Verein »Watch the Med«; sie hatten über Hagen von Sea-Watch erfahren. Am Vorabend war bereits eine junge Frau aus Greifswald zu uns gekommen. Sie war Mitglied in dem Traditionssegler-Verein, über den Tillmann zu uns gestoßen war. Sie schrubbte seit den frühen Morgenstunden den Salon. Wir hatten treue Mitstreiter gewonnen, von denen einige bereits seit Januar auf dem Boot arbeiteten. Peer etwa, aber auch Johannes, ein 27-jähriger passionierter Segler, der auf seinen Studienplatz im Fach Schiffsbauingenieurwesen wartete. Ursprünglich hatte er vorgehabt, nur zwei Wochen auszuhelfen. Dann war er geblieben. Auch er verstand viel von Motoren. Philipp, ein 36-jähriger Segler, war ebenfalls seit Wochen dabei. Er war gerade damit beschäftigt, in der Vorpiek, ganz vorne im Schiff, Lebensmittel und Getränke für die Überfahrt zu verstauen. Bis vor einem halben Jahr hatte er auf einem Holzschiff gelebt, dann war sein Boot im Hafen von Amsterdam gesunken. Er war bei Freunden in Berlin untergekommen und auf der Suche nach einem neuen Schiff, nach einer Möglichkeit, auf dem Wasser zu sein. Richtig wohl fühle er sich nur auf dem Meer, sagte er immer. Nachdem er im Februar von unserem Projekt erfahren hatte, war er praktisch auf unseren Kutter gezogen. Im Sea-Watch-Team war er so etwas wie ein Logistiker. Im Spaß sagten wir oft, er verwalte unser Chaos. Neben Peer sollten Johannes und Philipp zur Überführungscrew gehören, außerdem Sue, die auch schweißen konnte und sich gut mit Motoren auskannte.

Während ich die Sea-Watch vom Kai aus beobachtete und mir dabei die vergangenen vier Monate vergegenwärtigte, näherte sich dem Kutter eine gebeugte ältere Frau. In der rechten Hand balancierte sie einen Teller, der in Alufolie eingeschlagen war. Mit der linken winkte sie Peer zu, der Einzige, der gerade an Deck war. Es dauerte eine Weile, bis er sie wahrnahm. Ich war drauf und dran, zur Sea-Watch zu eilen, um die Frau zu begrüßen, als er endlich das Schweißgerät ausschaltete. In einem Satz sprang er vom Oberdeck. Er landete auf der Kaimauer direkt neben der Frau, rückte seine Kappe zurecht und beugte sich zu ihr. Sie schaute zu ihm hoch, sagte etwas und überreichte ihm den Teller. Peer deutete mehrere kleine Verbeugungen an. Während ich die beiden im Auge behielt und noch immer keine Ahnung hatte, wie ich meiner Frau die Anfrage von Jauch beibringen sollte, wählte ich intuitiv Tanjas Nummer. Sie ging sofort ran, um mir zu berichten, dass wir dringend neues Heu für unsere Schafe und Hühner bräuchten. Ich versprach, mich darum zu kümmern, sobald ich zurück sei. Dann erzählte ich die Episode von Peer und der Frau, um schließlich herumzudrucksen, dass ich eine Anfrage von Günther Jauch erhalten habe. Tanja lachte ungläubig: »Und du willst dahin? Du in einer Talkshow? Dass ich so was erlebe, hätte ich mir nie gedacht.« Was wohl eine Anspielung darauf sein sollte, dass ich bis vor Kurzem selten mehr als zwei aufeinanderfolgende Sätze herausgebracht habe.

So ganz unrecht hatte sie damit nicht. Ich wusste ja selbst nicht, wie ich die Talkrunde bei Jauch überstehen sollte. Verdrängte den Gedanken aber, obwohl mir durchaus bewusst war, dass ich ein wortkarger Mensch bin. Sosehr ich mich damals auch bemühte, die Schwäche in den Griff zu bekommen. Einladungen zu Fernsehsendungen und Talkshows wie SAT.1 »Frühstücksfernsehen«, SWR »Nachtcafé« und MDR »Unter uns«, die nach unserer Pressekonferenz gekommen waren, hatte ich bislang konsequent abgelehnt. Ich tat so, als hätte ich Tanjas Bemerkung überhört, und spulte die alten Sätze ab, die ich mir irgendwann einmal zurechtgelegt hatte, um sie milde zu stimmen. Das sei eine Riesenchance für das Projekt, wir würden eine riesige Öffentlichkeit erreichen, erklärte ich hochtrabend. Dabei langweilten mich meine Worte selbst, ich hatte sie schon viel zu oft wiederholt. Um Tanja von der Notwendigkeit meines Auftritts zu überzeugen, sprach ich über das Unglück in der vergangenen Nacht, bei dem über 400 Menschen im Mittelmeer umgekommen waren. Da Tanja schwieg, zog ich einen letzten Trumpf aus der Tasche: »Der Sonntag ist genau der richtige Tag für so eine große Bühne.«

Obwohl die Sea-Watch im Grunde genommen immer noch eine Baustelle war, hatten wir entschieden, dass das Schiff am Sonntag, dem 19. April, in Richtung Mittelmeer ablegen sollte. Eigentlich hätten wir noch Wochen an dem Schiff basteln können. Ständig fiel irgendjemandem etwas ein, was noch dringend montiert oder repariert werden musste. Unsere größte Sorge waren Getriebe und Motor, die beide nahezu 50 Jahre alt waren. Obwohl wir den Motor für ganze 10 000 Euro hatten warten lassen, machte er Mucken, hin und wieder passierte es sogar, dass er komplett ausfiel. Die Bordelektrik war ebenfalls veraltet, es kam immer wieder zu Kurzschlüssen. Meist lief der Strom aber wieder, wenn wir ein Schweißgerät oder eine Schleifmaschine abschalteten oder die Heizstrahler runterdrehten. Tatsächlich hatte es sehr viel mehr Geld gekostet, den alten Kutter zum Rettungsschiff umzubauen, als geplant war. Allein die Satellitenanlage verschlang über 20 000 Euro. Trotz vieler Mängel am Schiff, die unseren Einsatz auf See sicherlich nicht leichter machen würden, gab es für uns keinen Aufschub mehr. Die Frühjahrsstürme waren zwar noch nicht vorüber, und die Saison für die Schifffahrt hatte offiziell auch noch nicht begonnen. Daran hielten sich die Flüchtlinge aber nicht, die sich längst wieder in seeuntüchtigen Booten aus Libyen auf eine lebensgefährliche Flucht nach Europa begeben hatten. Das hatte das schreckliche Unglück in der Nacht ja gerade leider wieder bewiesen. Auch Hagen von »Watch the Med« hatte berichtet, dass erste Hilferufe auf dem Notruftelefon für Bootsflüchtlinge eingegangen waren, das sein Verein betrieb. Jetzt mussten wir aktiv werden und die Politiker herausfordern, damit sie dem Sterben endlich ein Ende machten. Außerdem benötigten wir dringend Spendengelder, um – wie geplant – bis Ende September auf dem Mittelmeer im Einsatz sein zu können.

Zu meinem Erstaunen hatte Tanja keine Einwände gegen meinen Auftritt bei Günther Jauch. Sie sah sich selbst gerne Talkshows an und hielt die Runde von Jauch für »seriös«. Sie verstand, dass meine Präsenz in den Medien für unser Vorhaben wichtig war, gerade jetzt, wo die Sea-Watch endlich ablegen sollte. Etwas zerknirscht merkte sie an, dass mich die Sendung noch bekannter machen würde. Obschon ich ahnte, dass sie recht behalten sollte, redete ich halbherzig dagegen an: »Unsere Nachbarn werden die Sendung schon nicht sehen.« Tanja unterbrach mich, sie sei spät dran, unser Jüngster, Theo, müsse aus der Kita abgeholt werden. Nachdem sie aufgelegt hatte, rief ich Ruben an, einen 26-jährigen Fotojournalisten, der seit Januar zum Team gehörte und unter anderem unser Pressesprecher war. Mitglieder des Traditionssegler-Vereins hatten ihm von unserem Projekt erzählt. Ursprünglich wollte er uns als Fotograf begleiten. Als wir uns in Berlin auf einen Kaffee trafen, mochte ich ihn auf Anhieb. Er war bei der Mauerkreuz-Aktion des »Zentrums für Politische Schönheit« dabei gewesen und Mitglied im »Peng-Collective«, einer Gruppe von Künstlern, Aktivisten, Handwerkern und Wissenschaftlern aus Berlin, die auch Kampagnen zu sozial- und umweltpolitischen Themen lancieren. Darüber hinaus teilen Ruben und ich die Leidenschaft für das Gleitschirmfliegen. Ich sagte zu ihm: »Du kannst gerne fotografieren. Eigentlich brauchen wir aber jemanden für die Pressearbeit.« Ruben erläuterte mir, dass er ebenfalls mit dem Gedanken gespielt habe, ein Schiff zu kaufen, um Flüchtlinge im Mittelmeer zu retten, und dass er auf ein Projekt wie Sea-Watch nur gewartet habe. Dann erklärte er sich zu meiner großen Freude bereit, sich um unsere Öffentlichkeitsarbeit zu kümmern.

Seit unserem ersten Treffen telefonierten wir fast täglich miteinander, seit unserer Pressekonferenz Anfang März sogar mehrmals am Tag. Anfangs bat ich ihn vor jedem Interview, das anstand, um Rat. Häufig begleitete er mich auch, wenn ich Journalisten traf. Als ich ihm mitteilte, dass eine Einladung von Günther Jauch vorliegen würde, blieb die

Leitung stumm. Das war ich von Ruben nicht gewöhnt, der eher jemand ist, der gerne viel redet und schnelle Antworten gibt. Ich war verunsichert. Schließlich hatte er für meinen Widerstand gegen einen Auftritt bei Talkshows bislang immer wenig Verständnis gezeigt. »Was denn?«, fragte ich irritiert. Hatte ich nicht jedes Mal, wenn ich eine Einladung abgelehnt habe, im Spaß zu ihm gesagt, »ich gehe erst dann in eine Talkshow, wenn mich Günther Jauch haben will«. Jetzt war es endlich so weit. Ich hatte fest damit gerechnet, dass Ruben begeistert sein würde und dass er mir gleich ein paar schlagkräftige Argumente für die Notwendigkeit der Seenotrettung mit auf den Weg geben würde, mit denen ich in der Sendung punkten könnte.

Ruben jedoch blieb still. Erst nach geraumer Zeit gab er mir vorsichtig zu verstehen, dass er sich nicht sicher sei, ob ein Auftritt bei Jauch eine gute Idee sei. So viel Öffentlichkeit, wo wir doch noch gar nichts Richtiges auf die Beine gestellt hatten. Dann sagte er, was ihn wirklich bewegte. Dass er befürchte, ich könne den anderen Diskussionsteilnehmern nicht gewachsen sein, dass sie mich in Grund und Boden reden würden. Nachdem er recherchiert hatte, welche Gesprächspartner außer mir bei Jauch noch vorgesehen waren, behauptete er: »Am Sonntagabend sitzen fast nur stramme Konservative zusammen. Die halten alle nichts von Seenotrettung. Sie werden versuchen, Sea-Watch ins Lächerliche zu ziehen.« Schließlich riet er mir davon ab teilzunehmen. Ich war hin- und hergerissen. Nach dem Gespräch mit Tanja war es für mich eigentlich abgemacht gewesen, zu Jauch zu gehen. »Ruben«, sagte ich. »Das können wir doch nicht ausschlagen, am Tag der Sendung legen wir ab, das passt perfekt.« Obwohl er mich verunsichert hatte, argumentierte ich damit, dass ich eine so schlechte Figur in der Sendung schon nicht abgeben würde. Außerdem wollte es mir nicht in den Sinn, dass irgendjemand, so konservativ er auch sein mochte, es wagen könnte, zu diesem Zeitpunkt die Notwendigkeit der Seenotrettung in Zweifel zu ziehen. Nicht in dieser Woche, in der über 400 Menschen im Mittelmeer ertrunken waren. Hatten nicht viele Politiker, darunter auch etliche Konservative, am Vormittag noch verlauten lassen, dass sie keine weiteren Toten mehr hinnehmen wollen? Um Ruben zu überzeugen, sagte ich im Spaß: »Sollte sich die Runde tatsächlich gegen die Seenotrettung aussprechen, dann werde ich um eine Schweigeminute für die ertrunkenen Flüchtlinge bitten.« Wir einigten uns, dass ich als Studiogast hingehe, aber nicht auf dem Podium Platz nehmen werde.

Die Einladung in die Sendung von Günther Jauch war der vorläufige Höhepunkt meiner Medienkarriere, die unspektakulär und eigentlich zufällig begonnen hatte. Mitte Februar hatte uns ein Journalist, der seinen Hund am Hamburger Lotse-Kai ausführte, entdeckt. Er arbeitete für ein Anzeigenblatt. Als er uns ansprach, rätselten Tillmann und ich an Deck gerade, warum der Motor wieder einmal ausgefallen war. Die Frage, ob wir ihm ein Interview geben würden, traf uns völlig unvorbereitet. Noch hatten wir überhaupt keinen Plan, ob, wann und wie wir mit unserem Projekt an die Öffentlichkeit treten wollten. Der Mann überrumpelte uns. Wir ließen uns von ihm fotografieren und beantworteten seine Fragen. Netterweise stand in seinem kurzen Artikel von unseren Problemen mit dem Motor nichts. In den darauffolgenden Wochen kamen immer wieder Journalisten von Hamburger Lokalzeitungen zu uns. Da Ruben, Tillmann und ich uns nach dem Artikel in dem Anzeigenblatt darauf geeinigt hatten, dass wir erst unser Schiff flottkriegen wollten, bevor wir die Öffentlichkeitsarbeit angehen, wimmelten wir sie alle ab.

Wir befürchteten, dass uns die Medien – auch bezüglich des Termins, zu dem wir in See stechen – unter Druck setzen könnten. Ab sofort ließen wir uns von interessierten Journalisten die jeweiligen E-Mail-Adressen geben und vertrösteten sie damit, dass wir sie im März zu einer Pressekonferenz bitten würden. Zuvor mussten wir allerdings für das Schiff eine Haftpflichtversicherung abschließen. Ich befürchtete, dass wir keinen Versicherer mehr finden würden, sobald bekannt war, was wir vorhatten.

Obwohl wir immer noch Zweifel hatten, ob die Sea-Watch die fast 3000 Seemeilen bis zum Mittelmeer überhaupt schaffen würde, schien mir, dass wir mit unserer Aktion schon eine Menge erreicht hatten. Selbst wenn der Motor auf halber Strecke kaputtgehen sollte, hatten wir immerhin bewiesen, dass ein paar Amateure ein Rettungsschiff auf den Weg bringen können, während die Politiker nichts taten. Zumindest hätten wir mit unserer Aktion deutlich gemacht, dass es machbar ist, Seenotrettungskreuzer zu entsenden und Menschen zu retten. Dass die Politik versagt hat, weil sie das massenhafte Sterben von Flüchtlingen in Kauf nimmt. Ich wusste, dass ich alles mir Mögliche tun würde, damit unser Projekt gelingt. Entsprechend zuversichtlich sah ich unserer Pressekonferenz entgegen.

Auf dem Weg dorthin übte Ruben mit mir. Während unserer vierstündigen Autofahrt nach Hamburg stellte er mir fortwährend Fragen. Wie kamst du auf die Idee, Sea-Watch ins Leben zu rufen? Was habt ihr im Mittelmeer genau vor? Ist das nicht gefährlich? Was wollt ihr erreichen? Wer sind deine Mitstreiter? Ist das Schiff nicht zu alt, zu marode? Meine Antworten nahm er mit dem Handy auf, um sie mir anschließend vorzuspielen. Viel dazu sagen musste er nicht. Ich wusste sofort, was ich falsch gemacht hatte. Ich musste lernen, freundlicher und ausführlicher zu antworten und langsamer zu sprechen. Ruben ließ nicht davon ab, mir Löcher in den Bauch zu fragen und meine Antworten aufzuzeichnen. »Ich hab dir doch schon alles x-Mal erzählt«, meinte ich genervt. Er antwortete, ich müsse mich daran gewöhnen, alles zehnmal zu erzählen, und stellte erbarmungslos die Fragen neu. Das Training war wichtig gewesen. Ich war es nicht gewohnt, vor Publikum zu sprechen, und ein Naturtalent bin ich auch nicht. Ich sage, was mir in den Kopf kommt, und nie mehr als nötig. Ich spreche selten länger am Stück. Gespräche, die dauern, machen mich nervös. Erst Wochen nach unserer ersten Pressekonferenz sollte ich mich in der Gegenwart von Journalisten nicht mehr gänzlich unwohl fühlen. Allmählich gewöhnte ich mich daran, dass sie mit mir plaudern wollten. Später sollte ich sogar meine Abscheu gegen das Telefonieren ablegen. Mein Ton wurde umgänglicher, und ich hatte auch keine Probleme mehr damit, ausführlicher zu antworten. Ein Medienprofi ist allerdings aus mir nie geworden.

Die Pressekonferenz war ein großer Erfolg. Die vielen Gespräche, die ich anschließend führen musste, und die zahlreichen Rückmeldungen über unsere Webseite, die ich beantworten musste, gingen über meine Kräfte. Mich überforderte die Situation dermaßen, dass ich das Kontaktformular kurzzeitig abstellte. Allein darüber hatten sich in den Tagen nach der Pressekonferenz mehr als 150 Freiwillige gemeldet, die bei den Einsätzen dabei sein wollten. Davor waren es etwas mehr als 20 qualifizierte Bewerber gewesen. Und täglich kamen neue hinzu. Das waren sehr viel mehr Menschen, als wir auf dem Schiff gebrauchen konnten. Für die geplanten vier Monate auf dem Mittelmeer hatten wir vorgesehen, zweiwöchige Einsätze zu unternehmen, bei denen jeweils acht Personen an Bord sein sollten: ein Kapitän, ein Maschinist, drei Bootsmänner, die das Schiff gemeinsam mit dem Kapitän steuern sollten, zwei Mediziner – Ärzte oder Rettungsassistenten – und idealerweise ein Journalist. Dafür waren gerade einmal 64 Personen notwendig.

Zeit zu verlieren hatten wir nicht. Wir mussten die Crew zusammenstellen. Wann unser Kutter unseren Stützpunkt auf Malta erreichen würde, war zum damaligen Zeitpunkt aber noch nicht absehbar. Einige, die sich gemeldet hatten, sprangen wieder ab, nachdem wir ihnen erklärt hatten, die jeweiligen Einsätze relativ kurzfristig planen zu müssen. Manchen klang das zu chaotisch, andere mussten ihren Urlaub mit Vorlauf organisieren. Die Auswahl der Freiwilligen fiel uns nicht leicht. Waren sie fachlich qualifiziert genug? Teilten sie unser Engagement und waren sie sich auch bewusst, dass die Einsätze nicht ungefährlich sein würden? Wir teilten uns die Aufgabe. Ich sollte mit den Maschinisten reden, Tillmann suchte gemeinsam mit einem befreundeten Kapitän das nautische Personal aus, und Ruben kümmerte sich um die Journalisten. Offen blieben die medizinisch geschulten Kräfte, die uns begleiten sollten. Schließlich kam ich auf Hennig, einen Mitarbeiter der Deutschen Gesellschaft zur Rettung Schiffbrüchiger, und auf Gerhard, Medizinprofessor und Vorsitzender des Vereins »Armut und Gesundheit in Deutschland«. Beide hatten sich auch über das Kontaktformular gemeldet und erklärten sich bereit, uns zu unterstützen. Hennig machte sich an die Auswahl der medizinischen Crew, und Gerhard begann, Medikamente und Erste-Hilfe-Material für uns zu organisieren.

Die Überführungscrew hatten wir zügig beieinander. Peer sollte sich um den Motor kümmern, Philipp um die Versorgung der Crew, und Johannes sollte die Funktion des

Co-Skippers zufallen. Alle drei kannten den Kutter in- und auswendig, und sie konnten ihn steuern. Ich vertraute ihnen. Wir drei haben eine ähnliche Art, Dinge anzugehen. Wir sind keine Perfektionisten, handeln aber stets zielorientiert. Wir verlieren keine großen Worte, mögen keine Befehle, sondern suchen uns unsere Aufgaben selbstständig. Alle hatten wir uns dem Projekt Sea-Watch verschrieben. Schwieriger war es, einen Skipper für die Überführung nach Malta zu finden. Dabei hatte es so gut angefangen. Bereits im März hatte sich ein Kapitän bei uns auf der Werft gemeldet. Er war jahrelang auf Handelsschiffen unterwegs gewesen und gönnte sich nun eine Auszeit. Leider ging das Gerücht um, dass er seine Mannschaft in einer schwierigen Situation im Stich gelassen hätte. Als ich ihn mit dem Vorwurf konfrontierte, warf er mir vor, kein Vertrauen zu ihm zu haben. Er zog sich wütend aus dem Projekt zurück. Auch mit dem nächsten Kapitän, der ebenfalls auf Handelsschiffen über die Weltmeere gefahren war, sollten wir kein Glück haben. Diesmal war das Problem allzu offensichtlich. Der Mann hatte gerade einen Alkoholentzug hinter sich. Die Überfahrt sah er vornehmlich als Chance, wieder in seinem Beruf Fuß zu fassen, die Flüchtlinge im Mittelmeer waren ihm eher gleichgültig. Da er mir sympathisch war und wir keine Alternative hatten, sagte ich ihm zu. Leider kam er einige Tage vor der Abfahrt mitten in der Nacht so betrunken an Bord, dass Philipp ihn ins Bett bringen musste. Tags darauf rief mich der Mann an, um sich zu entschuldigen und mir zu erklären, dass er nicht in der Verfassung sei, den Kutter zu überführen.

Glücklicherweise war da noch Ljubomir, ein staatenloser Serbokroate, der im Jugoslawien-Krieg auf verschiedenen Seiten gekämpft hatte und auf der Flucht über die Alpen nach Deutschland fast erfroren und verhungert wäre. Danach hat er von Greifswald aus viele Jahre lang Segeltörns für schwer erziehbare Jugendliche durchgeführt. Im Sommer 2014 wollte er mit seinem Boot zur syrischen Küstenstadt Latakia fahren, um Kinder aus dem Kriegsgebiet zu retten und sie nach Deutschland zu bringen. Allerdings musste er sein Vorhaben an der französischen Atlantikküste aufgeben, weil der Motor seines Bootes streikte. Er hatte über die Traditionssegler von unserem Projekt erfahren und war über Ostern zu uns gestoßen, um bei den aufwendigen Schiffsumbauten mitzutun. Mit Peer, Sue, Philipp und Johannes verstand er sich prima. Schon damals hatte er angeboten, als Steuermann beim Überführungstörn dabei zu sein. Als ich ihn fragte, ob er die Sea-Watch als Skipper nach Malta bringen könnte, sagte er spontan zu.

Am 18. April – tags darauf sollte unsere fünfköpfige Crew zum Mittelmeer aufbrechen – absolvierte ich gemeinsam mit Ljubomir und Philipp eine Testfahrt. Wir wollten nach Finkenwerder an der Norderelbe und wieder zurück. Da wir noch viele Arbeiten auf dem Kutter zu erledigen hatten, begann es bereits zu dämmern, als wir die Leinen endlich losmachten. Seitdem die Sea-Watch in Hamburg lag, hatten wir sie nur ein einziges Mal für eine längere Zeit bewegt. Um den Schiffsbauch zu streichen, überführten wir sie zu einer Werft in Finkenwerder. Bei dem Gedanken, dass die Sea-Watch so lange am Lotsekai gelegen und wir mit dem Schiff so gut wie keine Erfahrungen bei Fahrt gemacht hatten, wurde mir mulmig. Und tatsächlich: Wir waren noch keine Viertelstunde unterwegs und hatten gerade die erste Schleuse erreicht, als die Temperaturanzeige des Motors stieg. Als wir die Schleuse passiert hatten, zeigte die Anzeige auf dem Armaturenbrett über 100 Grad an. Alle drei blickten wir wie hypnotisiert auf die Anzeige. Wirklich besorgt waren wir zu diesem Zeitpunkt aber noch nicht. Der Kühlwassertank leckte seit einiger Zeit, weshalb die Temperatur des Öfteren anstieg. Vorsichtshalber hatten wir deshalb im Maschinenraum einen 20-Liter-Kanister mit Wasser deponiert und zudem eine Kamera montiert, um den Motor vom Steuerhaus aus im Blick zu haben. »Ist wohl mal wieder so weit«, meinte Philipp, bevor er hinab in den Maschinenraum stieg. Ljubomir lenkte das Schiff an den Rand des Fahrwassers der Süderelbe, um es dort zu stoppen.

Obwohl Philipp Kühlwasser nachgefüllt hatte, sank die Temperatur nicht. Nun versuchte Ljubomir sein Glück im Maschinenraum. Er kehrte niedergeschlagen ins Steuerhäuschen zurück. »Hab alles überprüft. Keine Ahnung, was das sein kann.« Als die Anzeige nach fünf Minuten unverändert 100 Grad anzeigte, wiederholte Philipp die Prozedur. Er füllte den 20-Liter-Kanister mit Wasser aus der Elbe, dann kippte er eine weitere Ladung in den Kühlwassertank. Die Temperatur sank auf 80, dann auf 60 Grad. Ich war nicht wirklich erleichtert. Bis Malta konnte Philipp in diesem Rhythmus unmöglich Kühlwasser nachfüllen. Wir müssten die Angelegenheit dringend in den Griff kriegen. Ljubomir legte wieder ab. Kaum hatten wir die Leinen losgemacht, stieg die Anzeige erneut an. Mir dämmerte: Vielleicht war das Problem gar nicht der Kühlwassertank? Jetzt rächte es sich, dass unsere beiden Maschinenexperten, Peer und Johannes, bei der Testfahrt nicht dabei waren. Wie Sue, die sich bereits am frühen Nachmittag abgemeldet hatte, wollten sie den letzten Abend vor der Abfahrt mit Freunden verbringen. Philipp und Ljubomir, die ebenso wenig Ahnung von Motoren haben wie ich, sahen mich ratlos an. Ich blickte Hilfe suchend auf den Bildschirm, der live aus dem Maschinenraum sendete. Es sah so aus, als würde dort Wasser herumspritzen. »Seht ihr das?«, fragte ich. Philipp rannte hinunter. Keine halbe Minute später war er zurück. Außer Atem berichtete er, dass heißes Wasser aus dem Kühlwassertank spritzte. »Wir müssen wieder anlegen!«, rief er Ljubomir zu. »Das dauert mindestens drei Minuten«, entgegnete der. »Beeil dich. Der Motor darf nicht kaputtgehen.« Dann füllte Philipp im Maschinenraum abermals Kühlwasser nach. Ljubomir, der den Kutter inzwischen wieder gestoppt hatte, wandte sich an mich: »Was ist da bloß los?« Ich zuckte die Schulter und folgte Philipp in den Schiffsbauch.

Dort war es dunkel, warm und laut. Aus dem Tank spritzte zum Glück kein Wasser mehr, und die Motorengeräusche klangen normal. Mit Handschuhen fasste ich die Rohre an, die die Zylinderblöcke verbanden und das Kühlwasser transportierten. Je weiter ich mich von den Blöcken wegtastete, desto kühler fühlte sich das Rohr an. Ein Phänomen, das ich vom Motor meines Unimogs kannte. »Womöglich ist Luft drin? Vielleicht sollten wir den Motor einfach mal entlüften?«, meinte ich zu Philipp gewandt. Der lachte nervös auf, um mir zu erklären, dass er das schon längst gemacht habe. »Wann?«, wollte ich von ihm wissen. »Gestern.« Ich ging in den Salon, wo wir das Werkzeug in riesigen Kisten aufbewahrten. Nach zehn Minuten hatte ich endlich die Zange gefunden, die ich für mein Vorhaben im Maschinenraum benötigte. Dort öffnete ich das Ventil um eine halbe Umdrehung, schon ertönte zischendes Pfeifen. Luft strömte heraus. Ich hatte recht gehabt! Philip und ich klatschten uns ab. »Was war los?«, wollte Ljubomir von uns wissen, als wir ins Steuerhaus zurückgekehrt waren. Die Temperaturanzeige zeigte 50 Grad an. »Da muss so eine Landratte kommen wie ich, um Luft aus dem Motor zu lassen«, meinte ich lachend. Ljubomir schlug sich mit der flachen Hand gegen die Stirn und warf mir dann eine Kusshand zu. »Das war wohl zu naheliegend«, antwortete er und lachte.

Mittlerweile war es fast neun Uhr abends geworden. Da wir durchgefroren und hungrig waren, beschlossen wir die Rückfahrt. Nach dem Essen wollten wir noch eine kleine Runde drehen, um sicherzustellen, dass das Problem tatsächlich gelöst war. Wir hatten kaum am Lotsekai angelegt, als wir einen älteren Herrn auf einem Fahrrad bemerkten, der sich der Sea-Watch winkend näherte. »Wann geht's bei euch los?«, rief er. »Ich habe mich als Freiwilliger gemeldet.« Er sei Arzt und wolle uns unterstützen. Wenn wir ihn nicht zu einem Einsatz mitnehmen würden, weil er zu alt sei, wolle er uns Geld spenden für den Sprit. »Damit ihr länger patrouillieren könnt.« Da ich keinen Zweifel mehr hatte, dass unser Kutter am nächsten Morgen tatsächlich in See stechen würde, lud ich ihn gut gelaunt zur Abfahrt ein.

Während Ljubomir und Philipp den Kutter vertäuten, warf ich Spaghetti ins kochende Wasser und bereitete eine Soße aus Dosentomaten, Zwiebeln und Knoblauch zu. Beim Abendessen unterhielten wir uns darüber, was uns bei den Einsätzen wohl erwarten würde. Wir malten uns aus, wie es sein würde, wenn die Sea-Watch auf Flüchtlingsboote stieß. »Habt ihr schon einmal einen Toten gesehen?«, fragte Ljubomir. Philipp und ich schüttelten den Kopf. »Auf solch eine Situation müssen wir uns einstellen«, fuhr Ljubomir fort. »Wenn wir wieder an Land sind, brauchen einige von uns möglicherweise sogar Hilfe von Psychotherapeuten.« Ich erwiderte nichts. Ich hatte keine Ahnung, wie ich reagieren würde. Bisher hatte ich noch keine Leiche gesehen. Im Grunde genommen hatte ich überhaupt noch nicht richtig darüber nachgedacht, was uns erwarten könnte. Mich trieb allein der Gedanke, dass ich Menschenleben retten wollte.

Irgendwie war ich mir sicher, dass ich deshalb auch schwierige Situationen meistern würde.

Um halb elf legten wir zur zweiten Testfahrt ab. Eine Stunde lang wollten wir die Süderelbe entlangtuckern. Als wir die Schleuse hinter uns gelassen hatten, erhöhte Ljubomir die Geschwindigkeit auf sechseinhalb Knoten, die Temperaturanzeige blieb konstant. Philipp und ich überprüften den Maschinenraum. Der Kühlwassertank gab Ruhe, der Motor brummte gleichmäßig. Als wir auf der Brücke meldeten, dass im Maschinenraum alles okay sei, gab Ljubomir uns fröhlich zur Antwort: »So muss eine Testfahrt laufen.« Den Rest der Nacht verbrachten wir schweigend. Jeder von uns hing seinen eigenen Gedanken nach. Ich blickte in die sternenklare Nacht und dachte auch daran, dass das Leck im Kühlwassertank ein Problem blieb, um das sich Peer am nächsten Tag dringend kümmern musste. Zurück am Kai, legten wir uns in die Kojen. Ich fand lange keinen Schlaf.

Der Tag, an dem die Sea-Watch auf große Fahrt gehen sollte, präsentierte sich von einer schönen Seite. Zwar war es kühl, aber sonnig. Zur Abfahrt hatten wir Journalisten geladen. Als Ljubomir, Philipp und ich am frühen Morgen auf das Deck traten, hatten sich bereits etwa 20 von ihnen am Kai versammelt. Männer und Frauen mit Kameras, Mikrofonen und Aufnahmegeräten. Es wurde hektisch; jeder wollte etwas von mir. Für einen Kameramann sollte ich die Scheiben des Steuerhauses wischen, ein anderer bestand darauf, dass ich das Deck schrubbte. Ich sollte im Maschinenraum posieren und auf den Mast klettern. Zum hundertsten Mal beantwortete ich die Frage, wieso ich das Projekt Sea-Watch an den Start gebracht habe. Fast ausnahmslos wurde ich auf mein linkes Auge angesprochen. Seit Wochen zuckten die Muskeln um meinen Augapfel unkontrolliert. Frank, der die veraltete Elektrik des Kutters einigermaßen auf Stand gebracht hatte und von Haus aus Augenarzt war, hatte mir erklärt, dass das Zucken vom Stress herrühre. Wahrscheinlich hätte ich zu viel Adrenalin im Blut. Ich erinnerte mich, dass ich bei den Vorbereitungen zu unserer Weltreise kurzfristig ähnliche Symptome an mir wahrgenommen hatte. Obwohl mich die Journalisten auf Trab hielten, sorgte ich mich an diesem Tag vorrangig um den Motor. Die Erfahrung während der Testfahrt hatte mich endgültig davon überzeugt, dass das Risiko zu hoch war, mit einem lecken Kühlwassertank abzulegen. Als Peer, der seit Tagen an dem Problem arbeitete, kurz nach Mittag an Bord eintraf, drängte ich ihn, noch mal sein Bestes zu geben, um das Leck zu reparieren.

Die wenigen Male, die er – verschwitzt und ölverschmiert – aus dem Maschinenraum an Deck kam, um sich eine Cola oder einen Kaffee zu holen, kniff Peer die Augen grimmig zusammen. Für ihn waren die zahlreich anwesenden Pressevertreter Luft. Nachdem ich zum fünften Mal für ein Foto auf den Mast geklettert war, stieg ich zu ihm in den Maschinenraum. Da es dort viel wärmer als draußen war, zog ich meine Jacke aus, setzte mich auf die Leiter und beobachtete Peer, der sich über den Motorblock beugte. Als er mich bemerkte, richtete er sich auf. Schweißperlen standen auf seiner Stirn. »Ich finde das Leck einfach nicht«, sagte er und ließ die Arme hängen. In dem Moment, in dem ich mich dem Motor zuwandte, kam Philipp die Leiter heruntergeeilt. »Im Mittelmeer ist erneut ein Boot gekentert. Es ist die Rede von 900 Toten.« Wir schauten uns betroffen an. In diesem Moment war uns allen klar: Wir würden heute noch losfahren, egal, ob wir das Leck im Kühlwassertank gefunden hatten oder nicht. Philipp und Peer würden auf der Überfahrt an dem Problem dranbleiben, und bis sie es gefunden hatten, regelmäßig Kühlwasser nachfüllen. Ich schlüpfte in meine Jacke, kletterte aus dem Maschinenraum und ging an Deck zu Ruben, der sich mit einer Journalistin unterhielt. »Wieso lassen Politiker das zu?«, fragte ich die beiden. »Sie tragen Verantwortung für diese Toten.« Ich war wütend. Inzwischen waren in den ersten drei Monaten des Jahres über 1200 Flüchtlinge umgekommen. Vier Mal so viele wie im gleichen Zeitraum des Vorjahres, als die italienische Seenotrettungsmission »Mare Nostrum« noch patrouillierte. Hätte die Europäische Union anderes auf die Beine gestellt als die Grenzschutzmission »Triton«, könnten diese Menschen noch am Leben sein. »Wir müssen so schnell wie möglich raus aufs Mittelmeer. Auch wenn wir dort nur einen einzigen Menschen retten, hat sich unsere Aktion gelohnt. Und sollten wir es schaffen, dass Europa eine ähnliche Mission wie ›Mare Nostrum‹ angeht, dann ist es ein echter Erfolg.«

Um pünktlich bei Günther Jauchs Sendung einzutreffen, nahm ich am späteren Nachmittag den Zug in Richtung Berlin. Nach den neuesten Nachrichten vom Mittelmeer und dem Rummel, den die Presseleute auf dem Kutter veranstaltet hatten, war ich einerseits erschöpft und andererseits wegen der vielen Toten erschüttert und wütend. Ich konnte es kaum noch abwarten, dass die Sea-Watch endlich Malta erreicht, um sich von dort zu ihrer ersten Patrouillenfahrt vor der libyschen Küste aufzumachen. Ich nahm mir fest vor, genau das zu sagen, was ich dachte. Dass die Toten nicht sein mussten und dass eine Seenotrettungsmission ähnlich wie »Mare Nostrum« überfällig sei. Dass es völliger Unsinn ist, dass dafür kein Geld da sein soll, wie europäische Politiker verkündet hatten. Für die »Triton«-Mission würden sie schließlich auch Geld ausgeben. Je näher Berlin kam, desto stärker zuckte mein Augenlid.

Vor dem Gasometer in Schöneberg, wo die Sendung bis zu ihrem Aus im November 2015 stattgefunden hat, warteten bereits Tanja und mein ältester Sohn Moritz auf mich. »Aufgeregt?«, fragte Tanja mich, als wir nebeneinander ins Studio gingen. »Wütend«, entgegnete ich. Das Studio kam mir vor wie eine Festung. Drum herum war ein großer Zaun, überall standen Wachleute. Der Mitarbeiter, der uns an der Pforte abholte, erklärte uns, dass ein Schauspielschüler im Mai 2012 das Studio gestürmt hatte. Danach seien die Sicherheitsstandards erhöht worden. Ich fühlte mich nicht wohl. Die Leute schienen ernst und eher konservativ eingestellt zu sein. Außerdem waren alle sehr elegant gekleidet. Ich hingegen trug Jeans und das dunkelblaue Kapuzen-Sweatshirt mit dem Sea-Watch-Logo vorne drauf, das eine Frau aus Pankow für uns gemacht hatte. Zunächst musste ich in die Maske. Eine junge Frau puderte und frisierte mich. Ich sprach über die vielen Toten im Mittelmeer und dass solche Unglücke nicht sein müssten. Sie schaute mich mit großen Augen an und starrte irritiert auf meinen Pullover. Dann führte mich ein junger Praktikant zu Günther Jauch. Er war sehr freundlich und informierte mich über die Fragen, die er mir in der Sendung stellen wollte. Ich war enttäuscht, wieder ging es vor allem darum, wieso ich das Projekt gegründet hatte, wie es derzeit um Sea-Watch stand. Wieso fragte er mich nicht nach den aktuellen Ereignissen auf dem Mittelmeer? Ich nahm mir vor, meine Meinung dazu in die Antworten auf seine Fragen zu packen. Gemeinsam gingen wir hinunter in den Saal, wo die Zuschauer bereits auf Günther Jauch warteten. Ich nahm, wie abgemacht, nicht auf dem Podium, sondern unter den Zuschauern Platz.

Bevor die Sendung losging, wurde uns erklärt, wo der Arzt saß, wo die Notausgänge waren und dass wir uns während der Ausstrahlung nicht von unseren Sitzplätzen erheben durften. Jauch machte eine ernste Miene, und schon ging es los. Er stellte erst das Thema »Das Flüchtlingsdrama! Was ist unsere Pflicht?« und dann die Diskussionsteilnehmer vor. Maya Alkhechen, eine Syrerin, die mit ihrem Mann und ihren Kindern auf einem Holzkahn von Libyen nach Italien gekommen war und sich jetzt bei »Pro Asyl« engagierte. Roger Köppel, Chefredakteur der Schweizer Zeitung »Weltwoche« und Politiker der rechtskonservativen SVP, der erklärte, dass wir nicht jeden aufnehmen können. Heribert Prantl, der Innenpolitik-Chef der »Süddeutschen Zeitung«, der der Europäischen Union seit Jahren unterlassene Hilfeleistung auf dem Mittelmeer vorwirft. Hans Peter Friedrich, CSU-Politiker und früherer Innenminister, der behauptete, der Vorwurf sei falsch, Europa schotte sich ab. Christian Haase aus Bautzen, Sprecher einer Bürgerinitiative, die gegen die Erweiterung eines Flüchtlingsheimes war. Zuletzt wurde ich vorgestellt. »Harald Höppner, der ein Schiff gekauft hat, um auf eigene Faust Flüchtlinge im Mittelmeer zu retten.«

Von der Diskussion auf dem Podium bekam ich nur wenig mit. Im Zuschauerraum waren die Stimmen der Diskutanten schlecht zu hören. Ich verstand aber, dass es eher um die Ängste der Deutschen vor den Flüchtlingen ging als um die Menschen, die auf der Flucht ihr Leben lassen, und die Frage, wie man weitere Tote verhindern konnte. Immer wieder fielen Sätze, die ich schon zigfach gehört hatte. »Wir können nicht alle aufnehmen.« »Niemand zwingt die Menschen, wackelige Boote zu besteigen.« »Wenn wir Initiativen zur Rettung der Flüchtlinge forcieren, kommen noch viel mehr.« Die Syrerin, die einzige Betroffene in der Runde, kam fast gar nicht zu Wort. Roger Köppels Forderung, das Mittelmeer dichtzumachen, machte mich fassungslos. Ich sah, wie Heribert Prantl, der anfangs noch gegen die Parolen von Köppel und Friedrich argumentiert hatte, allmählich nur noch müde lächelte. Er schien entmutigt. Sollten es die anderen geschafft haben, ihn in Grund und Boden zu reden? Kurz bevor die Sendung beendet wurde, setzte sich Günther Jauch zu mir auf die Zuschauertribüne. Er stellte mich abermals vor. Dann wurde ein Film gezeigt, den seine Redaktion für »Stern TV« einige Wochen zuvor über uns gedreht hatte. Zu sehen waren meine Familie und ich in der Küche unseres Hauses in Brandenburg. Tanja und die Kinder, wie sie im Garten die Ziegen fütterten. Die Sea-Watch im Hafen von Hamburg, ein paar Mitstreiter, die auf dem Kutter werkelten. Dazu lief Wohlfühl-Musik. Unser Projekt kam naiv und idealistisch rüber. Vor allem nach der vorausgegangenen Diskussion.

Als der Einspieler zu Ende war, deutete Günther Jauch auf den Bildschirm. Dort war eine rückwärtslaufende Stoppuhr zu sehen, die anzeigte, dass wir drei Minuten Zeit hatten für unser Gespräch. Im Plauderton wiederholte Jauch exakt die Fragen, die wir in seinem Büro durchgegangen waren. »Ausgerechnet das 25-jährige Mauerjubiläum soll Sie auf die Idee mit dem Schiff gebracht haben? Das müssen Sie uns erklären.« Ich wurde noch wütender, als ich es nach der Gesprächsrunde auf dem Podium sowieso schon war. Wir hatten so wenig Zeit, und ich sollte zum tausendsten Mal erzählen, wie die Idee zu Sea-Watch entstanden ist? Wie konnte Jauch bloß so stur an seinem Konzept festhalten? Hatte er nicht gemerkt, dass die Toten in der Gesprächsrunde zu kurz gekommen waren? Wieso musste es jetzt um uns Deutsche gehen und nicht um die vielen Menschen, die im Mittelmeer ertrunken waren? 800 nur wenige Stunden zuvor und 400 vor zwei Tagen! Wieso sprachen wir nicht über die bisher schlimmsten Schiffsunglücke in jüngerer Zeit?

Ich versuchte, meine Wut zu unterdrücken. Ich dachte an meine Frau und an meinen Sohn, die neben mir saßen. Ich riss mich zusammen. Sagte, was ich mir vorher zurechtgelegt hatte, als Jauch mir seine Frage im Büro genannt hatte. Dass es immer schon Flüchtlinge gegeben hat, zu DDR-Zeiten und heute. Dass die meisten Deutschen, die Republikflüchtlinge als Helden feiern, andere Menschen auf der Flucht ignorieren. Erklärte, dass für mich kein Unterschied existiert zwischen den Menschen, die damals in den Westen wollten und auf dem Weg umkamen, und jenen, die heute nach Europa kommen und dabei ihr Leben lassen. Meine eigenen Worte befremdeten mich. Mir war klar, dass ich viel zu schnell sprach und ein wenig zu aggressiv war. Es war mir egal. Meine Gedanken waren woanders. Ich dachte darüber nach, ob ich die Chance ergreifen und tatsächlich eine Schweigeminute für die vielen Toten der vergangenen Tage einklagen sollte. Mein Adrenalinspiegel stieg. Kaum hatte ich Jauchs letzte Frage beantwortet, gab es für mich kein Halten mehr. Ich sprang von meinem Sitz auf. Wandte mich zunächst Jauch, der mich verdattert anblickte, dann dem Publikum zu. »Ich möchte die Möglichkeit nutzen, den Toten ein Gedenken zu schenken, und eine Schweigeminute einlegen.« Kaum hatte ich das gesagt, lief ich zur Bühne. Erst kehrte ich mich den Diskutanten, dann dem Publikum zu: »Bitte, stehen Sie auf dafür.« Mein Ansinnen unterstrich ich mit schnellen Handbewegungen. Nach und nach erhoben sich die Menschen. »Wir wollen dieser 1000 Menschen gedenken, die an unserer europäischen Außengrenze, an unserer deutschen Grenze, gestorben sind«, erklärte ich feierlich.

Auf dem Podium erhob sich erstaunlicherweise als Erster der frühere Innenminister und CSU-Politiker Hans Peter Friedrich, der zuvor darauf gepocht hatte, ein europäisches Seenotrettungsprogramm für Flüchtlinge würde die Menschen aus Afrika doch nur anlocken. Als Nächste stand die Syrerin Maya Alkhechen. Als Letzter stemmte sich der Schweizer Journalist und Politiker Roger Köppel aus seinem Sessel, der gemeint hatte, dass wir keine Verantwortung für die Toten trügen, dass sie aus freien Stücken in seeuntaugliche Boote stiegen und dass wir überhaupt keinen Platz für sie hätten. Während ich meine Absicht erklärte, packte Günther Jauch, der hinter mir auf die Bühne geeilt war, mich fest am Ellbogen. Ich hatte keinen Zweifel: Er wollte die Schweigeminute unterbinden. »Herr Höppner, wir möchten doch bei allem Gedenken …« Mich hielt nichts mehr: »Herr Jauch, Deutschland wird doch eine Minute Zeit haben, um dieser Menschen zu gedenken.« Als ich mich von ihm ab- und meiner Armbanduhr zuwandte, um die Minute zu stoppen, lag seine Hand noch immer schwer auf meinem Ellbogen. Er rang um Worte, ich ließ mich nicht beirren und sagte in Richtung Publikum, »jetzt bitte«. Dann wurde es still. Jauch ließ mich los. Nach wenigen Sekunden spürte ich seine Hand abermals, diesmal an meinem linken Arm. Und dann sprach er in die Stille hinein. In einem Ton, als würde er mit einem kleinen Kind sprechen, meinte er zu mir, dass ich doch nicht auf die Uhr schauen müsse. Erst jetzt fiel mir auf, dass ich das angespannt tat.

Als die Schweigeminute zu Ende gegangen war, stellte mir Jauch abermals die Frage, was unser Projekt mit dem Mauerfall zu tun hätte. Ich ärgerte mich darüber, dass er nach dem kurzen Gedenken weiterhin stur an seinem Konzept festhielt, und ignorierte seine Frage einfach. Ich hörte mich wie einen Fremden reden: laut und hektisch – wie im Rausch. Ich sagte, es sei doch völlig egal, was uns dazu gebracht hatte, Sea-Watch zu gründen. Was im Mittelmeer passiert, sei unerträglich, inakzeptabel, unmenschlich. Dass wir das nicht mehr länger hinnehmen können. Da die Politiker immer nur reden würden, aber nichts tun, hätten wir beschlossen, eben selbst zu handeln. Ich erklärte auch, dass die wirklich wichtigen Fragen zum Thema meiner Meinung nach an diesem Abend gar nicht zur Sprache gebracht worden seien. Dass zum Beispiel keiner danach gefragt habe, wie man die Lebensbedingungen in den Herkunftsländern verbessern könne, damit die Menschen nicht fliehen müssen. »Solange wir dort keine Abhilfe schaffen, werden die Menschen zu uns kommen. Wir müssen mit allen Mitteln verhindern, dass Menschen auf ihrer Flucht übers Mittelmeer sterben.« Nach einer kurzen Redepause, die zu kurz war, als dass Jauch mich hätte unterbrechen können, fuhr ich fort: »Ich finde es nicht richtig, dass an einem solchen Tag wie heute, an dem 800 Menschen ertrunken sind, eine Diskussion auf politischer Ebene und nicht auf menschlicher Ebene geführt wird.« Und dann verkündete ich, dass sich die Sea-Watch auf dem Weg zur libyschen Küste befindet, um dort Menschen zu helfen, die in Seenot geraten.

Nach der Sendung kam Günther Jauch nochmals zu mir, um mir zu sagen, dass es bisher keinem gelungen sei, ihm das Heft aus der Hand zu nehmen. Das hörte sich fast ein wenig anerkennend an. Dann meinte er: »Schade, dass Sie die Chance verpasst haben, Ihr Projekt vorzustellen.« Ich antwortete kühl: »Herr Jauch, das werden jetzt andere Medien machen.« Stolz war ich nach der Sendung nicht, eher geknickt. Ich hatte mich nicht unter Kontrolle gehabt, wütend und aggressiv gesprochen. Von Diskussionen mit Freunden wusste ich, dass ich Menschen verschrecke, wenn ich mich so benehme. Ich befürchtete, dass ich die Zuschauer mit meinem Auftritt eher gegen mich aufgebracht, statt sie für unsere Sache eingenommen hatte. Während ich meinen Gedanken nachhing, trat Heribert Prantl zu mir. Er schüttelte mir die Hand. Ich hätte ein wichtiges Zeichen gesetzt. Er habe selbst überlegt, angesichts der Unglücke eine Schweigeminute zu fordern, sich aber wegen seiner Position bei der »Süddeutschen« dagegen entschieden. Dann meinte er, dass die jüngsten Schiffsunglücke hoffentlich politische Konsequenzen haben würden. Maya Alkhechen stellte sich zu uns und dankte mir für die Aktion. Sie war sichtlich berührt. Ich schenkte ihr meine Armbanduhr als Andenken.

Auf den Monitoren im Studio liefen derweil die »Tagesthemen«. Die Moderatorin fragte eine Politikerin gerade danach, wie Deutschland ihrer Meinung nach auf die vielen toten Flüchtlinge in dieser Woche reagieren sollte. Die Politikerin entgegnete, Sea-Watch sei eine vorbildhafte Aktion, das würde aber natürlich nicht ausreichen, die Politik müsse handeln. Die Aussage stimmte mich für einen kurzen Moment euphorisch. Vielleicht hatten die Politiker doch ein Einsehen? Womöglich kam jetzt endlich eine europäische Rettungsmission? Vielleicht wurden bald gar keine ehrenamtlichen Projekte wie Sea-Watch mehr gebraucht? Tanja und Moritz kamen zu mir. Sie wirkten beide erschöpft und wollten gehen. Auf dem Weg nach draußen rief ich auf dem Bordtelefon der Sea-Watch an. Ich wollte wissen, ob der Motor Mucken machte und wie die Fahrt lief. Johannes ging ran. Sie waren gut aus dem Hamburger Hafen gekommen und jetzt auf der Elbe auf dem Weg nach Helgoland. Im Hintergrund hörte ich Tumult. »Was ist denn bei euch los?« »Hier wird deine Schweigeminute gefeiert!«, erklärte Johannes. An Bord hatten sie die Sendung übers Internet verfolgt. »Großartig«, sagte er.

Bereits auf der Fahrt nach Hause bekam ich zu spüren,

dass Tanja anderer Meinung war. Sie sprach kein Wort. Meinen vorsichtigen Einwurf, dass der Crew mein Auftritt bei Jauch gefallen habe, kommentierte sie lediglich mit einem kurzen Schnauben. Immerhin meinte Moritz, dass er die Schweigeminute cool gefunden habe. Dann las er eine SMS vor, die ihm ein Lehrer seiner Schule kurz nach der Sendung geschrieben hatte: »Moritz, du hast einen mutigen Vater.« Auch das konnte Tanja nicht beschwichtigen. Als wir zu Hause angekommen waren, holte sie ihr Bettzeug aus dem Schlafzimmer und begab sich damit – ohne ein weiteres Wort zu sagen – auf das Sofa im Wohnzimmer. Ich machte in dieser Nacht kaum ein Auge zu. Sollte Ruben recht behalten haben, war mein Auftritt ein Fehler? War ich unsympathisch rübergekommen? Selbstgerecht? Aggressiv? Wenn meine Frau die Aktion so furchtbar fand, was sollten erst die Zuschauer von mir denken? Hatte ich unser Projekt gefährdet?

Ich war gerade endlich eingeschlafen, als mich ein Anruf von der Sea-Watch weckte. Draußen brach bereits der Tag an. Sofort war ich hellwach. War zu allem noch etwas auf dem Schiff passiert? Wieder war es Johannes. Die Crew hatte auf Helgoland angelegt. Nun saßen sie gemeinsam mit Hennig, dem Rettungssanitäter der Deutschen Seenotrettungsgesellschaft DGzRS, der auf der Insel stationiert war, beim Kaffee. »Du bist ein Held«, sagte er und lachte. »Die Medien sind begeistert über deinen Auftritt.« Dann las er mir Auszüge aus einigen Berliner Medien vor. Im »Tagesspiegel« hieß es: »Zunächst war in der Sendung alles wie immer. Doch kurz vor Schluss erlebten die Zuschauer eine Sternstunde des Fernsehens und der Menschlichkeit – dank des Brandenburgers Harald Höppner.« Der »Berliner Kurier« nannte mich »Kapitän Hoffnung« und die Sea-Watch »Kutter Courage«. Die

Berliner »Boulevard-Zeitung« BZ titelte »Jauch-Talk: Brandenburger fordert Schweigeminute«. Zunächst konnte ich das alles nicht glauben. Nach dem Telefonat ging ich zum Computer, um die Artikel auszudrucken und sie Tanja zu geben, die in der Küche das Frühstück für die Kinder vorbereitete. Als sie »Kapitän Hoffnung« las, lächelte sie ein wenig gequält. Dann rief sie: »Oh Mann. So etwas machst du nie wieder. Das fand ich echt nicht cool.« Ich sei aggressiv und überheblich gewesen. Ich musste ihr versprechen, freundlich und ruhig zu bleiben, wenn ich nochmals einen Auftritt im Fernsehen haben sollte.

Auf dem Weg zum Laden machte ich an einer Tankstelle im Nachbarort Stopp. Dort, wo die Zeitungen lagen, prangte mir mein Gesicht in zigfacher Ausfertigung entgegen. Ich versuchte mich so breitbeinig wie möglich vor das Zeitungsregal zu stellen, sodass ich es fast ganz abdecken konnte. Dann faltete ich die Titelseiten so um, dass ich darauf nicht auf Anhieb zu erkennen war. Den Rest des Tages verbrachte ich im Laden am Telefon und am Computer. Freunde, die mich im Fernsehen gesehen hatten, riefen an. Journalisten, die mich interviewen wollten. Im Minutentakt trafen E-Mails im Sea-Watch-Postfach ein. Es schrieben begeisterte Menschen, die mitmachen und andere, die spenden wollten. Während der fünf Tage, die meinem Auftritt bei Günther Jauch folgten, haben uns mehr Zuschriften als in der gesamten Zeit davor erreicht. Über 500 Freiwillige haben sich allein in diesen Tagen gemeldet. Außerdem kamen fast 100 000 Euro an Spendengeldern zusammen.

Aufgrund des ganzen Rummels war ich wenig verwundert, als bei uns zu Hause abends nach 20 Uhr das Festnetztelefon klingelte. Ich saß im Arbeitszimmer am Computer, um E-Mails zu beantworten, Tanja badete Theo, unseren

Jüngsten. Als ich abhob, dachte ich, es wäre ein Bekannter. Doch dann sagte eine fremde Stimme zu mir: »Wenn ihr nicht aufhört, noch mehr Neger nach Deutschland zu holen, müsst ihr auf eure Kinder aufpassen.« Bevor ich etwas erwidern konnte, hatte der Mann schon wieder aufgelegt. Ich war so geschockt, dass ich eine Zeit lang wie gelähmt auf meinem Schreibtischstuhl saß. Mit Drohungen hatte ich überhaupt nicht gerechnet. Ich prüfte die Nummer, sie war unterdrückt. Da ich annahm, dass der Fremde unsere Nummer aus dem Telefonbuch hatte, wollte ich schnellstmöglich dafür sorgen, dass sie dort getilgt wurde. Doch zunächst entschied ich mich, bei der Polizei Anzeige zu erstatten. Ich war gerade dabei, mit dem Beamten darüber zu diskutieren, wie man die Nummer des Anrufers herausfinden könne, als Tanja ins Arbeitszimmer kam. Als ich den Hörer auflegte, schaute sie mich ängstlich an. Nachdem ich ihr die Hintergründe meines Anrufes bei der Polizei erklärt hatte, bat sie mich, nicht mehr an die Öffentlichkeit zu gehen. Ich meinte, dass wir uns von solchen Leuten keine Angst einjagen lassen dürften. Sie verzog sich weinend in die Küche, ich folgte ihr. Sie ließ sich auf einen Stuhl fallen und vergrub ihr Gesicht in ihren Händen. Ihr sei alles zu viel, ließ sie mich leise wissen. Ich setzte mich zu ihr und legte meine Arme fest um sie. Dann versprach ich ihr, keine Interviews mehr zu geben, bis die Sea-Watch im Mittelmeer angekommen war.

Obwohl ich einen Anwalt anheuerte, der Akteneinsicht verlangte, sollte ich nie erfahren, wer meine Familie an diesem Abend bedroht hat. Die Polizei hat sich nie wieder bei mir gemeldet. Und – es blieb nicht bei diesem Einschüchterungsversuch. Es folgten viele weitere per E-Mail; meist nannten die Menschen ohne Scham sogar ihren vollen Namen. So auch, als ich an jenem Abend das Sea-Watch-

Account abermals öffnete. An oberster Stelle sprangen mir sogleich zwei Nachrichten entgegen, die von Männern stammten. Der eine, der mich »Volksverräter« und »miese Ratte« nannte, wünschte sich, dass unser Kutter »mit Mann und Maus« im Mittelmeer versank. Der andere drohte an, mich zu erschießen, falls ich noch mehr Afrikaner nach Europa holen sollte. Beim Scrollen entdeckte ich eine weitere E-Mail, die mein Herz schneller schlagen ließ. Da stand, ich hätte doch nur ein schlechtes Gewissen, weil ich auf Kosten armer Menschen in Asien reich geworden sei. Jetzt, wo mich der Wohlstand langweilen würde, befände ich mich auf der Suche nach Sinn und Abenteuer. Unterhalb dessen, die Welt zu retten, würde ich es wohl nicht machen.

Vor offenkundigem Hass, Einschüchterungsversuchen und Androhungen von Gewalt graute mir stets. Andererseits fiel es mir auch immer relativ leicht, die Angstmomente wieder abzuschütteln. Mit der dritten E-Mail erging es mir anders; sie beschäftigte mich. Die Vorwürfe des Mannes kamen mir bekannt vor. Ich hatte sie öfter gehört, wenn auch weniger krass formuliert. Bekannte hatten mir im Zusammenhang mit meinem Engagement für die Flüchtlinge einige Male vorgehalten, mir ginge es dabei vor allem um mich selbst. Dass ich in der Midlife-Crisis wäre und neuen Lebenssinn, Abenteuer und Anerkennung suchen würde. Ich hatte entweder gar nicht darauf geantwortet oder ihnen gesagt, dass ich Abenteuer auch mit dem Unimog erleben und dass ich auf die Medien und den ganzen Rummel um meine Familie sehr gut verzichten könne. Natürlich war ich auf der Suche gewesen, als mir die Idee zu Sea-Watch gekommen ist. Aber meine Motivation war eine ganz andere als die, die mir der Verfasser der E-Mail und meine Bekannten unterstellten. Ich habe mich damals weder gelangweilt noch suchte ich nach

Abenteuern. Mir ist einfach klar geworden, dass es purer Zufall ist, wenn man in einem Land geboren wird, in dem Wohlstand, Frieden und Reisefreizügigkeit selbstverständlich sind. Dass unser Reichtum viel mit der Armut und den schlechten Lebensbedingungen in der übrigen Welt zu tun hat und dass sich Europa nicht vom Rest der Welt abschotten und dafür Tote in Kauf nehmen darf.

Ich las die E-Mail des Mannes abermals. Vielleicht unterstellten mir die Menschen deshalb niedrige Beweggründe, weil sie meinen, damit ihr Gewissen entlasten zu können? Musste nicht jeder, der ein wenig Geld übrig hatte, sich angesichts unseres Engagements fragen, warum er nicht selbst etwas gegen die Lage an der europäischen Außengrenze tut? In diesem Moment wurde mir bewusst, dass unsere Aktion nicht nur eine Provokation für die Politiker ist, die nichts gegen das massenhafte Sterben im Mittelmeer tun, sondern auch für viele andere Menschen in Deutschland. Ich klappte den Computer zu und beschloss, Drohungen, Anfeindungen und Hassmails ab sofort auszublenden.

Weniger gut sollte mir das mit der Kritik an unserer Mission gelingen, die nach meinem Auftritt bei Jauch auch aufkam. Einige Journalisten nannten uns Dilettanten. In Postings bei Facebook hieß es, dass wir das Leben von Flüchtlingen gefährdeten, weil wir ihnen nicht wirklich helfen können, sondern auf die Unterstützung der Seenotrettung angewiesen sind. Andere behaupteten, dass wir uns doch nur bereichern wollten. Dass die Sea-Watch häufig im Hafen lag, erweckte ebenfalls Misstrauen. Vielleicht war es ein Fehler gewesen, dass ich auf unserer Webseite einen Link zu Vesseltracker.com gesetzt hatte, damit jedermann live mitverfolgen kann, wo sich das Schiff gerade befindet. Mir lag viel daran, dass unser Projekt transparent war. Deshalb hatte ich auch ein digitales Logbuch angelegt, in dem ich die Gründe darlegte, warum sich die Sea-Watch gerade nicht auf Fahrt befand. Weil es zu stürmisch war oder weil Reparaturen anstanden. Trotz unserer Bemühungen um Transparenz trauten uns viele Menschen nicht. Mich irritierte das. Wie oft habe ich mich damals gefragt, was wir noch besser machen könnten?

Am Tag nach dem Drohanruf erreichte mich eine SMS von Giovanni di Lorenzo, dem Chefredakteur der »Zeit«. Er lud mich zu seiner Talkshow »3 nach 9« ein. Nachdem ich ihm geantwortet hatte, dass ich absehbar keine öffentlichen Auftritte mehr wahrnehme, rief er mich an und bat mich freundlich, meine Entscheidung zu überdenken. Außer mir würde kein anderer Gast anwesend sein, sodass ich die Möglichkeit hätte, in entspannter, ruhiger Atmosphäre über das Vorhaben zu reden. Ich erklärte bestimmt, dass die Sendung von Günther Jauch meine vorerst letzte Talkshow war. Dass andere Mitstreiter von Sea-Watch auch die Möglichkeit haben sollten, öffentlich über unsere Aktion zu sprechen, und dass ich mich nicht in den Mittelpunkt spielen will. Da di Lorenzo nicht lockerließ, gab ich ihm zu verstehen, was ich am Abend zuvor Tanja versprochen hatte. Er bat mich, mit ihr sprechen zu dürfen. Die beiden telefonierten gute 20 Minuten miteinander. Danach entschied Tanja für mich: Ich solle die Einladung annehmen und bei Giovanni di Lorenzo erklären, dass ich mich eine Weile zurückziehen würde. Obwohl ich in den Tagen nach meinem Auftritt bei Jauch Einladungen für sämtliche Gesprächsrunden erhalten habe, die damals im deutschen Fernsehen liefen, sollte der Talk bei »3 nach 9« am 25. April tatsächlich mein vorerst letzter bleiben.

Drei Tage nach Jauchs Talkshow hielt der Deutsche Bundestag ebenfalls eine Schweigeminute zum Gedenken der 800 Toten ab, die in der vergangenen Woche ihr Leben im Mittelmeer hatten lassen müssen. Einige Tage später hörte ich im Radio, dass Verteidigungsministerin Ursula von der Leyen zwei Schiffe ins Mittelmeer beorderte, den Einsatzgruppenversorger »Berlin« und die Fregatte »Hessen«, die bislang im ostafrikanischen Dschibuti gelegen hatten. Sie sollten die EU-Operation Frontex unterstützen und bei der Rettung von kenternden oder überladenen Flüchtlingsbooten helfen. Hatten wir unser Ziel schon erreicht?, fragte ich mich vermessen. Ich steuerte die nächste Parklücke an, um auf der Sea-Watch anzurufen. Die Mannschaft war gut vorangekommen. Inzwischen hatten sie die Nordseeinsel Borkum erreicht. Der Motor machte keine Probleme, obwohl das Leck im Kühlwassertank noch immer nicht gefunden war. Philipp, der das Gespräch angenommen hatte, berichtete mir begeistert von dem Besitzer des Insel-Supermarkts, der der Crew am Morgen einen kompletten Einkauf spendiert hatte. »Habt ihr schon gehört? Die Bundeswehr schickt Schiffe zur Seenotrettung!«, fragte ich ihn. Er dämpfte meine Begeisterung. »Ich bin da skeptisch. Angekündigt haben die schon viel. Wir sollten abwarten, was tatsächlich passiert.«

Nach dem Telefonat gingen mir seine Worte nicht mehr aus dem Kopf. Als von der Leyen Mitte April erklärt hatte, die Seenotrettung auf dem Mittelmeer intensivieren zu wollen, hatte ich schließlich auch nicht geglaubt, dass sich etwas zum Positiven verändern würde. Und als die Staats- und Regierungschefs der EU vor wenigen Tagen bei einem Sondergipfel in Brüssel verkündeten, die Mittel für die Operation »Triton« zu verdreifachen, blieb ich ebenfalls skeptisch. Nun aber stellte sich die Situation völlig anders dar. Diesmal handelte es sich nicht um eine bloße Absichtserklärung. Die

Verteidigungsministerin war forsch vorangegangen, tatsächlich waren zwei Schiffe unterwegs zum Mittelmeer, ohne Abstimmung im Bundestag, ohne Abstimmung mit der Europäischen Union. Nach langer Zeit blickte ich erstmals wieder optimistisch in die Zukunft. Anfang Mai glaubte ich fest daran, dass es nun voranging und die Politiker endlich verstanden hätten, dass sie den Tod von Flüchtlingen nicht billigend in Kauf nehmen können. Ich war glücklich; die Entwicklungen bestätigten unsere Mission. Obwohl mich von der Sea-Watch abermals die Nachricht erreichte, dass man das Problem mit dem Kühlwassertank nicht in den Griff bekam, hielt mein Hochgefühl an.

Kapitel 3

Meuterei auf der Sea-Watch

Mein Herz begann heftiger zu schlagen, als ich vier Wochen später weit nach Mitternacht die Nummer von Johannes auf meinem Handy-Display erkannte. Es war ein Donnerstag Ende Mai. Ich rechnete mit dem Schlimmsten. Immer wieder hatten mich in den vergangenen Wochen Notrufe von der Sea-Watch erreicht. Wegen des Motors, wegen der Elektronik, wegen des Wetters. Das Leck im Kühlwassertank hatten sie immerhin endlich gestopft. Wie oft habe ich in dieser Zeit die Befürchtung gehabt, der Kutter könne es nicht bis zum Mittelmeer schaffen. Doch Peer und Johannes brachten ihn jedes Mal aufs Neue in Gang. Wie oft hatten ihn Ljubomir und Philipp schon sicher durch heftige Unwetter manövriert. Vier Tage zuvor hatten sie endlich das Einsatzgebiet erreicht. An Gibraltar vorbei war die Sea-Watch vom Atlantik ins Mittelmeer gefahren. Was konnte passiert sein? Ich wurde immer nervöser. Meine Gedanken rasten. War der Motor kaputtgegangen? Und wieso rief Johannes mit dem Handy und nicht vom Bordtelefon an? Funktionierte es etwa nicht? Waren sie in ein Unwetter geraten? Wenn der Kutter stark schaukelte, hatte die Satellitenanlage, die auf dem höheren der beiden Stützmasten angebracht war, keinen Empfang. Oder waren sie womöglich sogar gerade dabei, im Sturm die ersten Bootsflüchtlinge zu retten?

Obwohl die marokkanische Polizei die Küsten streng kontrollierte, starteten damals auch von Marokko aus regelmäßig Flüchtlinge auf Schlauchbooten nach Spanien. Die Menschen ließen sich nicht aufhalten. Die beiden Kontinente liegen bei Gibraltar lediglich 14 Kilometer voneinander entfernt, an klaren Tagen hat man sogar den Eindruck, man könne auf die andere Seite schwimmen. Mussie Zerai und die Mitarbeiter von »Watch the Med« hatten bereits immer wieder Anrufe von Booten erhalten, die bei der Überfahrt von Marokko nach Spanien mit Problemen kämpften. So auch vor zwei Tagen, als bei »Watch the Med« ein Notruf von Flüchtlingen eingegangen war, die auf dem Weg nach Spanien waren. Da sie weder ein Satellitentelefon noch einen GPS-Empfänger, sondern nur einen Kompass an Bord hatten, waren ihre Positionsangaben sehr ungenau und der Suchradius groß. Sicher war zumindest, dass sich das Schiff etwa 50 Seemeilen westlich von der Sea-Watch befand. Was wiederum bedeutete, dass wir nahezu zehn Stunden unterwegs gewesen wären, um zu den Flüchtlingen zu gelangen. Nach langen Diskussionen beschloss die Crew, den vorgesehenen Kurs in Richtung libysche Grenze nicht zu verlassen und sich an der Suche nicht zu beteiligen.

In den vergangenen Tagen hatten wir uns immer wieder beraten, wie sich die Sea-Watch Flüchtlingsbooten, die in eine Notlage geraten waren, nähern könne. Zwar hatte uns Henning, der bei der Deutschen Gesellschaft zur Rettung Schiffbrüchiger arbeitet, mehrmals erklärt, wie eine Rettung auf der Nordsee abläuft. Uns war allerdings bewusst, dass uns im Mittelmeer anderes als in der Nordsee erwarten würde. Das schreckliche Unglück etwa am 19. April, bei dem über 800 Menschen gestorben sind, war während der Bergung passiert. Als das Handelsschiff, das sich zur Rettung aufgemacht hatte, dort angekommen war, liefen die Menschen auf dem Boot in Panik in dessen Richtung, jeder wohl in der Hoffnung, sich als Erster in Sicherheit bringen zu können. Das Boot geriet aus dem Gleichgewicht und kenterte. Wir fürchteten, dass uns Ähnliches passieren könnte. Um sicherzustellen, dass das nicht geschieht, entschieden wir, uns mit dem Beiboot zu nähern, damit die Menschen erst gar nicht auf den Gedanken kommen könnten, dass sie bei uns Platz fänden. Aber im Grunde waren wir hilflos. Wir wussten ja nicht einmal, wie wir mit den Flüchtlingen auf den Booten kommunizieren könnten. Trotz unserer Ratlosigkeit mussten wir jederzeit damit rechnen, in eine Rettungsaktion verwickelt zu werden.

Als ich in jener Donnerstagnacht Johannes' Anruf annahm, war ich davon überzeugt, dass die Sea-Watch auf ein Flüchtlingsboot gestoßen war. Und ich hatte schreckliche Angst davor, dass eine Rettung bei Nacht und Sturm missglückt sein könnte. »Was ist los?«, fragte ich atemlos. Die Antwort klang wie ein Scherz: »Meuterei auf der Sea-Watch.« Doch es war kein Scherz. »Wir haben beschlossen, dass Ljubomir nicht mehr unser Kapitän ist.« Johannes erklärte mir, dass Philipp, Peer, Sue und er keine Seemeile mehr mit ihm fahren würden. Ljubomir würde zu viele Stopps einlegen und dadurch die ganze Aktion ausbremsen. Weil Ljubomir gemeint habe, die Sea-Watch brauche eine Pause, hätte er gerade gegen den Willen der übrigen Mannschaft in Carboneras angelegt, einer kleinen Hafenstadt im Osten von Andalusien. Dieser Halt sei völlig unnötig, fuhr Johannes fort, der bei der Überfahrt unser Co-Skipper war. Bei diesem Tempo würden sie nie rechtzeitig auf Malta sein. Ich blieb stumm. Auch als er fortfuhr und sagte, sie würden menschlich mit Ljubomir nicht mehr klarkommen, sich entweder streiten oder sich anschweigen. Ich wusste einfach nicht, wie ich auf diese Hiobsbotschaft reagieren sollte. Hatte ich es mit einem ernsthaften Konflikt zu tun oder handelte es sich lediglich um ein Problem, das sich durch Gespräche lösen ließ? Ich vermutete, dass ein Konflikt zwischen unterschiedlichen Generationen aufgebrochen war. Johannes, Peer, Philipp und Sue waren zwischen 20 und 30. Ljubomir war mit fast 50 der Älteste, der Bord-Papa.

Ich wiederholte seine letzten Worte mit Bedacht: »Streiten oder anschweigen.« Johannes bemerkte sehr wohl, dass ich seinen Argumenten nicht ganz folgen konnte. Er legte nach. Das Problem sei vor allem, dass Ljubomir nicht mit sich reden ließe. Er treffe Entscheidungen zumeist alleine, ohne sich mit ihm, dem Co-Skipper, und den anderen abzustimmen. Dabei hätten sie ihn schon mehrfach gebeten, die Angelegenheiten gemeinsam zu bereden und zu beschließen. Da sich Ljubomir nicht daran halte, sei die Stimmung angespannt, häufig sogar kurz vorm Eskalieren. Inzwischen klappe überhaupt nichts mehr zwischen ihnen. »Wir können nicht mehr mit ihm zusammenarbeiten«, beharrte er. Philipp, Peer, Sue und er hätten sich ein Hotelzimmer in Carboneras genommen. »Solange Ljubomir an Bord ist, gehen wir nicht zurück aufs Schiff.« Gerade noch hatte ich damit gerechnet, dass die Mannschaft bei ihrem ersten Versuch, Menschen aus Seenot zu retten, Probleme gehabt haben könnte, und jetzt sollte ich mich mit Befindlichkeiten herumschlagen? Johannes' Schilderung kam mir angesichts der vielen Schwierigkeiten, auf die wir gefasst sein mussten, unfassbar kindisch vor. Ich beschloss, die Nachricht nicht sonderlich ernst zu nehmen. Schließlich hatten die Fünf es gemeinsam doch schon so weit geschafft! Die Strecke, die jetzt noch vor ihnen lag, würden sie auch noch zusammen meistern. Ich konnte mir nicht vorstellen, dass sie wegen persönlicher Streitigkeiten den Erfolg von Sea-Watch riskieren würden. Da ich annahm, er verschwieg mir etwas, fragte ich nach. Doch Johannes lieferte mir keine anderen Argumente als die, die ich bereits kannte. Er wiederholte die Drohung sogar: »Ich sage dir: Zwischen uns herrscht absolute Eiszeit. Wir gehen nicht zurück aufs Schiff, solange Ljubomir noch da ist.« Ich versuchte, an seinen Ehrgeiz zu appellieren. Dass er und die anderen sich nur ein wenig zusammenreißen mussten. Dass sie für die Fahrt nach Malta höchstens noch zwei, drei Wochen brauchen würden. Ich erinnerte ihn an unsere Mission. »Zwei, drei Wochen, das muss doch machbar sein«, bat ich. Mein Reden half nichts. Johannes beharrte auf seinem Standpunkt. Da sei nichts mehr zu machen, sie hätten lange genug stillgehalten. Außerdem glaube er nicht, dass sie nur noch zwei, drei Wochen unterwegs sein würden. Als ich ihn so reden hörte, fiel es mir schwer, ruhig zu bleiben. »Wieso kommt ihr erst jetzt damit?«, fragte ich wütend und ein wenig zu laut. »Das hätten wir doch früher klären können.«

Vor fünf Tagen erst hatte ich die Crew bei ihrem Zwischenstopp in Lissabon einen Tag lang besucht und dabei den Eindruck gehabt, die Stimmung sei gut. Voller Begeisterung erzählten sie mir von ihren Erlebnissen auf den bisherigen Etappen der Überfahrt. Von Borkum, wo sie der Supermarkt-Besitzer umsonst einkaufen ließ und Insel-Bewohner am Pier gewunken haben, als der Kutter wieder ablegte. Von Cherbourg, wo plötzlich fünf Polizisten in Zivil an Bord gekommen waren, das ganze Schiff durchsucht und sämtliche Papiere und Pässe penibel überprüft haben. Von Brest, wo die Werftmitarbeiter ihnen die Namen der Werkzeuge, die sie sich für eine Reparatur auf der Sea-Watch ausgeliehen hatten, auf Französisch beibrachten. Von Problemen zwischen der Mannschaft sprach damals niemand. Ich zermarterte mir den Kopf, warum sie mich im Unklaren gelassen hatten. Schließlich wussten sie doch, dass sie mir vertrauen und mir alles sagen konnten. Damals hätte ich zwischen ihnen vermitteln und eine Lösung finden können, die für alle Crew-Mitglieder tragbar gewesen wäre. Jetzt hatte ich keine Ahnung, wie ich die Situation auflösen sollte. Ich wusste nur, dass wir keine Zeit zu verlieren hatten. In drei Wochen sollten unsere Einsätze vor der libyschen Küste starten. Dafür hatten wir mit viel Mühe in tagelanger Arbeit einen Zeitplan für vier Monate entworfen, Freiwillige ausgesucht und eingeteilt. Und jetzt sollte unsere Mission wegen ein paar Streitereien unter den Crew-Mitgliedern gefährdet sein?

Ich versuchte, mich zu beherrschen. »Ihr seid doch keine Kinder mehr!«, warf ich ein. »Da müsst ihr jetzt durch. Hättet ihr euch früher gemeldet, hätte ich vielleicht etwas tun können.« Als ich erschöpft durchatmete, sagte Johannes mit ruhiger Stimme: »Vielleicht können Ingo oder Frank für die letzte Strecke gemeinsam mit mir das Steuer übernehmen.« Ich atmete laut aus. Es brachte scheinbar nichts, ihn überreden zu wollen, die letzten Seemeilen noch mit Ljubomir zu machen. Offenbar musste ich mich mit der Situation abfinden, bevor ich eine andere Lösung parat hatte. Zuerst wollte ich allerdings früh am Morgen mit Ljubomir sprechen. Nach dem Telefonat grübelte ich die halbe Nacht über das, was mir Johannes erklärt hatte. Darüber, was wirklich vorgefallen und was schiefgelaufen sein konnte. Müde von den vielen Mutmaßungen beschloss ich schließlich, nicht weiter nach den Ursachen des Zerwürfnisses zu suchen, auch nicht nach einem Schuldigen. Das brachte die Sea-Watch nicht voran. Wahrscheinlich hatten sowohl Ljubomir als auch die Crew Fehler gemacht. Da die Mannschaft fest zusammenhielt, musste ich wohl Ersatz für den Kapitän suchen. Obwohl ich Ljubomir sehr mochte, war das die schnellste und einfachste Lösung. Ich würde mit ihm und mit Ingo und Frank sprechen. Über diesen Gedanken schlief ich schließlich ein.

Ich hatte mich mittlerweile daran gewöhnt, dass immer neue Probleme auftauchten, für die schnelle Lösungen gefunden werden mussten. Seitdem die Sea-Watch in Hamburg ausgelaufen war, verging so gut wie kein Tag ohne neue Schwierigkeiten. Ständig waren meine Gedanken bei der Mannschaft. Mindestens einmal täglich meldete ich mich auf dem Bordtelefon. Unsere größte Sorge blieb die Maschine. Immer wieder ruckelte und stotterte sie. Zum Glück bewahrheitete sich aber zumindest die Befürchtung nicht, auf der Überfahrt könne sich ein so schwerer Motorschaden ereignen, dass die Sea-Watch abgeschleppt werden musste. Ich hatte die Crew dazu angehalten, den Motor nicht aus den Augen zu lassen. Und wenn der Kutter im Hafen lag, verbrachten Johannes und Peer häufig den ganzen Tag im Maschinenraum, um mögliche Probleme möglichst an Land zu lösen. Einige Male mussten sie sogar Ersatzteile zum nächsten Hafen beordern, weil sie vor Ort nicht vorrätig gewesen waren. In meinen schlimmsten Träumen stellte ich mir bisweilen vor, dass der Motor ausfiel, während das Boot eine gefährliche Klippe umschiffte. Häufig stürmte es auf der Überfahrt, und das Meer war rau. Oft waren die Wellen sogar so hoch, dass die Sea-Watch den Hafen tagelang nicht verlassen konnte. In Brest etwa saß die Crew lange wegen eines heftigen Sturmtiefs fest. Sie musste eine ganze Woche warten, bis sie die Bucht von Vizcaya durchqueren und endlich Kurs auf A Coruña in Galizien nehmen konnte. Erst als der Nordwesten von Spanien erreicht war, besserte sich das

Wetter allmählich; Wind und Wellen wurden kontinuierlich sanfter. Etwas Gutes hatten die vielen Unterbrechungen durch das Wetter aber doch. Die Mannschaft hatte Zeit, am Schiff zu arbeiten. Während Peer und Johannes die Maschine immer wieder auseinandernahmen, bauten Philipp und Ljubomir im Schiffsbauch eine dritte Kajüte mit zwei Betten.

Als ich am nächsten Morgen aufwachte, kam mir sofort die Meuterei in den Sinn. Während ich zum Telefon griff, dachte ich mir, auch das werden wir durchstehen. Damals ahnte ich noch nicht, dass zwischenmenschliche Probleme zu den größten Herausforderungen des gesamten Projekts werden sollten. Ljubomir war sehr gefasst, als ich ihn mit meiner Entscheidung konfrontierte, ihn vom Kapitänsposten abzusetzen. Ich erklärte ihm, dass ich diesen Weg gewählt hätte, weil es für das Projekt am besten sei, und nicht etwa, weil ich kein Vertrauen in ihn hätte. Er meinte, er habe sich zwar nichts vorzuwerfen, da die Mannschaft aber kein Vertrauen mehr zu ihm hätte, würde er das Schiff auf der Stelle verlassen. Er wolle seine Sachen in den nächsten Stunden packen und in ein Hotel ziehen. Da ich mit stärkerem Gegenwind gerechnet hatte, fühlte ich mich vorerst erleichtert. Ich bot ihm an, bei einer der Patrouillenfahrten das Steuer zu übernehmen. Er wolle sich melden, sobald er wieder in Deutschland war, dann könnten wir in Ruhe über die Vorkommnisse sprechen. Bevor Ljubomir das Gespräch beendete, wünschte er der Mission alles Gute.

Danach rief ich Ingo an, Skipper und Automechaniker mit eigener Werkstatt aus Hamburg. Wir haben uns bei einem der Castings kennengelernt, die wir in Berlin und Hamburg veranstaltet haben, um Kapitäne und Ärzte für Sea-Watch ausfindig zu machen. Bereits bei unserem ersten Gespräch gab Ingo mir zu verstehen, dass er sich bei allen möglichen Konsequenzen für Sea-Watch engagieren wolle. Auf so ein Projekt habe er lange gewartet. Wir trafen uns kurz nach dem Casting erneut, und ich informierte ihn detailliert über den vorgesehenen Ablauf. Dabei verschwieg ich auch die Schwierigkeiten nicht, die wir mit unserem Kutter hatten. Dann warnte ich, Sea-Watch sei wie ein Strudel, der einen immer tiefer hineinziehe. Freie Wochenenden gebe es nicht mehr, wenn er sich auf das Projekt einließe. Tägliche Bereitschaft, ob er wolle oder nicht, mit Anrufen oder Notfällen sei stets zu rechnen. »Ganz oder gar nicht«, sagte ich. Und Ingo antwortete lachend, für ihn gäbe es kein Entkommen mehr, er stecke bereits mitten drin im Strudel. Wir vereinbarten, dass er die zweite Patrouillenfahrt als Kapitän verantworten und gegebenenfalls für eine weitere Etappe zur Verfügung stehen würde. Binnen Kürze wurde er zu einem meiner wichtigsten Vertrauten. Wir telefonierten mehrmals täglich. Er hatte immer neue Ideen für die Webseite, für die Organisation, für die Kommunikation. Sämtliche Anfragen der Crew in Sachen Ersatzteile leitete ich an ihn weiter. Er kannte sich in solchen Sachen besser aus als ich und erledigte die Besorgungen prompt.

Ingo war ein erfahrener Skipper. Bei einer Atlantik-Überquerung war sein Segelboot gekentert, es sah fast danach aus, als würde es sinken und mit ihm die Crew. Quasi im letzten Moment rettete sie ein Frachter. Seit Längerem verfolgte er das Sterben im Mittelmeer mit großer Anteilnahme. Die Aussicht, diesen Menschen helfen zu können, begeisterte ihn. Ingo ist generell einer, der Ungerechtigkeiten nicht abkann. Das geht so weit, dass er keinen Kaffee mehr trinkt, seitdem er auf einer Reise durch Südafrika, die er mit Mitte 20 gemacht hat, von Kaffeebauern erfahren hat, wie sie von den Finca-Besitzern ausgebeutet werden. Als vor zwei Jahren in seiner Heimatstadt plötzlich zwölf Asylbewerber aus Mali vor der Tür eines Jugendclubs campierten, nahm er sich ihrer an. Sie hatten es in dem Dorf in Sachsen-Anhalt, wo ihr Flüchtlingsheim lag, nicht mehr ausgehalten. Die Kassiererin des einzigen Supermarktes im Dorf wollte aus ihren Händen kein Geld nehmen, und der Mob hatte sie durch die Straßen gejagt und mit Steinen beworfen. Gemeinsam mit Freunden machte sich Ingo auf die Suche nach Wohnungen für die zwölf jungen Männer, er selbst nahm drei bei sich auf.

Als ich ihm von der Meuterei auf der Sea-Watch erzählte, schnaufte er. Aber statt sich darüber aufzuregen, dass die Crew sich weigerte, weiterhin mit Ljubomir als Kapitän zu fahren, wie ich es erwartet hatte, zeigte er Verständnis. »Ich habe mich schon gewundert, dass das so lange so gut geht. Wenn man rund um die Uhr auf so engem Raum aufeinanderhockt, kann jedes kleine Problem, das nicht sofort aus dem Weg geräumt wird, zur Qual werden.« Er konnte leider nicht einspringen, weil sein Geschäftspartner gerade Urlaub hatte und er deshalb in der Firma bleiben musste. Da Ingo bereits in vier Wochen den zweiten Einsatz der Sea-Watch als Kapitän übernehmen würde, insistierte ich nicht. Schließlich war da noch Frank, der Hamburger Augenarzt, der die Elektrik an Bord repariert hatte. Von Johannes wusste ich, dass er ihn gerne neben sich als Skipper gesehen hätte. Frank war ein echter Problemlöser. Stets war er zur Stelle, wenn Schwierigkeiten auftauchten. Er trieb Ersatzteile auf, selbst wenn sie auf dem Markt noch so rar waren, und organisierte ihren Transport zu den entlegensten Häfen. Genauso effizient war er, wenn an Bord Medikamente benötigt wurden. Für ihn sprach außerdem, dass er die gefährliche Durchquerung der Vizcaya-Bucht während der Überfahrt gemeinsam mit der Crew erlebt hatte. Um den Maschinenraum komplett neu zu verkabeln und neue Lenzpumpen zu verlegen, war er auf Borkum an Bord der Sea-Watch gegangen und bis A Coruña mitgefahren. Sein Einsatz war notwendig gewesen, weil die alten Pumpen das Wasser nicht mehr richtig von Bord schafften und sich im Schiffsraum fast tausend Liter angesammelt hatten.

Obwohl ich von Frank wusste, dass er alles tun würde, damit die Sea-Watch vorankam, hatte ich ihn nicht sofort kontaktiert, weil ich befürchtete, ihn in die Bredouille zu bringen. Seine achtjährige Tochter Lara ist behindert, seine Frau arbeitet Vollzeit. Als Freiberufler kümmert er sich zumeist um das Kind. Frank lachte, als er von der Meuterei erfuhr: »So was kommt schon mal vor auf einem Schiff.« Obwohl ich beschlossen hatte, keine Ursachenforschung mehr zu betreiben, konnte ich mir die Frage nicht verkneifen, ob er sich den Konflikt erklären könne. Schließlich war er fast zwei Wochen mit den anderen unterwegs gewesen. »Auf dem Wasser kracht es halt schneller als an Land«, gab er knapp zur Antwort. Noch bevor ich ihn fragen konnte, ob er das Steuer für die letzte Etappe übernehmen könne, wollte er von mir wissen, ob ich schon einen Ersatz für Ljubomir gefunden hätte. »Ich dachte, du könntest das vielleicht machen«, sagte ich so einfühlsam wie möglich. »Ich werde es versuchen«, antwortete Frank, um anschließend in Schweigen zu verfallen. Mir war klar, dass er an seine Familie dachte und mein Anliegen erst mit seiner Frau besprechen wollte. »Ich rufe dich zurück, Harald.« Als er aufgelegt hatte, war ich mir ziemlich gewiss, dass die Mannschaft wieder komplett war.

Bereits nach einer halben Stunde meldete sich Frank zurück: »Ich kann das machen.« Seine ältere Tochter, die bereits

ie Sea-Watch auf dem Weg ins Mittelmeer. An Bord sind fünf
rew-Mitglieder.

Auf der Pressekonferenz kurz vor der Abfahrt, und vor
meinem Auftritt bei Günther Jauch. Für die Kameras wische
ich die Scheibe unseres Steuerhauses.

Ich schweiße die Stützmasten, die wir auf das Deck setzten. Das sollte den Kutter, der stark schaukelte, stabilisieren.

Johannes steuert den Kutter auf der Überfahrt durch die Nacht nach Borkum.

dem Weg von Brest durch die Vizcaya-Bucht nach A Coruña ist das
r unruhig - wie schon oft zuvor. Die Überführungscrew ist zum Glück
fest.

unft auf Lampedusa. Hier räumen wir den Kutter komplett aus und
zen alle Ecken.

Vor der Abfahrt zur libyschen Küste überprüft ein Crew-Mitglied noch einmal die Maschine. In keinem Fall sollten wir selbst zum Seenotfall werden.

Gemeinsam mit Philipp verstaue ich mehr als eintausend Schwimmwesten in der Vorpiek.

r prüft in der Nacht auf der Seekarte unseren Kurs. Die Lichter Bohrinsel von El Bouri, die auch den Flüchtlingen als Orientie- .g dienen, waren schon zu sehen.

s der Motor irgendwo zwischen Lampedusa und Libyen ausfällt, hissen · die Segel, um das Schiff wieder steuern zu können. Wir müssen die .-Watch in Welle legen, damit sie weniger schaukelt.

Das leere Flüchtlingsboot entdecken wir am Ende des ersten Einsatzes. Mich macht der Anblick furchtbar traurig. Mir wird plötzlich klar, wie verletzlich die Flüchtlinge sind.

Die Sonne geht gerade auf, als wir uns mit dem Beiboot den Flüchtlingen nähern. Der Anblick ist erschreckend.

nähern uns dem Schlauchboot, um die Schwimmwesten zu verteilen.
r mussten wir die Menschen überzeugen, dass wir ihnen helfen
ten.

ine zweite Ausfahrt, der erste Einsatz. Wir packen zwei Pakete mit
hwimmwesten für die Flüchtlinge auf das Beiboot, etwa eine Seemeile
n dem Schlauchboot entfernt.

Kurz nach der ersten Rettung. Ich bin erleichtert, dass wir alles gut geschafft haben. Wenig später klingelt das Bordtelefon. Ein weiterer Notruf.

Unser neues Schiff. Es ist fast doppelt so groß wie die alte Sea-Watch, hochseetauglich und schaukelt auch bei Sturm und Wind kaum.

studierte, würde einspringen und sich um Lara kümmern. »Aber in drei Wochen muss ich wieder in Hamburg bei meiner Familie sein«, sagte er, gespielt streng. »Wir haben Urlaub geplant.« Sein Flieger ging tags darauf von Berlin nach Almería in Südspanien, in die Stadt, die dem Hafen von Carboneras am nächsten lag. Ich holte Frank, der zwei schwere Koffer voller Ersatzteile für die Sea-Watch dabeihatte, vom Hauptbahnhof ab und brachte ihn zum Flughafen. Da bis zum Abflug noch zwei Stunden Zeit waren, setzten wir uns in ein Café, um die letzte Etappe der Überfahrt zu besprechen. Eine Frage, die ich in den vergangenen Tagen mit Ingo, Ruben und anderen Sea-Watch-Mitstreitern in langen Telefonkonferenzen diskutiert hatte. Zu einem Entschluss, welchen Kurs die Sea-Watch ab sofort nehmen sollte, waren wir noch immer nicht gekommen. Da wir davon ausgegangen waren, dass eine Tankfüllung Diesel für die Strecke von Südspanien bis Malta nicht ausreichen würde, hatten wir ursprünglich vorgesehen, dass der Kutter auf Mallorca und Sizilien Stopp machen sollte. Inzwischen wussten wir aber, dass er weniger Treibstoff verbrauchte als angenommen. Sollten wir das Wagnis eingehen, von Cartagena an der spanischen Südostküste direkt nach Malta zu fahren?

Frank nickte bei meinen Ausführungen heftig. Er habe ebenfalls bereits darüber nachgedacht, die direkte Route zu wählen. Wir könnten eine Woche Zeit gewinnen und noch dazu eine Menge Sprit sparen. Problematisch sei auf der Strecke lediglich das Wetter. Voraussetzung für die siebentägige Fahrt sei eine stabile Wetterlage mit wenig Wellen. Derzeit sei das Wetter schlecht, laut Voraussagen würde es sich in einigen Tagen jedoch bessern. Vielleicht haben wir Glück, und es stellt sich ein stabiles Hoch ein, wenn die Sea-Watch Cartagena erreicht hat, meinte er, bevor wir uns einem anderen Problem zuwandten, das mich sehr beschäftigte. Die Frage, welchen Zielhafen die Crew für die Einsätze ansteuern sollte, hatten wir ebenfalls noch immer nicht geklärt. Auch darüber hatten wir uns in stundenlangen Telefonkonferenzen den Kopf zerbrochen. Noch vor einigen Wochen hatten wir vorgesehen, von Malta aus zur libyschen Küste zu starten. Deshalb war ich über Ostern auch auf die Insel geflogen, um dort alles Notwendige für den Sommer zu organisieren. Ich hatte mit dem deutschen Botschafter und dem deutschen Auslandspfarrer gesprochen, beide sicherten mir Unterstützung bei der Zusammenarbeit mit den maltesischen Behörden zu. Außerdem traf ich Martin Xuereb, den früheren Armeechef von Malta und jetzigen Geschäftsführer von MOAS, deren Schiff im Grand Harbour, dem Hafen von Valletta lag. Mit ihm hatte ich bereits im November 2014 erstmals Kontakt gehabt. Ich besichtigte mehrere Wohnungen in der Nähe des Hafens und verabredete mit dem Hafenmeister, für die Sea-Watch einen Liegeplatz frei zu halten. Doch bis jetzt hatte ich noch immer keine Zusage, weder für einen Liegeplatz noch für eine Unterkunft. Die Verhandlungen frustrierten mich. Jedes Mal, wenn ich eine Wohnung fest reservieren wollte, sagten mir die Vermieter mit dem Argument ab, es sei lukrativer, die Wohnungen im Sommer tageweise als drei Monate durchgehend zu vermieten. Und der Hafenmeister meinte, er gäbe sein Bestes, könne uns aber keinen Liegeplatz garantieren.

Anfang Mai hatte sich schließlich ein Banker aus Malta bei uns gemeldet, der das Projekt unterstützen wollte. Ich bat ihn, nach einer günstigen Wohnung für zehn Leute in Hafennähe zu suchen und noch mal mit dem Hafenmeister zu sprechen. Er hatte ebenfalls keinen Erfolg. Ich befürchtete schon, es könne an einer migrantenfeindlichen Stimmung liegen, dass wir keine festen Zusagen bekamen. Ich hatte gelesen, dass Malta ein schwieriges Pflaster für jene sein soll, die sich für Flüchtlinge engagieren. Auf der Mittelmeerinsel waren in den vergangenen Jahren Tausende Menschen aus Afrika gestrandet. Sie wurden meist abseits der Dörfer in Lagern untergebracht, sodass sie kaum Chancen hatten, sich zu integrieren. Die Rettungsmission »Mare Nostrum« war von der maltesischen Küstenwache nur nach Italiens Zusicherung unterstützt worden, die Flüchtlinge zu italienischen Häfen zu bringen. Von Martin Xuereb wusste ich außerdem, dass die Malteser viel Wert darauf legten, dass die MOAS-Mannschaft äußerst diskret vorging, sich nicht in die maltesische Flüchtlingspolitik einmischte und nur selten mit Journalisten zusammenarbeitete.

Drei Wochen vor unserem ersten Einsatz war ich mir ziemlich sicher, dass Sea-Watch überhaupt nicht zu Malta passen würde. Zwar hatten wir nicht vor, uns in die maltesische Politik einzumischen, aber ich zweifelte daran, dass wir kein Aufsehen erregen würden. Allein bei den Einsätzen würden Journalisten mit an Bord sein. Außerdem hatten wir uns vorgenommen, jeden Pressevertreter auf die Insel einzuladen, der über uns berichten wollte. Die Alternative war ein italienischer Hafen. So kam Lampedusa ins Spiel, diese kleine italienische Insel, nicht weit von Tunesien gelegen, die zu einem Symbol für tote Flüchtlinge geworden ist. Strategisch lag sie sogar günstiger als Malta, nämlich näher an unserem Einsatzgebiet, dem Meer südlich der Gasfackeln der libyschen Ölplattform El Bouri, an denen sich Flüchtlinge auf ihrem Weg nach Italien orientieren. Nachdem ich Frank meine Überlegungen dargelegt hatte, nickte er. »Dann fahren wir eben nach Lampedusa. Und ihr macht dort alles klar.« Ich sicherte ihm zu, dass ich in der kommenden

Woche auf die Insel fliegen würde, um die Ankunft der Sea-Watch vorzubereiten und das Basislager zu organisieren. Als wir uns am Flughafen verabschiedeten, hatte ich ein gutes Gefühl für den Rest der Überfahrt. Frank war ebenso unkompliziert und praktisch veranlagt wie Johannes, Peer, Philipp oder ich. Ich war erleichtert, als der Kutter zwei Tage nach der Meuterei wieder Fahrt machte. Nächster Halt sollte Cartagena sein, von dort würde die Crew direkten Kurs auf Lampedusa nehmen. Sie würden eine Woche auf See sein und Anfang Juni auf der Insel ankommen. In einem Punkt sollte Frank jedoch nicht recht behalten. Als sie dort festmachten, fegten Stürme über Land und Wasser, und die Wettervorhersage ließ so bald auf keine Besserung hoffen. Sie mussten erst einmal im Hafen liegen bleiben. Doch noch gab es keinen Grund zur Besorgnis. Da wir durch die Routenänderung eine Woche gewonnen hatten, lagen wir gut im Zeitplan. Sollte die Sea-Watch in den nächsten sieben Tagen ablegen können, wäre sie rechtzeitig auf Lampedusa, um ab Mitte Juni von dort auf Patrouille zu gehen.

Die Zeit im Hafen von Cartagena nutzte die Mannschaft. Zu tun gab es an Bord immer etwas. Frank tauschte einige Kabel aus, die durchgeschmort waren, Peer und Johannes kümmerten sich um die Maschine. An welchem Problem sie gerade arbeiteten, wusste ich nicht. Längst hatte ich mir abgewöhnt, über jede neue Macke des Motors Bescheid wissen zu wollen. Wenn wir dennoch bei unseren regelmäßigen Telefonaten darauf zu sprechen kamen, benahmen sich Johannes und Peer seltsam: »Wir dürfen nicht schlecht über die Maschine sprechen, das gefällt ihr nicht«, hörte ich die beiden öfter sagen. Jedenfalls war die Stimmung auf der Sea-Watch gut. Johannes und Frank schienen ein gutes Team zu sein. Ich hatte den Eindruck, dass Frank ähnlich wie Ljubomir in die Rolle des Bord-Papas hineinwuchs. Allerdings schien er bei den Jüngeren besser anzukommen.

Während ich mit der Meuterei beschäftigt war, hatte sich auf politischer Ebene etwas bewegt, was auch unsere Mission betraf. Am 18. Mai hatte der Rat der EU für auswärtige Angelegenheiten die Operation EUNAVFOR MED im südlichen zentralen Mittelmeer beschlossen, also genau in jenem Gebiet, das wir für unsere Einsätze vorgesehen hatten. Die EU-Operation zum Kampf gegen Schleuserkriminalität sollte in drei Phasen ablaufen. Europäische Kriegsschiffe, darunter auch solche der deutschen Marine, sollten zunächst Informationen über die Netzwerke der Schleuser gewinnen. Danach sollten die Schlepperboote gesucht, aufgebracht und beschlagnahmt werden. Für die dritte Phase war vorgesehen, Boote und Einrichtungen der Schleuser zu zerstören. Mir schien, dass das keine gute Entscheidung war. Soweit mir bekannt war, befanden sich auf den Flüchtlingsbooten so gut wie nie Schlepper. Am Steuer standen meist selbst Flüchtlinge, die bestenfalls Erfahrungen als Fischer vorweisen konnten. Anderen wurde die gefährliche Aufgabe einfach aufgedrückt, da sie nicht genug Geld für die Überfahrt zusammenhatten. Für mein Dafürhalten steckten hinter EUNAVFOR MED andere Beweggründe, als vorgegeben wurde. Zielte die Mission nicht eher darauf, die Flüchtlingsrouten zu beobachten und vor allem die libyschen Behörden dazu zu bewegen, Boote aufzuhalten? Ich war frustriert. Für mich sah es ganz danach aus, als hätten sich die Politiker entschieden, die europäische Außengrenze noch stärker zu verbarrikadieren. Den Rest gaben mir die begeisterten Kommentare zu den Meldungen, dass die EU einen Anti-Schlepper-Einsatz beschlossen hatte: Der Einsatz sei der richtige Schritt, die Flüchtlinge müssten gestoppt werden, sie müssten in Afrika bleiben. Alleine der Gedanke, dass unsere Verteidigungsministerin zwei Schiffe zur Seenotrettung auf den Weg ins Mittelmeer gebrachte hatte, beruhigte mich etwas. Ich hoffte inständig, dass die Bundesregierung an dieser Operation festhielt.

Ende Mai, die Sea-Watch lag aufgrund des schlechten Wetters noch immer im Hafen von Cartagena, flog ich für zweieinhalb Tage nach Lampedusa. Ich musste eine Wohnung mieten und einen Liegeplatz reservieren, außerdem wollte ich die Bürgermeisterin der Insel über unsere Ankunft informieren. In der sandfarbenen Empfangshalle des kleinen Flughafens erwartete mich Daniel. Er war Anwalt und Sicherheitsberater; zudem arbeitete er ehrenamtlich für die NGO Human Rights At Sea, eine der Organisationen, die ich im November kontaktiert hatte, als mir die Idee zu Sea-Watch gekommen war. Schon früh hatte Daniel angeboten, uns rechtlich zu beraten. In der vergangenen Woche hatte ich ihm mitgeteilt, dass es nun so weit war. Er nahm sich spontan Urlaub und buchte ein Flugticket nach Lampedusa. Wir hatten vorgesehen, dass er bei den Gesprächen mit der Gemeinde und der Küstenwache dabei sein sollte. Außerdem sollte er die erste Patrouillenfahrt für den Fall begleiten, dass wir Schwierigkeiten mit dem Militär oder Booten der europäischen Grenzschutzmission Frontex bekamen. Am Flughafen von Lampedusa sahen wir uns erstmals persönlich. Bisher hatten wir nur telefoniert. Daniel war mir von Anfang an sympathisch. Ein höflicher, korrekter junger Brite, der tadellose Manieren besitzt und der dennoch ebenso direkt und praktisch handelte wie ich. Er ergänzte das Team perfekt.

Als ich ihn im Flughafengebäude sah, war mir, als hätte ich einen alten Freund vor mir. Da er vor mir auf der Insel eingetroffen war, hatte er sich bereits ein wenig kundig gemacht. Leider fiel unsere Ankunft auf einen Feiertag, aber mir waren damals keine anderen freien Tage möglich gewesen. Ich schlug vor, zwei Roller zu mieten, um die Insel zu besichtigen. Zu Fuß machten wir uns in den Hauptort der Insel auf, der ebenfalls Lampedusa heißt. Wir liefen entlang sandfarbener, staubgrauer Häuschen in Form von Würfeln. Die Rollläden der Fenster waren heruntergelassen, um die grelle Sonne auszusperren. Wir zogen an Männern und Frauen vorbei, die ohne Helm auf Rollern durch schmale Gassen jagten. Am Hafen entdeckte Daniel eine Roller-Vermietung. Obwohl Helme auf Lampedusa nicht üblich schienen, fragte uns der Vermieter, ob wir welche haben wollten. Nachdem wir das bejahten, wurde uns etwas überreicht, das eher wie eine Helm-Attrappe aussah. Offenbar sollte sie als Tarnung dienen, damit uns die Polizei keine Strafzettel verpassen konnte. Wir bretterten los, ich voraus, Daniel mir hinterher. Über die Hauptstraße, am Hafen vorbei, aus der Stadt hinaus und an der Südküste entlang. Immer wieder blies uns der Fahrtwind die leichten Helme vom Kopf. Die Sonne schien grell auf den hellen Kalkstein, aus dem die Insel vorrangig besteht. Ich musste die Augen zusammenkneifen, um im Sonnenlicht überhaupt etwas erkennen zu können. Lampedusa ist kahl, felsig, flach und sehr klein. Bereits nach einer guten halben Stunde hatten wir das westliche Inselende erreicht. Genau genommen endet dort eine Straße an einem Zaun. Dahinter erkannten wir eine riesige Radaranlage.

Ich hatte gelesen, dass auf der Insel, die geografisch zu Afrika gehört, immer schon Abhörposten betrieben wurden. Lampedusa ist ein wichtiger strategischer Stützpunkt und wurde deshalb im Zweiten Weltkrieg auch Ziel vieler Bombenangriffe. Bis 1994 haben die Amerikaner von hier aus das Mittelmeer überwacht; heute übernehmen die Aufgabe die Italiener. Wir waren gerade durch das schmale Tor im Zaun getreten, als zwei italienische Soldaten aus dem sandfarbenen Häuschen auf dem Gelände kamen. Nachdem sie uns vor der Strahlung des Radars gewarnt hatten, beschlossen wir, in die Ortschaft zurückzufahren. Auf halber Strecke machten wir an einer Parkbucht halt, von der ein Weg hinab zum Strand Isola dei Conigli führt – einem touristischen Highlight auf Lampedusa. Azurfarbenes Meer, ein breiter, weißer Sandstrand, dem eine kleine Insel vorgelagert ist. Daniel wies in die Ferne, in Richtung Süden, dorthin, wo das Meer bereits dunkelblau war und wo sich einige Schaumkronen abzeichneten. Ein Zeichen für starken Wellengang, wie ich inzwischen gelernt hatte. Ich musste an die Sea-Watch denken, die bei starkem Wellengang so heftig schaukelt.

»Genau eine Seemeile südlich von hier ist am 3. Oktober 2013 der Kutter gekentert, der mit etwa 545 Flüchtlingen aus Somalia und Eritrea besetzt war«, sagte Daniel. Die Vorstellung, so nah am Ort des Unglücks zu sein, bei dem fast 400 Menschen ertranken, schauderte mich. Daniel berichtete mir, dass ein Überlebender ihm erzählt habe, dass während des Untergangs ein Kind im Unterdeck zur Welt gekommen sei. Als man die Leiche der Mutter gefunden habe, war ihre Nabelschnur noch mit dem toten Baby verbunden. Schweigend liefen wir hinunter zum Strand, schauten auf das türkisfarbene Wasser, das so trügerisch ruhig vor uns lag. Auf dem Rückweg zu unseren Rollern berichtete mir Daniel, dass ihm der Überlebende noch anderes berichtet habe, was ihn bis heute beschäftigen würde. Bevor das Flüchtlingsschiff gekentert sei, sollen sich ihm zwei Boote genähert haben. Vermeintlich von der italienischen Küstenwache, was ein

Sprecher jedoch abstreiten sollte. Für die Katastrophe wurde der tunesische Kapitän verantwortlich gemacht und zu lebenslanger Haft verurteilt. Schließlich rasten wir entlang der Nordküste über schlecht asphaltierte Straßen voller Schlaglöcher zurück. Vorbei an einem einsamen Leuchtturm bis zum Ortseingang von Lampedusa. Als mir der Fahrtwind wieder den leichten Helm vom Kopf blies, schob ich ihn nicht wieder zurück.

Noch von Berlin aus hatte ich für den frühen Abend einen Termin mit der Vermieterin eines Ferienhäuschens verabredet. Die einzige Unterkunft, die ich hatte finden können, die für den ganzen Sommer zu haben war. Sie hatte acht Betten, außerdem eine große Terrasse, auf der man notfalls einige Isomatten ausrollen konnte. Das Häuschen lag ein wenig außerhalb des Städtchens, zu Fuß brauchte man eine knappe halbe Stunde zum Hafen. Die Lage war nicht ideal, aber das Haus bezahlbar, und außerdem hatten wir keine Alternative. So richtig mobil sollten wir erst wieder sein, nachdem die beiden Lieferwagen mit Material für die Sea-Watch auf der Insel eingetroffen waren. Es war abgemacht, dass die Wagen vorerst auf Lampedusa bleiben sollten. Zudem hatte ich einen alten Roller von mir mit der Ladung verstaut. »Bene, bene«, meinte die betagte Lampedusanerin, als ich ihr zu verstehen gegeben hatte, dass ich ihr Häuschen mieten wolle. Sie schüttelte mir die Hand und übergab mir den Schlüssel. Den Mietvertrag, nach dem ich gefragt hatte, wolle sie in den nächsten Wochen vorbeibringen. Es gefiel mir, wie unkompliziert die Frau die Angelegenheit anging. Ich erzählte ihr, was wir vorhatten, sie nickte anerkennend. Dann berichtete sie, ihr Mann sei Fischer gewesen. Fast täglich habe er auf See Flüchtlingsboote ausgemacht und der Küstenwache gemeldet. An vielen Tagen auch Leichen aus dem Meer geborgen.

Irgendwann habe er dafür keine Kraft mehr gehabt und deshalb die Fischerei aufgegeben.

Daniel, der sogleich in das Haus einziehen wollte, und ich fuhren in die Stadt. Wir suchten eine Bar auf, um uns ein Bier zu gönnen. Obwohl wir kaum etwas gegessen hatten, verspürten wir keinen Hunger. Wenn alles gut ging, würden wir heute noch die Bürgermeisterin treffen. Zwar hatte ich mich von Berlin aus um einen Termin bei ihr bemüht, aber jedes Mal, wenn ich im Rathaus der Insel anrief, war ich an Angestellte geraten, die kein Englisch sprachen. Zwei Tage vor meinem Abflug nach Lampedusa hatte mir ein Bekannter vom Verein Borderline Europe einen Kontakt zu einer Lampedusanerin vermittelt. Sie war mit der Bürgermeisterin befreundet und arbeitete als Übersetzerin für Journalisten, die auf die Insel kamen, wenn Schiffe mit Bootsflüchtlingen verunglückt waren. Da ich mich nur zwei Tage auf der Insel aufhalten konnte, wollte sie versuchen, für den Abend meiner Ankunft ein Treffen mit der Bürgermeisterin zu arrangieren. Als es gegen 21 Uhr ging, schwand unsere Hoffnung, dass es noch zustande kommen würde. Wir bestellten gerade unser drittes Bier, als sich die Dolmetscherin auf meinem Handy meldete. Die Bürgermeisterin würde uns in einer halben Stunde in einer Bar in der Via Roma erwarten, der Hauptstraße von Lampedusa. Wir waren in wenigen Minuten dort. Ich wollte mich gerade setzen, da gab Daniel mir den Rat, in einen Spiegel zu schauen, bevor die Bürgermeisterin einträfe. Im Bad verstand ich, was er gemeint hatte. Zerzaust vom Fahrtwind standen meine Haare wirr um den Kopf. Da ich in den vergangenen Wochen keine Zeit gehabt hatte, zum Frisör zu gehen, waren sie viel zu lang. Ich versuchte, sie mit Leitungswasser zu bändigen. Dann wusch ich mir das Salz aus dem Gesicht, das sich in den Falten auf meiner Stirn und an den Augen gesammelt hatte, und brachte mein Sweatshirt mit dem Sea-Watch-Logo so gut wie möglich in Form.

Die Bürgermeisterin, eine schmale, energische Frau, begrüßte uns freundlich. Ich hatte den Eindruck, dass sie sich für mein Aussehen überhaupt nicht interessierte, was mich für sie einnahm. Noch während sie Platz nahm, bestellte sie sich ein Bier. Ich hatte gehört, dass sie als Umweltschützerin aktiv gewesen war, bevor sie in die Lokalpolitik wechselte. Mit Mitstreitern hatte sie durchgesetzt, dass der Strand an der Isola dei Conigli als Naturreservat ausgewiesen wurde. Seit ihrem Amtsantritt mahnte sie die Regierung in Rom, dass nahezu täglich vor Lampedusa Menschen ertrinken. Wir erläuterten ihr unser Vorhaben. Ihrem ernsthaften Gesichtsausdruck war abzulesen, dass sie das Projekt nicht für verrückt oder für komisch hielt wie manch andere. Sie wollte auch nicht wissen, wie ich darauf gekommen sei, Sea-Watch zu gründen. Offensichtlich schienen ihr meine Beweggründe naheliegend. Sie wollte von uns wissen, wie lange wir bleiben wollten, wie viel Geld für das Projekt zur Verfügung stehen würde, wie wir unseren eigenen Unterhalt finanzieren wollten und wie unser Geschäftsmodell aussehen würde. Es dauerte eine Weile, bis ich begriff, worauf sie hinauswollte. Sie meinte offenbar, dass wir mit Seenotrettung Geld verdienen wollen. Ich schüttelte heftig den Kopf und erklärte ihr, dass wir ein gemeinnütziger Verein, eine NGO, sind und dass wir Geld investieren, aber kein Geld verdienen. Dass wir auf Spendengelder hoffen.

Auf meine Ausführungen hin wurde sie noch freundlicher. Ganz im Ernst meinte sie, verrückte Menschen wie wir würden gut auf die Insel passen, hier seien alle ein wenig verrückt. Sie versprach, uns einen Termin bei der Küstenwache zu vermitteln und sich dafür einzusetzen, dass wir einen günstigen Liegeplatz bekämen. Sie gab uns den Rat, unser Schiff zunächst in den kleinen Jachthafen ganz im Osten der Stadt zu bringen, wo es genug Platz gäbe. Dann erklärte sie, sie wünsche sich wirklich sehr, dass unser Plan aufgeht. Dass wir nicht nur einen Beitrag gegen das Flüchtlingssterben leisten würden, sondern auch dafür, dass Politiker und Bürger in Europa ihre Augen nicht mehr vor dem verschließen konnten, was im Mittelmeer passiert. Es seien schon einige Leute mit tollen Ideen bei ihr gewesen, um den Bootsflüchtlingen zu helfen. Aber bisher sei von all dem nichts umgesetzt worden. Bei diesen Worten fühlte ich mich einerseits ertappt und andererseits herausgefordert. Im Grunde genommen hatte sie ja recht. Noch hatten wir nichts geleistet. Noch hatten wir keinen einzigen Menschen gerettet. Noch konnte alles schiefgehen.

An jenem Abend, als Daniel und ich mit der Bürgermeisterin von Lampedusa zusammensaßen, brach die Sea-Watch von Cartagena zu ihrer letzten Etappe vor den Einsätzen auf. Nach allem, was ich von der Mannschaft gehört hatte, war das trotz der angebrachten Stützmasten ein echter Härtetest. Die Wettervorhersage war nicht gut gewesen, es wurden bis zu drei Meter hohe Wellen erwartet. Sie waren dennoch losgefahren, da sich das Wetter in der darauffolgenden Woche noch verschlechtern sollte. Aufgrund der miesen Wetterlage würden sie frühestens in acht Tagen auf der Insel sein. Ich sorgte mich. Lieber wäre ich auf Lampedusa geblieben, statt nach nur zwei Tagen nach Berlin zurückzufliegen, wo Arbeit auf mich wartete, die ich bis zum Beginn der Patrouillenfahrten erledigen musste. Der Heimflug war für mich so anstrengend wie selten ein Flug zuvor. Und er erschien mir endlos. Nervös rutschte ich auf meinem Sitz hin und her. Die ganze

Woche über schlief ich schlecht. Ich war aufgedreht und aufgeregt. Mein Auge zuckte heftig. Egal, ob ich im Laden war, mit dem Kleinen spielte oder am Computer saß – ich kam nicht zur Ruhe. Fortwährend musste ich an die Sea-Watch denken. Sollte etwas mit dem Motor sein? Hielt der Kühlwassertank stand? Da ich mit allem Möglichen rechnete, was die letzte Etappe der Überfahrt gefährden konnte, klickte ich mindestens alle zehn Minuten wahlweise auf meinem Smartphone oder am Computer die Webseite Vesseltracker.com an, um zu überprüfen, wo sich der Kutter gerade befand.

Mir war klar, dass die einwöchige Fahrt eine Generalprobe für die Patrouillenfahrten an der libyschen Küste darstellte. Erstmals war die Sea-Watch für eine längere Zeit so weit vom nächsten Hafen entfernt. Dass ich mindestens zweimal täglich an Bord anrief, trug nicht zu meiner Entspannung bei. Im Gegenteil. Zu oft hörte ich beunruhigende Nachrichten. Der Motor lief zwar problemlos, und auch die Elektrik funktionierte einwandfrei. Der Mannschaft machte aber zu schaffen, dass der Kutter so stark schaukelte. Sie konnten den Herd nicht benutzen, weil der starke Seegang alles durch die Küche wirbelte. Die Kochplatten auf der Sea-Watch waren nicht, wie auf den meisten Schiffen üblich, kardanisch gelagert, also so aufgehängt, dass man auch bei starkem Seegang kochen kann. Wir hatten zwar ein System mit Metallstäben entworfen, zwischen die man die Töpfe einspannen konnte. Aber bei hohen Wellen reichte die Halterung bei Weitem nicht aus. Die Mannschaft ernährte sich von Toasts mit Käse und Schinken. Wenn das Meer ein wenig ruhiger war, steckten sie das Brot in den Sandwich-Maker, den Philipp noch kurz vor der Abfahrt angeschleppt hatte, um in Notlagen ein halbwegs warmes Essen garantieren zu können. Später sollte mir Frank erzählen, dass ihm vor jedem Gang auf die Toilette gegraut habe. Der Seegang verwandelte den Weg ins Unterdeck in einen Spießrutenlauf. Und es war ganz unmöglich, unter diesen Umständen das Klo zu putzen. Immerhin wurde die Crew nicht seekrank.

Als die Sea-Watch 150 Seemeilen und damit etwa zwei Tagesreisen von Lampedusa entfernt war, buchte ich meinen nächsten Flug zur Insel. Dass in Berlin einige unerledigte Dinge wie der neue Ladentresen, den ich einbauen wollte, liegen blieben, war mir zu diesem Zeitpunkt egal. Das Projekt hatte oberste Priorität. Ich wollte unbedingt vor Ort sein, wenn die Sea-Watch im Hafen von Lampedusa anlegte. Ich wollte bei den Vorbereitungen für die erste Patrouillenfahrt dabei sein, bei der ich mitfahren würde. Es war unsere Premiere, bei der sich entscheiden würde, ob die Einsätze klappen und wir tatsächlich in der Lage waren, Menschenleben zu retten. Bis es so weit war, gab es noch viel zu tun. Wir mussten den Kutter komplett ausräumen und den haltbaren Proviant, die wir in Hamburg gekauft hatten, in der Ferienwohnung unterbringen. Wir mussten mit dem Verantwortlichen der Küstenwache sprechen. Vor allem aber mussten wir eine Strategie entwickeln, wie wir bei einer Rettung vorgehen sollten. Und ich ahnte, dass darüber hinaus noch viel mehr Arbeit wartete. Ich wollte anpacken.

Neben Ruben begleiteten mich ein Dokumentarfilmer und eine Reporterin vom »Stern«, die beide über unseren ersten Einsatz berichten wollten. Wieder kam mir der Flug ewig vor. Was auch zutraf. Von Berlin flogen wir zunächst nach Mailand, dann nach Palermo, von wo es schließlich weiter nach Lampedusa ging. Bei jedem Zwischenstopp sah ich auf Vesseltracker.com nach, wo die Sea-Watch war und wie schnell sie gerade unterwegs war. Ich hatte mir ausgerechnet, dass unser Schiff gegen Mitternacht im Hafen anlegen würde. Jetzt sah es ganz danach aus, als würde sich die Ankunft verzögern. Der Kutter kam wieder langsamer voran, wahrscheinlich hatte der Seegang noch zugenommen. Wir landeten am 11. Juni 2015 am frühen Abend. Es war sehr warm, und die Abendsonne verlieh dem staubigen Örtchen einen Reiz, den ich bei meinem ersten Besuch nicht bemerkt hatte. Ich steckte mir eine Zigarette an und rief Harald an, der bereits vor ein paar Tagen mit der Autofähre auf Lampedusa eingetroffen war. Er hatte Anfang April angeboten, unser Basislager zu managen. Mit Schiffen hatte er bislang wenig zu tun gehabt, dafür hatte er des Öfteren bei humanitären Einsätzen für die Versorgung der Truppe gesorgt. Ursprünglich hatte ich gar nicht daran gedacht, dass wir auch für diese Aufgabe jemanden brauchen könnten. Anfangs meinte ich noch, dass sich die einzelnen Crews selbst organisieren können. Später verstand ich, wie sinnvoll es ist, wenn sich jemand vor Ort kontinuierlich um die Crew-Mitglieder kümmert, sie empfängt, mit dem Wichtigsten versorgt. Vor und nach der Abfahrt des Schiffes.

Harald kam gemeinsam mit Daniel zum Flughafen. Nachdem wir unsere Sachen in das Ferienhäuschen gebracht hatten, fuhren wir zu einer Pizzeria. Ich konnte mich kaum auf die Gespräche konzentrieren, angesichts der bevorstehenden Ankunft der Sea-Watch erschien mir alles andere belanglos. Ich schaute ständig auf die Uhr. Erst als Daniel berichtete, dass die Bürgermeisterin Wort gehalten habe und für kommenden Dienstag ein Termin bei der Küstenwache anstünde, vergaß ich den Kutter für einige Momente. Gut eine halbe Stunde vor Mitternacht hielt mich in der Pizzeria nichts mehr. Zwar war die Sea-Watch von Lampedusa noch zehn Seemeilen entfernt, fast zwei Stunden Fahrtzeit.

Ich aber musste zum Hafen. Ruben, der ähnlich aufgeregt schien wie ich, begleitete mich. Harald und Daniel würden in etwa anderthalb Stunden nachkommen. Es sollten noch gute zwei Stunden vergehen, bis die Sea-Watch im Hafen von Lampedusa auftauchte.

Die ganze Zeit über standen Ruben und ich an der Kaimauer und starrten konzentriert in die Nacht. Von der anderen Seite des Hafens dröhnten laut italienische Liebeslieder zu uns, zu denen betrunkene Männer Karaoke sangen. Als ich in der Ferne zwei bauchige Kutter ausmachte, begann ich heftig zu winken. Erst als mich Ruben auf die Möwen aufmerksam machte, die die Schiffe kreischend begleiteten, ging mir auf, dass es zwei Fischkutter waren. Enttäuscht stellte ich mein Winken ein. Und dann bog die Sea-Watch endlich in die Bucht ein. Obwohl das Meer ruhig aussah, schaukelte unser Schiff gewaltig, deutlich mehr als die beiden Fischkutter, die zuvor eingetroffen waren. Wie würde das bloß im Einsatz sein? Würden wir alle seekrank werden? Als ich den Schriftzug »Sea-Watch« erkannte und die Stimmen von Frank, Johannes, Philipp, Peer und Sue vernahm, waren alle Sorgen vergessen. Ein Glücksgefühl überkam mich. Wir hatten eine wichtige Etappe gemeistert! Mit beiden Händen begann ich zu winken.

Johannes winkte aus dem Steuerhaus zurück, stoppte die Maschine vor dem Steg, und Philipp, der am Bug stand, warf mir eine Leine zu. Ich legte sie über den Poller. Frank, der an Philipps Seite getreten war, applaudierte. »Hast du etwa geübt?« »Täglich«, antwortete ich. »In Gedanken.« Alle lachten laut. Nachdem das Schiff vertäut war, gingen Ruben, Harald, Daniel und ich an Bord. Wir umarmten die Fünf, dann machten wir es uns im Salon so bequem wie möglich. Peer erzählte müde von den jüngsten Problemen mit der Maschine. Die anderen waren seltsam wortkarg. »Was ist denn mit euch los?«, wollte ich wissen. Johannes' Antwort kam prompt: »Ihr hättet uns zur Begrüßung ruhig ein Bier mitbringen können.«

Auch in dieser Nacht kam ich kaum zur Ruhe. Ich hatte meine Isomatte auf der Terrasse ausgerollt, es war heiß, und die Moskitos surrten. Bereits morgens um sieben Uhr stand ich auf dem Steg der Sea-Watch. Ich wollte anfangen, den Kutter auszuräumen und sauber zu machen, damit sich die nächste Crew wohlfühlt. Frank saß mit einer Tasse Kaffee am Bug, er sah erschöpft aus. »Na, habt ihr die ganze Nacht gefeiert?«, fragte ich. Er schüttelte den Kopf. »Ich habe die ganze Nacht gearbeitet.« Zehn Minuten nachdem Ruben, Harald, Daniel und ich von Bord gegangen waren, war ein Kabel durchgeschmort. »Das Schiff wäre fast abgebrannt«, sagte Frank.

Kapitel 4

Wir sind die Sea-Watch-Crew

Plötzlich verstummte das durchdringende Brummen des Motors. In der Koje war beunruhigend laut zu hören, wie die Wellen gegen den Stahlrumpf der Sea-Watch klatschten. Es war früher Morgen. Wir waren irgendwo zwischen Lampedusa und Libyen, die riesigen Gasfackeln der Ölplattform El Bouri lagen vor uns im Süden. Auf der Sea-Watch war gerade der Motor ausgefallen. Ich lag noch in der Koje, seekrank.

Zwölf Stunden zuvor, am frühen Abend, hatten wir von Lampedusa zu unserer ersten Mission abgelegt. Die Wettervorhersage war zwar wieder nicht ideal gewesen für unseren Kutter, wir mussten mit bis zu zwei Meter hohen Wellen rechnen, aber die ganze Mannschaft wollte los, das Schiff war endlich bereit. An Bord waren neben mir Philipp, Peer, Daniel, Ruben, außerdem die Ärzte Lothar und Caro, der Rettungsassistent Yannick, die »Stern«-Reporterin und natürlich Kapitän Roland, ein kleiner, grauer, ein wenig kauziger Bayer, der normalerweise alleine auf einem Kutter im Hafen von Greifswald lebt und der auf der Sea-Watch – zum Leidwesen der anderen Crew-Mitglieder, vor allem von Philipp und Peer – gerne Befehle erteilte. Er wollte zum Beispiel, dass sich jeder bei ihm abmeldete, sobald er von Deck ging, und sich wieder anmeldete, wenn er zurück auf die Brücke oder in den Salon kam.

Etwa 20 Sekunden, nachdem der Motor aufgehört hatte

zu brummen, ich lag noch immer im Bett, spürte ich, wie sich die Sea-Watch plötzlich zur Seite neigte. Ich rutschte in Richtung Bordwand. Mein Kopf hatte gerade die Wand der Koje berührt, da kippte der Kutter schon auf die andere Seite. Mein Körper glitt unaufhaltsam zur Bettkante. Der Wind musste unser Schiff, das ohne Antrieb manövrierunfähig war, parallel zur Welle gedreht haben, wir waren jetzt ein Spielball im Wasser. Ich spannte alle Muskeln an, damit mein Körper nicht hilflos der nächsten Rollbewegung ausgeliefert war. Ich versuchte nachzudenken, was jetzt zu tun war, wo der Motor ausgefallen war. Doch ich kam nicht weit. Ich musste meine ganze Energie aufbringen, um gegen einen Brechreiz anzukämpfen.

Nachdem die Sea-Watch in der Nacht zum 12. Juni auf Lampedusa eingetroffen war, hatten wir jeden Tag gearbeitet, neun Stunden mindestens. Unsere beiden Lieferwagen rollten den ganzen Tag über die Insel, irgendjemand von uns musste immer irgendetwas holen, bringen, einkaufen, besprechen. Oft lachten die Lampedusaner, wenn sie uns sahen, und riefen uns »pazzi« zu. Später habe ich erfahren, dass »pazzi« »die Verrückten« heißt. Ich erinnerte mich an die Worte der Bürgermeisterin bei unserem ersten Besuch auf Lampedusa. Sie hatte gesagt, verrückte Leute wie wir würden gut auf die Insel passen, denn alle Bewohner hier seien ein wenig verrückt. Täglich waren wir früh aufgestanden und spät ins Bett gegangen. Jeden Tag nahmen wir uns vor, uns mittags, wenn es auf der Insel unerträglich heiß wurde, auszuruhen. Fast immer machten wir trotzdem weiter. Es gab einfach zu viel zu tun. Sogar einige Journalisten, die gekommen waren, um über uns zu berichten, packten an, als sie die viele Arbeit sahen, die vor dem Einsatz noch zu erledigen war.

Wir verlegten die Elektronik neu und zogen stundenlang Kabel durch den Schiffsbauch. Wir installierten auf dem Beiboot eine Funkanlage. Räumten den Kutter komplett aus und putzten sämtliche Ecken. Kauften Proviant, verstauten alles. Bunkerten Diesel. Als alles erledigt war, begannen wir mit dem Einsatztraining. Wir brachten auf hoher See Rettungsringe für Mann-Über-Bord-Manöver aus, übten, sie bei hohen Wellen nicht aus den Augen zu verlieren und wieder aufzunehmen. Wir testeten die Reichweite der Funkanlage des Beibootes, um sicherzugehen, dass wir bei einem Einsatz auch miteinander kommunizieren konnten.

Und natürlich planten wir den Rettungseinsatz. Fast jeden Abend nach dem Essen spielten wir auf der Terrasse unseres Ferienhäuschens mögliche Szenarien durch, die passieren konnten, wenn wir auf ein Flüchtlingsboot gestoßen waren. Nachts, tags, nach einem Notruf, zufällig. Wir entwickelten Pläne für jede nur mögliche Situation. Verwarfen sie wieder. Entwickelten neue Pläne. Und redeten dann wieder so lange darüber, bis sich irgendjemand von uns sicher war, dass es so, wie wir es gerade vorhatten, nicht funktionieren würde. Irgendwann wurde uns klar: Eindeutige Regeln für den Ernstfall existieren nicht. Wir konnten uns an ein paar Grundregeln halten. Aber wir mussten in jeder Situation neu entscheiden, wie wir vorgehen würden.

Ein Thema, über das wir an diesen Abenden häufig sprachen, war, ob und wie weit wir uns in libysche Hoheitsgewässer vorwagen konnten. Wir hatten immer wieder gehört, dass die Flüchtlingsboote so billig hergestellt oder in einem so schlechten Zustand waren, dass viele manövrierunfähig waren, bevor sie internationale Gewässer erreichten. Daniel, unser britischer Rechtsberater, riet zunächst, dass wir den libyschen Hoheitsgewässern nicht zu nahe kommen sollten, dass wir stets einen Abstand zur Küste von mehr als 24 Meilen, knapp 50 Kilometer, halten sollten. Sobald wir diese Distanz unterschritten, waren wir im libyschen Rechtsgebiet. Die Libyer könnten unser Schiff beschlagnahmen, uns festnehmen und womöglich sogar auf uns schießen, warnte er. So unbegründet die Vorwürfe auch sein mochten, die sie vorbringen würden – in diesen Zeiten, in denen Libyen kein funktionierender Staat war, wäre es fast unmöglich, dagegen vorzugehen.

Später, nach langen Diskussionen über den Zustand der Flüchtlingsboote, unsere Sicherheit, unsere Aufgaben und unsere Verantwortung, beschlossen wir, dass wir in Notfällen doch in das erweiterte libysche Hoheitsgebiet fahren würden. Es erschien uns ziemlich unwahrscheinlich, dass die libysche Küstenwache oder Polizei uns so weit weg von der Küste behelligen würde. Vor den Küstengewässern liegt schließlich noch die erweiterte Wirtschaftszone. In diesen Gewässern, die zwischen 12 und 24 Meilen von der Küste entfernt sind, machte damals kaum ein Land Gebietsansprüche geltend, erst recht kein Land, in dem ein Bürgerkrieg tobte wie in Libyen. Vermutlich interessierten sich die Libyer überhaupt nicht für europäische Rettungsschiffe, die Flüchtlinge aus dem Meer holen. Nach allem, was wir wussten, existierte in dem Land nicht einmal eine funktionierende Küstenwache. Die Europäische Union hatte auch keine guten Verbindungen zu dem Land, und es gab keine Abmachung, die die Libyer zwang, die Migranten aufzuhalten. Und die libyschen Küstenwächter selbst hatten vermutlich ebenfalls kein Interesse, Flüchtlinge im Land zu halten – außer sie waren korrupt und wollten die Menschen auf der Durchreise erpressen. Die einzige ernsthafte Bedrohung ging in unseren Augen von den Terroristen des Islamischen Staates aus, die

Teile der Küste beherrschten. Sie könnten uns ins Visier nehmen. Doch darüber dachten wir nicht allzu viel nach.

Während wir arbeiteten, trainierten und debattierten, waren weitere Crew-Mitglieder auf Lampedusa angekommen, die beim ersten Einsatz dabei sein würden oder im Basislager helfen wollten. Fast alle gliederten sich sofort in unsere Gruppe ein, halfen auf dem Schiff oder in dem Ferienhaus, fast alle waren Teamplayer, unkompliziert und effizient. Nur ein älterer Mann, der sich als Übersetzer angeboten hatte, war schwierig und nie zur Stelle, wenn wir ihn brauchten. Wenn wir ihn dann gefunden hatten, kam es mir jedes Mal so vor, als dass er sein Gegenüber in Gespräche verwickelte, die sich kaum um unsere Belange drehten. Irgendwann war ich überzeugt, dass der Mann uns aufhielt, statt uns zu helfen.

Ich sprach mit ihm über meine Bedenken, er reagierte gekränkt, zeigte keine Einsicht. Ein paar Tage später bat ich ihn, nach Hause zu fliegen. Möglicherweise war ich nicht sehr diplomatisch gewesen, als ich mit ihm gesprochen hatte. Der Mann reagierte jedenfalls längst nicht so entspannt wie unser Skipper Ljubomir, als ich ihm mitteilen musste, er müsse die Sea-Watch verlassen. Der Mann weigerte sich zu gehen und begann schließlich sogar, gegen mich zu intrigieren. Er erzählte den anderen, ich verhalte mich wie ein Diktator, und nannte mich Faschist. Meine Versuche, nochmals mit ihm zu reden, scheiterten. Er beharrte darauf, dass ich vor den anderen zugeben sollte, dass ich ein Faschist sei, was ich selbstverständlich nicht tat. Schließlich schaffte es Ruben, ihn zu beruhigen und zum Gehen zu bewegen. Als er endlich unser Ferienhäuschen verließ, fühlte ich mich sehr erleichtert.

Ich war es nicht gewohnt, mich mit so schwierigen Charakteren auseinanderzusetzen, mich gegen derartige Angriffe zu wehren. Mit den Mitarbeitern in unserem Berliner Laden hatte ich bisher nie Schwierigkeiten gehabt. Wenn mir etwas nicht passte, sagte ich das, und das Problem erledigte sich damit in der Regel sofort. Aber ich hatte die Leute auch eingestellt, außerdem war ich der Chef. Die meisten Mitstreiter sah ich auf Lampedusa hingegen zum ersten Mal. Alle arbeiteten freiwillig mit. Hier durfte ich mich nicht benehmen wie in unserer Firma. Den richtigen Umgang mit den Ehrenamtlichen aber musste ich noch lernen. Ich nahm mir vor, achtsamer zu sein und mich mit anderen zu besprechen, bevor ich wichtige Entscheidungen traf.

Sehr viel stärker als die Freiwilligen und unser Übersetzer beschäftigten mich in der ersten Woche die Flüchtlinge. Fast täglich versammelte sich morgens eine Gruppe von ihnen am Fähranleger. Sie setzten sich hinter einen Zaun auf den Betonboden am Kai, vor ihnen patrouillierten Polizisten. Zweimal ging ich zu ihnen, ich wollte mit den Männern und Frauen über ihre Erfahrungen auf dem Meer sprechen. Beide Male unterbrachen die Polizisten die Gespräche nach kurzer Zeit. Aus irgendeinem Grund wollten sie nicht, dass wir uns unterhielten. Immerhin erfuhr ich, dass sie in einem Schlauchboot gekommen waren, dass sie sechs Stunden nach ihrer Abfahrt mit dem Satellitentelefon an Bord einen Notruf abgesetzt hatten und dass das Rettungsschiff danach schnell gekommen war. Von den Polizisten erfuhr ich später, dass die Menschen wenige Tage zuvor geborgen worden waren und nach Sizilien beziehungsweise auf das italienische Festland übersetzen sollten.

Bereits in der ersten Woche auf Lampedusa leiteten die Mitarbeiter von »Watch the Med« täglich Notrufe von Flüchtlingsbooten an uns weiter. Jeden Abend waren die Hilferufe das Letzte, an das ich vor dem Einschlafen dachte.

Außer an die Rettungsleitstelle in Rom und an uns gingen die Meldungen auch an die beiden Schiffe von »Ärzte ohne Grenzen«, die seit Sommer vor der libyschen Küste unterwegs waren, und an die »Phoenix«, das Schiff von MOAS. Ob und wann die Boote gerettet wurden, sollten wir nie erfahren. Manchmal antworteten die Mitarbeiter auf den Schiffen von »Ärzte ohne Grenzen« und MOAS, dass sie nicht helfen konnten, da sie gerade Flüchtlinge, die sie aufgenommen hatten, an Land brachten. Dann riefen sie andere Helfer dazu auf, die Rettung zu übernehmen, auch uns. Mich beruhigte der Gedanke, dass unser Schiff nicht die Kapazitäten hatte, um Menschen an Bord zu nehmen und sie an Land zu bringen. So mussten wir unser vorgesehenes Einsatzgebiet nicht verlassen und konnten uns auf die eigentliche Aufgabe konzentrieren: Flüchtlingsboote zu suchen, zu sichern, die Menschen zu versorgen und ihre Rettung durch ein anderes Schiff zu organisieren.

In der Ankunftswoche hatte ich es kaum abwarten können, endlich ins Einsatzgebiet aufzubrechen. Jetzt waren wir auf halber Strecke zur libyschen Küste, und der Motor stand still. Durch den heftigen Seegang rollte die Sea-Watch so stark, dass man auf den Schiffsplanken kaum stehen konnte. Mir war schlecht, und ich wusste nicht, was wir tun konnten. Für dieses Szenario hatten wir keinen Plan parat. Ich ignorierte das flaue Gefühl in meinem Magen, sprang aus dem Bett und lief auf die Brücke. Dort stand unser Kapitän alleine am Ruder. Er sah müde und ratlos aus. Er hatte die vergangenen Stunden Wache geschoben. Die übrigen Crew-Mitglieder lagen noch im Bett, den meisten war schlecht geworden wie mir. Die Pflaster gegen Seekrankheit, die Ärzte uns vor der Abfahrt hinter die Ohren geklebt hatten, hatten keine Wirkung gezeigt.

»Morgen«, sagte ich zum Kapitän, und »melde mich auf der Brücke«. Ich stellte mich neben ihn und versuchte, den Horizont zu fixieren. Irgendwo hatte ich gelesen, dass es bei Seekrankheit hilft, wenn man sich auf einen festen Punkt konzentriert. Doch der Horizont verschwamm vor meinen Augen, die tief stehende Morgensonne blendete mich, und eine neue Welle schüttelte die Sea-Watch durch. Ich blinzelte und spürte abermals einen Würgereiz aufkommen. Mit beiden Armen stützte ich mich auf das Armaturenbrett und stemmte die Beine fest auf den Boden, um für das nächste heftige Schaukeln gewappnet zu sein. Dann drehte ich den Schlüssel im Zündschloss. Der Motor heulte kurz auf, ruckelte und verstummte wieder. Ich drehte den Schlüssel nochmals. Wieder heulte der Motor nur kurz auf. Ich blickte aus dem Fenster hinaus auf den Horizont und versuchte den Kapitän zu ignorieren, der hinter mir auf der Bank im Steuerhaus fluchte, dieser Kutter sei nicht mehr zu retten. Die Sonne blendete stark. Meine Augen brannten. Wieder kam ein Brechreiz, ich schluckte. Ich sah zur offenen Tür hinaus. Unruhig und dunkelblau lag das Meer unter einem strahlend hellblauen Himmel. Ich musste an unseren Familienurlaub auf Sizilien in den Osterferien denken. Der Himmel war genauso blau gewesen, aber das Meer glatt und ruhig. Damals hatte ich mich noch gefragt, wie es möglich ist, dass das Mittelmeer so gefährlich werden kann, dass Menschen dort sterben.

Ich schob die Erinnerung beiseite – dass das Mittelmeer kein Planschbecken ist, war mir längst Gewissheit geworden – und drehte mich ein wenig zu schnell zum Kapitän hin. Ich wollte ihm sagen, dass ich Peer wecken würde, damit er mich in den Maschinenraum begleitet. Noch hatte ich mich nicht ganz umgedreht, da sah ich, dass sich Peer und der Rest der Mannschaft bereits im Salon versammelt hatten. Stumm, erwartungsvoll und ein wenig verunsichert schauten sie mich und den Kapitän an. Daniel, die beiden Ärzte und der Rettungssanitäter trugen Schwimmwesten. Ich sagte erst einmal nichts. Meine Gedanken rasten.

Die Crew-Mitglieder der ersten Ausfahrt waren hoch motiviert und gleichzeitig sehr nervös. Kein Wunder. Niemand von uns wusste ja, was uns erwarten würde. Alle haben wohl vermutet, dass irgendetwas schiefgehen konnte. Nun war daran kein Zweifel mehr. Auf jeden Fall musste verhindert werden, dass sie sich größere Sorgen machten oder sogar Angst bekamen. Ich war mir nicht sicher, wie ich das verhindern konnte. Sollte ich verkünden, dass wir Macken der Sea-Watch gewohnt waren? Oder würde sie das noch mehr verunsichern? Vielleicht sollte ich lieber so tun, als wäre es nichts Ungewöhnliches, wenn der Motor ausfiel. Aber womöglich würden sie sich dann noch mehr Sorgen machen?

Ich beschloss, möglichst zuversichtlich zu lächeln. Dann erklärte ich: »Keine Sorge, wir reparieren das.« Woraufhin eine besonders große Welle die Sea-Watch erwischte. Ich verlor das Gleichgewicht und fiel lediglich deshalb nicht hin, weil ich den Handlauf im Durchgang zu fassen bekam. Die Mannschaft nahm im Salon auf der Bank Platz. Sie erschienen mir etwas beruhigter. Schließlich war die Pannenserie während der Überführung kein Geheimnis, wir hatten in den vergangenen Tagen immer wieder darüber gesprochen. Dass nicht immer alles glattlief und dass unser Kutter immer wieder Probleme machte, war der neuen Mannschaft bekannt. Irgendwie gehörte der erbärmliche Zustand unseres Schiffes zur Sea-Watch-Mission dazu, genauso wie das Improvisierte, das Chaotische, das Dilettantische. Manchmal nannte ich uns deshalb halb im Spaß und halb im Ernst die »Übers-Knie-Brecher«. Hätten wir gewartet, bis wir ein professionelles Schiff finanzieren konnten, bis alles perfekt organisiert gewesen wäre, dann wären wir noch lange nicht vor der libyschen Küste. Wir wollten aber nicht warten, wir waren keine Perfektionisten. Wir wollten möglichst schnell aufs Mittelmeer, um Menschen vor dem Ertrinken zu bewahren.

»Wir sind das gewohnt«, sagte ich zur Crew und rang mir abermals ein zuversichtliches Lächeln ab. »Auf der Überfahrt ist immer wieder irgendwas kaputtgegangen, und wir haben immer alles repariert«, erklärte ich, wobei ich aufmunternd in die Richtung von Peer und Philipp schaute. Peer nickte und sah dabei so grimmig drein wie immer. Philipp nickte und lächelte hoffnungsvoll wie sonst auch. Eine neue Welle rollte an. Ich fasste wieder nach dem Griff im Durchgang. Philipp meinte, er werde die Segel ausbringen, so könnten wir die Sea-Watch in die Welle und damit stabiler legen. Ruben begleitete Philipp hinaus. Durch das Fenster beim Steuer sah ich, wie Philipp den Baum löste und Ruben mit der Winde das Großsegel hochzog. Kaum war das Segel oben, blähte es der Wind auf. Der Kapitän bewegte das Steuer, das Schiff drehte sich langsam, das Schaukeln ließ nach.

Peer, der zu den wenigen an Bord gehörte, die nicht seekrank geworden waren, ging aus dem Salon hinaus Richtung Maschinenraum. Ich nahm eine Taschenlampe vom Kartentisch und folgte ihm. Dort unten herrschten mindestens 40 Grad, die Stille war noch beunruhigender als oben an Deck. Lediglich das schmatzende Saugen des Wassers am Schiffsrumpf war zu hören. Es roch schwer nach Öl und Diesel. Obwohl wir das Licht angemacht hatten, sahen wir zunächst gar nichts. Wir standen eine Weile schweigend da und warteten, bis sich unsere Augen an die Dunkelheit im Raum gewöhnt hatten. Um nicht das Gleichgewicht zu verlieren, hielten wir uns an der Leiter fest. Noch bevor ich richtig sehen konnte, ging Peer zur Maschine, um sich über den Motorblock zu beugen. Ich stolperte unbeholfen hinterher, um ihm mit der Taschenlampe zu leuchten. Unwirsch nahm er mir die Taschenlampe aus der Hand, um selbst in den Motor hineinzuleuchten. Ich konnte nicht erkennen, was er genau machte, und als ich es versuchte, überkam mich abermals ein Brechreiz. Ich hatte mich gerade erschöpft auf die Leiter gesetzt, da meinte Peer, ohne aufzublicken: »Der Kraftstofffilter ist verstopft.«

Ich war erleichtert. Ein verstopfter Filter! Dieses Problem sollte doch einfach zu lösen sein. Doch – wo war der Ersatzfilter? Peer begann im Maschinenraum zu suchen und unser Chaos zu verfluchen. Ich lief nach oben in den Salon und durchwühlte die Kisten, in denen wir Material und Werkzeug verstaut hatten. Ich fand nichts. Meine Frustration ließ ich mir genauso wenig anmerken wie meine Übelkeit, schließlich war der Rest der Crew im Salon. Bevor ich wieder in den Maschinenraum hinabstieg, übergab ich mich am Heck. Die Tür zum Salon hatte ich geschlossen, damit die anderen davon nichts mitbekamen. Peer saß verschwitzt am unteren Ende der Leiter. Als er mich kommen hörte, stand er auf und schaute mich fragend an. Er hatte ebenfalls keinen Filter gefunden. Ich schüttelte den Kopf. Peer schaute zwar grimmig, trotzdem meinte ich, ein wenig Zuversicht in seinem Blick erkennen zu können. »Ich habe eine Idee, wie wir das Problem anders lösen«, sagte er. Dabei schaute er auf meinen Gürtel, wo ich mein Taschenmesser befestigt hatte. Ich verstand sofort, worauf er hinauswollte, und nickte. Ich gab ihm das Messer. Peer beugte sich über den Motor, in der einen Hand die Taschenlampe, in der anderen das Taschenmesser. Dann stach er auf den verstopften Filter ein. Ich schaute ihm von der Leiter aus zu. »Das sollte reichen«, meinte er nach einer Weile. »Lass es uns ausprobieren.«

Ich kletterte nach oben, um den Motor zu starten. Peer blieb im Maschinenraum. Mir war immer noch schlecht. Ich ging nicht durch den Salon zum Steuerhaus, sondern steuerbord vorbei, weil ich momentan keine Fragen beantworten wollte. Als ich zum Zündschloss trat, spürte ich die gesammelten Blicke der Mannschaft im Rücken. Ich drehte den Schlüssel, der Motor ruckelte, ging wieder aus. Ich wartete kurz, drehte abermals. Die Maschine sprang an. Nach einigen Sekunden brummte sie gleichmäßig. Ich hörte Jubelschreie, jemand rief, »die Sea-Watch-Piraten in Aktion!«.

Ich blickte mich in Richtung der anderen im Salon um. Ihre Gesichter verschwammen. Mir wurde schwarz vor Augen, und meine Knie waren weich. Mit beiden Händen suchte ich Halt im Steuerhaus, ich fand die Bank, konnte mich gerade noch setzen. Dann wurde es um mich dunkel. Als ich wieder zu mir kam, murmelte ich, »ich leg mich wieder hin«. Danach tastete ich mich an den anderen vorbei und die Treppe vorsichtig hinunter in den Schiffsbauch zu meiner Koje. Als ich wieder im Bett lag und dem Brummen des Motors lauschte, dachte ich mir, dass in der vergangenen Woche ziemlich viel passiert war. Alles kam mir auf einmal wahnsinnig anstrengend vor. Gleichzeitig war ich unglaublich froh darüber, dass wir alles überstanden hatten. Die Vorbereitungen, die Konflikte, die Überfahrt und nun auch den verstopften Ölfilter. Über diesen Gedanken schlief ich ein.

Nach der Ankunft der Sea-Watch auf Lampedusa war es immer wieder zu Spannungen gekommen, aber auch zu einem Eklat mit einem Reporter von einem Berliner Radiosender. Danach schien es kurzfristig so, als hätten wir die gesamte deutsche Medienlandschaft gegen uns. Obschon der einzige Platz, den wir für mitreisende Journalisten an Bord reserviert hatten, längst einer Reporterin vom »Stern« versprochen gewesen war, wollte er unbedingt bei unserem ersten Einsatz dabei sein. Da er Skipper war und zugesichert hatte, sich bei der Fahrt als vollwertiges Crew-Mitglied einzubringen, sagten wir ihm zu. Anfangs hat es auch gut zwischen uns geklappt. Ich verstand mich gut mit ihm und vertraute ihm.

Schon von Berlin aus hatte er immer wieder über unser Projekt berichtet. Nach seiner Ankunft auf Lampedusa führte er Interviews mit uns – zwischen Kabelverlegen, Ausräumen, Putzen und Training. Er stellte Fragen zum Stand der Vorbereitungen, über die anstehende Ausfahrt, zu den Einsatzplänen, zum Zustand des Schiffs und über die Mannschaft. Nachmittags berichtete er in einer Live-Schaltung von seinem Hotelzimmer aus, was er auf der Sea-Watch und auf der Insel erlebt hatte. Was er nach Berlin bekannt gab, hörte ich mir nicht an. Dazu war ich viel zu beschäftigt, und außerdem hatte ich mir längst abgewöhnt, alle Beiträge und Artikel über uns zu verfolgen. Fünf Tage vor Abfahrt rief mich meine Frau Tanja beunruhigt an. Eine Nachbarin hatte sie voller Sorge gefragt, wie es mir denn ginge. Sie hätte einen Bericht im Radio gehört, da müsste man ja richtig Angst um mich haben. Tanja hörte sich die Reportage daraufhin an. Sie war zwar nicht so alarmiert wie die Nachbarin – die Schwierigkeiten mit dem Schiff, über die berichtet wurden, kannte sie schließlich. Aber sie meinte, dass der Bericht den Eindruck vermittelt hätte, dass unser Einsatz zum Scheitern verurteilt sei.

Nach dem Gespräch hörte ich mir in der Mediathek alle Reportagen an, die der Reporter bisher über uns gemacht hatte. Als ich damit fertig war, war ich sauer. Er kritisierte nicht nur den Zustand des Schiffes, sondern auch die Mannschaft. Er sagte, es wären keine erfahrenen Seemänner an Bord, was völlig falsch war, zumal er selbst Skipper war und wir ihn als Steuermann eingeplant hatten. Mich störte auch, dass er in einem Beitrag die Küstenwächter, die abends gerne in einer Bar am Hafen feierten, in ein schlechtes Licht stellte. Die Männer dürfen alles auf Lampedusa, behauptete er, niemand würde sich trauen, sich über ihren Partylärm zu beschweren. Für mich klang das so, als wolle er behaupten, die Küstenwächter seien ein korrupter Haufen. Ich war erleichtert, dass die Italiener seinen Beitrag nicht verstehen konnten. Schließlich gehörte der Reporter auch zu unserer Crew, was er verbreitete, würde auf uns zurückfallen. Ich versuchte, mich zu beruhigen. Ich redete mir ein, dass die Medien so funktionieren, dass er wohl Spannung aufbauen wollte.

Trotzdem begegnete ich dem Mann fortan mit Misstrauen. Ich zweifelte, dass er die Mannschaft unterstützen wollte. Im Unterschied zu anderen Journalisten hatte er bisher auch nicht ein einziges Mal mitgeholfen, das Schiff für die Ausfahrt fit zu machen. Als er einmal an Bord gegangen war, um mich zu interviewen, hatte er es nicht einmal für nötig gehalten, eine der Kisten mit Lebensmitteln mitzunehmen, die nach unserem Einkauf noch am Steg standen. Tags darauf kam unsere Ärztin Caro zu mir, um sich über den Reporter zu beschweren. Er hatte sie in seinem aktuellen Beitrag ohne ihr Wissen zitiert.

Nach einem Training bei starkem Wellengang auf hoher See hatte er sie angesprochen. Sie erzählte ihm daraufhin, dass sie sich bei den Übungen, von der Sea-Watch sicher aufs Beiboot zu kommen, geängstigt habe. Schließlich sei es das erste Mal gewesen, dass sie auf hoher See bei so starkem

Wellengang von einem Schiff auf ein anderes geklettert war. Und nun hatte er im Radio berichtet, dass sie Angst hat. Die Ärztin erklärte mir, dass sie mit ihm in seiner Funktion als Crew-Mitglied, nicht etwa als Journalist gesprochen habe. Sie sprach sich für klare Regeln für die Berichterstatter an Bord aus und meinte, dass sie einen geschützten Raum bei den Einsätzen brauchen würde, andernfalls bliebe sie an Land. Die Crew müsse davon Kenntnis bekommen, was die Journalisten über die Mannschaft schrieben und sendeten. »Wir werden völlig neue Situationen erleben. Keiner von uns weiß, wie er sich verhalten wird. Wir müssen uns schützen«, sagte sie. Ich versprach ihr, mit dem Journalisten zu sprechen.

Ich war mir sicher, dass der Mann für das Anliegen der Ärztin Verständnis haben würde. Doch als ich ihn damit konfrontierte, reagierte er ungehalten. Er sagte, er sei Journalist, er werde über alles berichten, was an Bord passiert und dort gesagt wird, das sei seine Aufgabe. Es gelang mir nicht, ihn umzustimmen oder mit ihm einen Kompromiss auszuhandeln. Ich wurde wütend. Ich erinnerte ihn daran, dass er als Crew-Mitglied angeheuert hatte. Er erwiderte, er gehöre nicht zur Mannschaft, vielmehr müsse er zu ihr Distanz halten, um seine Unabhängigkeit zu bewahren. Mir schien das eher ein Vorwand zu sein, um an Bord nicht mitarbeiten zu müssen. Er würde seine journalistische Integrität doch nicht gefährden, wenn er mit anpackte. Wenn er mitarbeiten würde, hätte er vielmehr Gelegenheit, die Mannschaft näher kennenzulernen und würde noch besser mitbekommen, wie es an Bord lief. Wir würden ihm nicht vorschreiben wollen, was er berichten sollte. Nach dem Gespräch war ich erst mal ratlos, wie wir zukünftig mit ihm umgehen sollten. Mein Vertrauen zu ihm war jedenfalls zerstört. Die Vorstellung, ihn beim ersten Einsatz dabeizuhaben, behagte mir nicht. Zudem hatte ich den Eindruck, dass ihn das Flüchtlingsthema nicht wirklich interessierte. Er war weder zu dem Auffanglager im Landesinneren gefahren, noch war er morgens zum Fährableger gegangen, wo die Flüchtlinge saßen. Ein wenig hatte ich das Gefühl, dass er auf eine Homestory aus war und dass er uns scheitern sehen wollte.

Ich beriet mich mit Ruben, der den Standpunkt vertrat, dass wir den Reporter nicht von Bord schicken durften. Seine Live-Berichterstattung über unseren Einsatz hatte längst begonnen und wurde groß im Radio beworben. Der Image-Schaden wäre für uns zu groß, wenn er nicht mitfahren würde. Wir beschlossen, mit der Mannschaft zu reden und sie zu bitten, vorsichtig beim Umgang mit ihm zu sein. Als wir ihnen unsere Überlegungen mitteilten, schwiegen sie zunächst. Nach einer Weile meinte Caro, dass sie unter diesen Umständen nicht mitkommen würde. Auf dem Mittelmeer würden Grenzerfahrungen auf uns warten, da könnten wir uns nicht zusammenreißen und aufpassen, was wir taten oder sagten. Für die Crew müsste es einen geschützten Raum geben. Philipp pflichtete ihr als Erster bei. Er meinte, wir müssten auf die Bedürfnisse der Mannschaft Rücksicht nehmen und nicht auf die Interessen der Journalisten. Lothar und Yannick stimmten ihm zu. Die Meinung der Crew war eindeutig. Ich versuchte nicht, sie umzustimmen. Schließlich fühlte ich mich selbst in der Gegenwart des Reporters längst nicht mehr wohl. Ruben blieb ebenfalls stumm.

Am nächsten Morgen überbrachten wir dem Reporter die Entscheidung der Mannschaft. Er war außer sich. Er warf uns vor, die Pressefreiheit zu missachten und lediglich Hofberichterstattung zu dulden. Wir versuchten, ihn zu beruhigen, ihm unser Unbehagen zu erklären, doch es half alles nichts.

Als er weiter zeterte, wurde auch ich wütend. Ich sagte, dass ich mir von seinen Live-Berichten etwas anderes erwartet hatte und dass die Sea-Watch kein schwimmender Big-Brother-Container sei.

Am Nachmittag ging er auf Sendung. Er berichtete über unser Zerwürfnis und sagte, dass auf der Sea-Watch kein objektiver Blick erwünscht sei. Minuten später klingelten fast zeitgleich die Telefone von Ruben und mir. Die Journalisten, die bereits über uns berichtet hatten, wollten wissen, was vorgefallen war, und sich unsere Sicht der Dinge anhören. Als wir versuchten, uns zu erklären, mussten wir feststellen, dass sie uns anders begegneten als früher. Sie waren zurückhaltend, skeptisch, kritisch.

Am nächsten Tag erneuerte der Chef des Reporters in einer offiziellen Stellungnahme den Vorwurf, dass wir die Pressefreiheit nicht respektieren und nur positive Berichterstattung tolerieren würden. Ruben verfasste daraufhin eine Pressemitteilung, in der er unsere Sicht darlegte. Dass wir stets an einem offenen Umgang mit Journalisten interessiert waren, dass uns bei den Einsätzen aber möglicherweise kritische Situationen erwarten würden und wir die Mannschaft deshalb schützen müssten. Doch die Presse, vor allem die Berliner, schien sich gegen uns verbündet zu haben. Immer wieder las ich den Vorwurf, dass auf der Sea-Watch nur Hofberichterstattung erwünscht sei. Dass die Reporterin vom »Stern« bei uns an Bord war und viele andere Pressevertreter gut mit uns zusammenarbeiteten, schien niemanden zu interessieren. Ich versuchte, die schlechte Berichterstattung über uns zu ignorieren und mich auf die Arbeit zu konzentrieren. Doch es war mir unmöglich. Immer wieder riefen Journalisten an. Und irgendwann meldete sich meine Frau und sagte, die Nachbarn würden sie so seltsam ansehen wie nie zuvor.

Sie war sich sicher, dass die negativen Medienberichte daran schuld waren.

Mitten in die ganze Aufregung fiel unser Termin beim Chef der italienischen Küstenwache auf Lampedusa. Im Grunde genommen war es das wichtigste Ereignis in dieser vollgepackten Woche vor der Abfahrt. Wir würden italienische Behörden offiziell über unser Vorhaben informieren. Ankündigen, dass wir aktiv Flüchtlingsboote suchen und bei der Rettungsleitstelle in Rom professionelle Hilfe anfordern würden. Außerdem sollte vereinbart werden, dass wir in das offizielle Rettungsregister aufgenommen werden. Was in der Praxis bedeutete, dass uns die Rettungsleitstelle in Rom alle aktuellen Seenotfälle meldet und wir, so wir uns in der Nähe der Boote befanden, den Menschen beistehen konnten, bis ein größeres Schiff gekommen war. Am späten Dienstagvormittag, vier Tage vor der Abfahrt, war es dann so weit. Das Quartier der Küstenwache war, wie fast alle Häuser auf der Insel, ein sandfarbener Quader. Es war allerdings ein wenig größer als die anderen. Das Gebäude lag auf einer kleinen Anhöhe oberhalb des Hafens, von der man sowohl den alten Fischereihafen von Lampedusa überblickt als auch den neuen Fähr- und Jachthafen.

Mit der halben Mannschaft im Schlepptau lief ich den Hügel hinauf. Oben wartete bereits die Dolmetscherin auf uns, die Ende Mai das Treffen mit der Bürgermeisterin arrangiert hatte. Eine Minute vor unserem Termin klingelte ich an der Tür der Küstenwache. Während wir darauf warteten, dass jemand öffnete, unterhielt ich mich mit der Dolmetscherin darüber, wie die Vorbereitungen für den ersten Einsatz liefen. Dabei musterte ich unauffällig unsere Truppe. Philipp trug zu Sandalen und Bermuda-Shorts ein zu enges, langärmeliges rotes Poloshirt. Daniel hatte es ihm geliehen, weil

Philipps T-Shirts zerrissen beziehungsweise verschwitzt oder beides waren. Ruben hinkte und hatte verkrustete Wunden auf Nase und Stirn. Er war ein paar Tage zuvor mit meinem alten Roller auf dem Weg zum Hafen gestürzt, weil er außer Acht gelassen hatte, dass die Bremsen nicht richtig funktionierten. Peer hatte sein ausgeleiertes Lieblings-T-Shirt mit der Aufschrift »Deutschland, du Opfer« angezogen, dazu eine abgeschnittene schwarze Cargo-Hose, schwarze Turnschuhe und eine schwarze Kappe, unter der seine verschwitzten Haare klebten.

Ich selbst hob mich kaum von den anderen ab. Zumindest aber hatte ich ein frisches weißes Poloshirt an. Allerdings hatte ich es am Morgen nicht geschafft, meinen Fünftagebart zu rasieren und meine Haare zu waschen. Sie kräuselten sich verschwitzt und salzverkrustet auf meinem Kopf und waren immer noch zu lang – für einen Frisör hatte ich einfach keine Zeit. Lediglich Daniel sah dem Anlass angemessen aus. Er trug ein hellblaues Poloshirt, das aussah wie frisch gebügelt, dazu saubere Jeans und geschlossene Halbschuhe. Und obwohl es sehr heiß war und er zuvor auf unseren Kutter stundenlang Kisten geschleppt hatte, schien es, als hätte er gerade frisch geduscht. Was die Küstenwächter wohl von uns halten werden?, fragte ich mich. Dann dachte ich mir, dass es gut sei, dass die Italiener auf Lampedusa kein Deutsch sprechen, und dass Daniel bei der Zusammenkunft mit dem Chef der Küstenwache als unser Repräsentant fungierte.

Ein junger, durchtrainierter und adrett gekleideter Mann öffnete die Tür. Er führte uns durch dunkle, warme Gänge bis zu einem Büro. Hinter einem Schreibtisch stand der Kommandant der Küstenwache. Wir drängten hinein. Da der Raum für uns alle viel zu eng war, standen wir dicht an dicht vor dem obersten Küstenwächter der Insel, ich in vorderster Reihe. Wie erwartet, beäugte der Mann uns skeptisch. Ich blickte freundlich zurück. Er war perfekt gestylt. Die schwarzen, kurz geschnittenen Locken waren zurückgegelt, der Bart war frisch gestutzt. Das dunkelblaue Polohemd saß perfekt, es spannte ein wenig an den Oberarmen, was seine Muskeln betonte, in der Knopfleiste steckte eine Flieger-Sonnenbrille. »Hello«, sagte ich. »We are the Sea-Watch-Crew.« Er stand auf, nickte und sagte etwas auf Italienisch zu mir. Hilfe suchend wandte ich mich um. Wo war die Dolmetscherin geblieben?

Hinter mir standen nur meine Leute. Offenbar war sie im Gang geblieben. Der Kommandant erkannte wohl, dass wir ihn nicht verstanden hatten. Er ging um den Schreibtisch herum, bahnte sich einen Weg durch unsere Truppe zur Tür und machte Handzeichen, dass wir ihm folgen sollten. Er führte uns in einen kleinen Konferenzraum mit beigem Linoleumboden und pistaziengrünen Wänden. Ein Tisch füllte das Zimmer fast ganz aus, drum herum standen ein paar Holzstühle. Die Klimaanlage schepperte laut, obwohl es in dem Raum kaum kühler war als im übrigen Gebäude. Der Küstenwachen-Chef setzte sich ans Kopfende des rechteckigen Tisches, lehnte sich in seinem Stuhl zurück und schaute auffordernd in die Runde. Es dauerte eine Weile, bis wir alle Platz genommen hatten. Erst dann begann ich zu sprechen.

Ich war ein wenig nervös, wahrscheinlich holte ich zu weit aus. Ich erklärte, wie alles begonnen hatte. Dass wir, ein paar Privatleute, nicht länger zuschauen wollten, wie Menschen an unseren Grenzen sterben. Dass unser Vorhaben in Deutschland breite mediale Aufmerksamkeit erhalten hatte. Dass wir viele Journalisten nach Lampedusa holen würden, damit sie über die Tragödie im Mittelmeer berichteten. Während ich sprach, spürte ich Daniels Fuß an meinem Schienbein. Erst da merkte ich, dass der Kommandant gelangweilt mit seiner Sonnenbrille spielte.

Ich brach mitten im Satz ab, um ihm ein wenig zu unvermittelt zu sagen, dass wir in wenigen Tagen zur libyschen Küste aufbrechen wollten und dass wir uns freuen würden, wenn wir gut mit der Küstenwache zusammenarbeiten. Ich erklärte ihm, dass unser Schiff nicht groß genug sei, dass wir keine Menschen an Bord nehmen könnten, um sie an Land zu bringen. Dass wir lediglich Erste Hilfe leisten und die Rettung der Menschen organisieren wollten. Dann schwieg ich und sah den Mann an. Als die Dolmetscherin die Passage mit der Größe des Schiffs übersetzte, bemerkte ich, wie er beide Brauen nach oben zog, die Augen leicht aufriss und begann, nervös mit den Fingern auf den Tisch zu trommeln. Ich glaubte zu verstehen, was in ihm vorging. Vermutlich befürchtete er, dass wir der Küstenwache nicht helfen, sondern ihr zusätzliche Probleme machen würden. Wahrscheinlich hatte er sogar Angst, dass wir eine Rettung vermasseln könnten.

Ich streckte den Rücken durch und machte mich groß. Plötzlich hatte ich das Gefühl, dass unsere ganze Mission von diesem einen Gespräch, von diesem einen Mann abhing. Er musste uns unter allen Umständen unterstützen. Ich erklärte, wie wahnsinnig enttäuscht wir alle gewesen waren, als »Mare Nostrum« eingestellt wurde. Dass die italienische Küstenwache außerordentlich gute und immens wichtige Arbeit geleistet hat, indem sie aktiv nach Flüchtlingsbooten gesucht hat. Ich sagte, dass wir genau diese Aufgabe übernehmen und vor der libyschen Küste nach Flüchtlingsbooten Ausschau halten wollten. Dass wir die Position der Boote, auf die wir stoßen würden, der Rettungsleitstelle und der Küstenwache übermitteln würden, damit sie die Menschen abholten. Dass wir Hunderte Schwimmwesten an Bord hätten und fünf Rettungsinseln, die fast 500 Leute fassen könnten. Dass immer Ärzte an Bord der Sea-Watch wären, falls die Flüchtlinge sofort medizinisch versorgt werden müssten.

Ich merkte, wie sich die Haltung des Mannes veränderte, während ich sprach und die Dolmetscherin übersetzte. Er hörte auf, mit den Fingern auf den Tisch zu trommeln, seine Gesichtszüge entspannten sich. Als ich schwieg, lächelte er und meinte, das klinge nach einem verrückten, aber interessanten Projekt, und dass er gerne mit uns zusammenarbeiten wolle. Dann beugte sich der Kommandant nach vorne und begann eindringlich zu sprechen. Die Dolmetscherin übersetzte, dass wir sehr vorsichtig sein müssten, wenn wir einem Flüchtlingsboot begegneten. Die Passagiere seien fast immer verzweifelt, panisch oder hysterisch. Die wenigsten handelten rational. Wir müssten mit allem rechnen. Immer wieder passiere es, dass Flüchtlinge ins Wasser springen, sobald sie das Rettungsboot sehen – obwohl sie gar nicht schwimmen können. Manchmal käme es bei der Rettung zu Streitereien auf den Booten, weil jeder als Erster an Bord des Rettungsschiffes will. Es sei wichtig, dass wir uns den Flüchtlingen vorsichtig näherten, dass wir versuchten, die Menschen irgendwie zu beruhigen. Er sagte auch, jede Situation sei anders, immer sei größte Aufmerksamkeit geboten, da man sich ständig auf neue Gegebenheiten einstellen müsse.

Er sagte noch, er würde uns sicher um Hilfe bitten, wenn sich ein Seenotfall in unserer Nähe ereignete. Dann bat er uns, ihm eine E-Mail mit allen Daten zu unserem Schiff und zur Ausrüstung zu schicken und alle Kanäle aufzulisten, über die wir erreichbar wären. Er wolle die Informationen an die Rettungsleitstelle weiterleiten. Dann erklärte er uns, auf welchem Funkkanal wir mit der Rettungsleitstelle und der Küstenwache kommunizieren konnten. Schließlich wollte er von uns wissen, ob wir ein Langwellen-Funkgerät an Bord hätten. Ich schüttelte den Kopf und erklärte, dass wir eine Satellitenanlage hätten und für den Fall, dass unser Bordtelefon ausfiel, ein Satellitentelefon bereitstünde. Als er das hörte, runzelte der Kommandant die Stirn. Er sagte, die Kommunikation über Satellit sei oft gestört. Er riet uns dringend, ein Langwellen-Funkgerät anzuschaffen. Nach dem Gespräch brachte er uns bis zur Tür. »Wir hören uns«, meinte er und hielt dabei meine Rechte mit beiden Händen umschlossen.

Nahezu eine Woche später, zwei Tage nach dem Motorausfall auf dem Weg zum Einsatzgebiet, ging der erste Notruf auf der Sea-Watch ein. Wir hatten uns der libyschen Küste mittlerweile bis auf 24 Meilen genähert. Gerade tuckerten wir nördlich von Tripolis auf und ab. Mitarbeiter von »Watch the Med« hatten uns informiert, dass in letzter Zeit die meisten Boote dort ablegten. Seit wir die Plattform El Bouri passiert hatten, hielten immer zwei von uns von Tagesanbruch bis zur Dämmerung mit Ferngläsern auf dem Oberdeck Ausschau nach Flüchtlingsbooten. Bisher hatten wir aber keines entdeckt.

Der Notruf war nicht von der Rettungsleitstelle in Rom und auch nicht von der Küstenwache auf Lampedusa gekommen, sondern von einem Mitarbeiter des Vereins »Watch the Med«. Ein Flüchtling hatte mit einem Satellitentelefon die Nummer der Organisation gewählt. Es war am frühen Morgen, ich saß im Salon und beantwortete E-Mails. Die See war mittlerweile ruhiger geworden, unsere Satellitenanlage funktionierte, ich hatte meine Seekrankheit überwunden.

Yannick, der Rettungssanitäter, der gerade Wache auf der Brücke schob, nahm das Bordtelefon ab. »150 Menschen in einem Schlauchboot? Das Boot hat ein Loch?«, hörte ich ihn sagen. »Es sind Kinder und Schwangere dabei? Eine Frau ist verletzt?« Er wiederholte laut die Koordinaten des Bootes. Ich notierte sie auf einem Blatt Papier, das ich auf dem Kartentisch hinter mir fand, lief damit auf die Brücke und gab die Position ins GPS-Gerät ein. Das Boot befand sich etwa 50 Seemeilen östlich von uns, im Norden von Zuwara. Mist, dachte ich, wären wir nicht vor Tripolis stehen geblieben, sondern entlang der 24-Meilen-Linie in Richtung Zuwara gefahren, dann wären wir jetzt in seiner Nähe. Aber so? Selbst wenn die Sea-Watch Höchstgeschwindigkeit fahren würde, wären wir frühestens in sechs Stunden da.

Yannick stellte sich neben mich und blickte traurig auf das GPS-Gerät, auf dem unsere Position und die des Flüchtlingsboots zu sehen waren. »Das schaffen wir nie«, sagte er ein wenig verzweifelt. »Das Boot hat ein Leck. Den Menschen steht das Wasser schon bis zu den Knien.« Er griff zum Bordtelefon, um den Notfall der Seenotrettungszentrale in Rom zu melden. Zwar hatte das der Mitarbeiter von »Watch the Med« bereits getan, wir aber hatten beschlossen, jeden Notruf, den wir empfangen, an die Leitstelle weiterzugeben, um den Handlungsdruck zu erhöhen. Wir wollten alles in unserer Macht Stehende tun, damit die Menschen gerettet werden.

Ich hörte, wie Yannick die Position des Flüchtlingsbootes durchgab. Als er aufgelegt hatte, sagte er zu mir, der Mitarbeiter der Seenotrettungszentale hätte versichert, umgehend alle Schiffe in der Umgebung zu informieren. Die Aussage erinnerte mich an den Fall »Left-to-die-Boat«. Damals hatte die Leitstelle Mussie Zerai ebenfalls zugesichert, alle Schiffe in der Nähe des verunglückten Bootes zu informieren. Trotzdem war keiner den Flüchtlingen zu Hilfe gekommen. Ich wusste zwar, dass in jüngerer Zeit jedes Flüchtlingsboot, das einen Notruf abgesetzt hatte, Unterstützung bekommen hatte. Aber trotzdem war mir mulmig zumute. Ich war mir sicher, dass es immer wieder passieren konnte, dass ein Boot in Seenot alleingelassen wird oder dass das Rettungsschiff zu spät kam.

Ich rief die Mannschaft in den Salon, um mit ihnen zu besprechen, wie wir vorgehen sollten. Die beiden Ärzte, die im Ausguck saßen, hörten über ihre Handfunkgeräte mit. Sollten wir uns auf den Weg zu dem Flüchtlingsboot machen, obwohl es mehr als sechs Stunden von uns entfernt war? Oder sollten wir lieber in unserem Gebiet bleiben, falls doch noch Boote von Tripolis aus starteten? Zwischen Tripolis und Zuwara lag keine Stadt, von der aus in den letzten Wochen Flüchtlingsboote losgefahren waren. Sollten wir trotzdem das Risiko eingehen und unser derzeitiges Einsatzgebiet für viele Stunden verlassen?

Die Crew-Mitglieder saßen um den Tisch im Salon, und Yannick berichtete ihnen, was er über den Fall wusste. »An Bord sind etwa 150 Menschen, darunter Kinder, Schwangere und eine verletzte Frau. Das Schlauchboot hat ein Loch.« Es klang alarmierend. Dann sagte er, dass wir über sechs Stunden vom Unglücksort entfernt waren und dass das Boot mit den Flüchtlingen ganz woanders sein könnte, wenn wir ankämen. Fortgetrieben von Wind und Strömung. Er erklärte auch, dass die Küstenwache ihm zugesichert hatte, alle Boote in der Umgebung zu informieren. »Wir müssen jetzt entscheiden, ob wir Kurs auf das Boot nehmen oder ob wir in unserem Suchgebiet bleiben«, sagte ich und schaute ernst in die Runde.

Die Mannschaft blieb lange Momente stumm. Das Brummen des Motors kam mir unerträglich laut vor. Schließlich meldete sich Philipp zu Wort. »In den vergangenen Tagen haben wir keinen Notfall aus Tripolis bekommen, richtig?« Ich nickte. Er fuhr fort: »Das ist überhaupt der erste Notfall, von dem wir erfahren haben, seit wir auf See sind. Soweit ich weiß, starten die Schlauchboote von Libyen nicht alleine, sondern in Gruppen. Wenn wir einen Notruf aus der Gegend von Zuwara erhalten haben, kommt wahrscheinlich bald der nächste von dort.« Die anderen nickten zwar, sagten aber kein Wort. Erst als ich nochmals nachfragte, was wir tun sollten, antworteten sie, dass wir Kurs auf Zuwara nehmen sollten.

Der Kapitän peilte die Position an, die wir von dem Mitarbeiter von »Watch the Med« erhalten hatten, und gab Vollgas. Yannick meldete der Leitstelle, dass wir auf dem Weg waren. Ich ging in die Küche und kochte Milchreis. Schließlich sollten alle fit sein für das, was auf uns zukam. Als wir eine Stunde später im Salon süßen Reis mit Bananen löffelten – die Sea-Watch tuckerte noch immer mit der möglichen Höchstgeschwindigkeit von acht Knoten in Richtung Flüchtlingsboot –, klingelte das Bordtelefon. Yannick, der immer noch Wache auf der Brücke hielt, sprang vom Tisch auf und lief zum Kartentisch, wo das Telefon stand. »MS Sea-Watch«, rief er in den Hörer. Es antwortete ein Mitarbeiter der Seenotleitstelle in Rom. Er meldete, dass der Chemietanker »Torm Adawa«, Heimathafen Singapur, auf dem Weg zu dem Flüchtlingsboot nördlich von Zuwara war.

Wir aßen unseren Milchreis weiter und diskutierten dabei, wie wir uns nun verhalten wollten. Sollten wir trotzdem weiter Kurs auf die Position des Schlauchbootes nehmen? Schließlich waren die Menschen noch nicht gerettet, und vielleicht brauchten sie ja einen Arzt? Außerdem könnte bei der Rettung ja etwas schiefgehen, dann würde man uns sicher brauchen. In letzter Zeit war es immer wieder zu Unfällen gekommen, wenn Frachter Flüchtlinge aufgenommen hatten. Risikoreich war der Moment, wenn sich das große Handelsschiff dem kleinen Schlauchboot näherte. Gefährlich war aber auch die Bergung der Flüchtlinge. Viele waren so geschwächt, dass sie die Leitern, die ans hohe Deck der Frachter führten, nicht erklimmen konnten und hinunterfielen.

Wir hatten uns gerade geeinigt, weiter Kurs auf das Flüchtlingsboot zu halten. Da klingelte abermals das Bordtelefon. Diesmal nahm ich ab. Es war Hagen von »Watch the Med«, der einen zweiten Notruf meldete. Mussie Zerai, mit dem die Organisation eng zusammenarbeitete, war von Bord eines Bootes angerufen worden. Der Flüchtling hatte gesagt, er sei mit fast 200 Menschen unterwegs, Männern und Frauen, vier Passagiere seien bewusstlos, vielleicht sogar schon tot. Das Boot sei um Mitternacht in der Nähe von Misrata gestartet. Ich warf auf der Brücke einen Blick auf den Kartenplotter. Misrata lag weit im Osten, östlich sogar von Tripolis, von wo wir vor einer Stunde in Richtung Westen aufgebrochen waren. Ich sagte Hagen, dass wir vom Unglücksort weit weg wären, dass wir uns besprechen müssten und uns danach wieder bei ihm meldeten. Nachdem ich aufgelegt hatte, gab ich die Koordinaten des neuen Flüchtlingsboots ins GPS-Gerät ein. Selbst bei Höchstgeschwindigkeit wären wir zehn Stunden unterwegs.

Übers Bordtelefon wählte ich die Nummer der Rettungsleitstelle in Rom. Als es klingelte, bemerkte ich bereits, dass die Verbindung nicht gut war. Die Wellen waren in den vergangenen Stunden kontinuierlich höher geworden. Die Stimme des Mitarbeiters am anderen Ende der Leitung war kaum zu verstehen. Ich versuchte die Verbindung zwei Mal neu aufzubauen, dann gab ich auf. Die Position des Flüchtlingsbootes meldete ich per E-Mail nach Rom. Ich informierte die Mitarbeiter dort, dass wir zehn Stunden entfernt seien und dass sie ein näher gelegenes Schiff alarmieren mussten. Der Mitarbeiter schrieb zurück, er werde allen Schiffen in der Nähe Bescheid sagen.

Danach ließ ich mich erschöpft auf die Eckbank am Tisch im Salon fallen, wo die anderen noch vor ihren Tellern mit Milchreis saßen. Sie schauten mich ratlos an. Ich sah ratlos zurück, stützte meine Stirn auf die Handballen und fuhr mir mit den Fingern durch die Haare. Was sollten wir jetzt machen? Sollten wir uns um den neuen Seenotfall kümmern? Sollten wir unseren Kurs beibehalten, obwohl ein Frachter unterwegs zu dem Schlauchboot war? Würde er nicht auch auf jene Flüchtlingsboote stoßen, die vermutlich gemeinsam mit dem Schlauchboot gestartet waren? Aber was, wenn die Flüchtlinge einen Arzt brauchten?

Ich versuchte, mich zu konzentrieren, logisch zu denken. Es war unmöglich, mit Vollgas die libysche Küste entlangzufahren, zu Booten in Seenot, die wir niemals rechtzeitig erreichen konnten. Wir konnten nicht Kurs auf alle Seenotfälle nehmen, die bei uns eingingen. Das Gebiet war zu groß, die Sea-Watch zu langsam, die Zahl der Notfälle zu hoch. Wir mussten eine Lösung für das Dilemma finden, eine Regel, die möglicherweise sogar den Crews, die uns nachfolgen sollten, bei ähnlichen Entscheidungen helfen konnte. Nur welche? Sollten wir zum Beispiel festlegen, dass wir lediglich Boote ansteuern, die weniger als drei Stunden Fahrt von uns entfernt waren?

Während ich, den Kopf noch immer auf meine Hände gestützt, nachdachte, setzte sich Lothar, der Arzt, neben mich auf die Bank. Er hatte gerade seine Wache im Ausguck beendet und war vom Oberdeck in den Salon gekommen. Sein Gesicht war knallrot, seine langen blonden Locken vom Wind zerzaust, seine Brille gesprenkelt vom Salzwasser in Form von Wassertropfen. »Was ist los?«, fragte er. Ich erklärte, dass wir gerade einen zweiten Notruf erhalten hatten, dass das Boot zehn Stunden entfernt lag, aber in der entgegengesetzten Richtung. Prompt sagte Lothar, »wir müssen zu dem zweiten Schlauchboot. Oder hat die Leitstelle schon ein Schiff geschickt?« Ich zuckte mit den Achseln. »Der Mann in Rom meinte, er werde die Schiffe in der Nähe alarmieren.« Dann sagte ich, was ich gerade gedacht hatte. Dass wir unmöglich zu jedem Seenotfall fahren konnten, der uns gemeldet wurde, dass die Sea-Watch dafür leider einfach zu langsam sei. Lothar schwieg. Nach einer Weile fragte ich die anderen, was sie tun würden, und wir beschlossen – gegen den Willen von Lothar –, den Kurs auf Zuwara beizubehalten. Auf eine Regel aber legten wir uns nicht fest. Jede Sea-Watch-Crew würde selbst entscheiden müssen, wie sie sich in solchen Situationen verhält.

Eine Stunde später teilte uns ein Mitarbeiter der Rettungsleitstelle per E-Mail mit, dass das Boot nördlich von Zuwara, unser erster Seenotfall, gerettet worden war. Alle Flüchtlinge waren sicher an Bord eines Handelsschiffes und eines italienischen Marineschiffes gegangen. Ich fragte den Italiener, ob bereits jemand zu dem anderen Seenotfall unterwegs war. Er erklärte, noch kein Schiff in der Gegend gefunden zu haben. Ich wurde unruhig. War es die richtige Entscheidung gewesen, weiter nach Zuwara zu fahren? Hätten wir nicht doch Kurs auf Misrata nehmen sollen? Ich steckte mir eine Zigarette an und setzte mich auf die Holzbank am Heck unseres Kutters, wo der Motorenlärm ohrenbetäubend war und ich mit niemandem reden musste. Dort wurde meine innere

Unruhe aber noch stärker. Ich warf die Zigarette weg, nahm ein Fernglas von der Brücke und kletterte aufs Oberdeck, wo Ruben und Yannick saßen. Ohne etwas zu sagen, ließ ich mich neben den beiden nieder und starrte auf den Horizont.

Am späten Nachmittag meldete Philipp über Funk ans Oberdeck, dass wir eine E-Mail von der Leitstelle erhalten hatten. Die Bundeswehr-Fregatte »Schleswig-Holstein« hatte 142 Kilometer nördlich von Misrata 522 Menschen aus vier Schlauchbooten geborgen. »Wahrscheinlich ist der zweite Notruf von einem dieser Boote gekommen«, meinte Philipp, dem die Leitstelle auch gemeldet hatte, dass die »Bourbon Argos« von »Ärzte ohne Grenzen« vor Zuwara 300 Menschen an Bord geholt hatte. Das Schlauchboot, von dem wir vermutet hatten, dass es mit mehreren anderen unterwegs war, war also tatsächlich nicht alleine aufgebrochen.

Ich war zwar erleichtert, gleichzeitig aber immer noch unruhig. Ich hatte das Gefühl, dass unsere Mission noch nicht rund lief. Unser Schiff war langsam, daran konnten wir nichts ändern. Wir mussten uns auf unsere Stärken besinnen, um den Flüchtlingen möglichst sinnvoll zu helfen. Nur, was waren unsere Stärken? Ich dachte daran, dass wir nicht, wie andere private Rettungsschiffe, die Geretteten ans Festland bringen mussten. Wenn die Rettung von gemeldeten Schlauchbooten so reibungslos funktionierte, wie wir es an diesem Tag erlebt hatten, dann müssten wir die Boote suchen, die keinen Notruf absetzen konnten. Wir müssten uns darauf konzentrieren, ein Auge auf dem Meer zu sein, und selbst aktiv nach Schlauchbooten suchen.

Am frühen Abend klingelte erneut das Bordtelefon. Diesmal war ein Mitarbeiter der Küstenwache dran. Er meldete ein Flüchtlingsboot, das keine zehn Meilen südlich von uns in Seenot geraten war. Ein Rettungsschiff der Küstenwache sei bereits auf dem Weg, aber vielleicht könnten wir nachsehen, ob alles in Ordnung sei? Wir waren gerade dabei, Kurs auf die Position zu nehmen, als ein grauer Militärhubschrauber über uns hinwegknatterte, der in Richtung des Flüchtlingsbootes flog. Als wir wenige Seemeilen von der gemeldeten Position entfernt waren, Lothar hatte gerade mit dem Fernglas das Schlauchboot ausgemacht, tauchte am Horizont ein Boot der Küstenwache auf. Als das Schiff an uns vorbeizog, waren wir immer noch gute drei Seemeilen von dem Flüchtlingsboot entfernt. Per Funk gaben uns die Männer der Küstenwache durch, wir sollten Abstand halten. Aus der Ferne konnten wir beobachten, wie sie die Menschen aus dem Schlauchboot holten.

Die nächste Nacht und den nächsten Tag über tuckerten wir entlang der Grenze zu den libyschen Hoheitsgewässern. Wir hatten beschlossen, fast im gesamten Suchgebiet hin und her zu fahren. Als wir auf der Höhe von Zuwara angelangt waren, drehten wir um und fuhren wieder zurück in Richtung Tripolis. Doch das Meer wurde unruhiger. Offenbar war es inzwischen selbst den Schleusern zu rau geworden, es gingen keine neuen Notrufe mehr ein.

Und dann, am späten Nachmittag des folgenden Tages, wir waren fast wieder auf der Höhe von Zuwara, entdeckte Ruben vom Ausguck aus ein Boot. Es lag südlich von uns, fast noch in libyschen Hoheitsgewässern. Es sollte eine gefühlte Ewigkeit dauern, bis wir es mit der Sea-Watch erreicht hatten. Die Wellen waren in den vergangenen Stunden noch stärker geworden. Immer wieder verschwand das Boot im Wellental, sodass wir es aus den Augen verloren. Als wir uns bis auf etwa eine Seemeile genähert hatten, waren wir sicher, dass ein graues Schlauchboot vor uns lag. Es war dasselbe Modell, das wir auf den Fotos von Rettungsaktionen von

»Ärzte ohne Grenzen« und MOAS gesehen hatten. Aber wir konnten noch immer nicht ausmachen, ob Menschen an Bord waren. Peer, Lothar und Ruben stiegen ins Beiboot, das wir hinter unserem Kutter herzogen, und rasten hin. Nach fünf Minuten meldeten sie sich über Funk. »Fehlalarm«, knarzte Peers Stimme. »Das Boot ist leer.«

Wir fuhren mit der Sea-Watch zu dem Schlauchboot. Als wir es erreicht hatten, versammelte sich die Mannschaft komplett am Bug. Schweigend blickten wir hinunter. Ein Schlauch war kaputt, Wasser lief hinein. Auf dem Boden waren grobe Holzplanken verschraubt, wahrscheinlich sollten sie das wackelige Gummiboot stabilisieren. Die Schrauben standen etwa zehn Zentimeter aus den Planken hervor. Dazwischen lagen mehrere blaue Benzin-Kanister, haufenweise Schuhe, zerrissene Kleidungsstücke und ein paar leere Plastikflaschen. Die Flüchtlinge, die mit diesem Boot unterwegs gewesen waren, waren gerettet worden, dessen war ich mir sicher. Trotzdem machte mich der Anblick des Schlauchbootes traurig. Mir war plötzlich so klar wie nie zuvor, auf welche gefährliche Überquerung sich die Flüchtlinge einlassen. Mit ihren zerbrechlichen Booten konnten sie es niemals bis nach Italien schaffen. Sie waren darauf angewiesen, dass sie jemand da rausholte. Wenn sie keinen Notruf absetzen konnten, wenn kein Schiff sie fand, dann waren sie verloren. Wir mussten weiter patrouillieren. Der Kapitän nahm wieder Kurs auf Zuwara.

Etwa eine Stunde nachdem wir das Schlauchboot zurückgelassen hatten, die Sonne war gerade untergegangen, meldete unser Kapitän, dass das Wetter am kommenden Tag umschlagen werde. Angesagt wären bis zu vier Meter hohe Wellen. Wir müssten sofort nach Lampedusa zurückkehren. Ich saß mit einigen anderen im Salon, wir schälten Kartoffeln fürs Abendessen. »Wenn das Wetter so schlecht ist, dann legen auch die Flüchtlingsboote nicht ab«, sagte ich mehr zu mir selbst als zu den anderen. »Wir können dann sowieso nichts mehr tun.« Der Kapitän änderte den Kurs in Richtung Lampedusa. Ich ließ die Kartoffeln liegen, ging hinaus und setzte mich auf die Bank vor dem Steuerhaus. In der Ferne waren die Gasfackeln der Ölplattform El Bouri zu erkennen, über uns leuchteten die ersten Sterne. Ich stellte mir vor, wie glücklich sich die Menschen bei dem Anblick der Fackeln fühlen mussten, und wie verzweifelt sie sein mussten, wenn sie erkannten, dass sie sie mit ihrem Boot nie erreichen würden.

Ich zündete mir eine Zigarette an und versuchte, die Gedanken an die Flüchtlinge beiseitezuschieben. Heute war mein Hochzeitstag, vor 16 Jahren hatte ich Tanja geheiratet. Ich hatte im Laufe des Tages einige Male daran gedacht, aber nie die Muße gefunden, meine Frau anzurufen. Jetzt war dafür der richtige Moment. Ich stand auf, drückte die Zigarette in einer leeren Blechbüchse aus und bat den Kapitän, einen ruhigen Kurs zu fahren, damit ich telefonieren konnte. Tanja saß mit Moritz vorm Fernseher, gerade hatte sie die Kleinen ins Bett gebracht. Sie wollte mit mir über die Sommerferien sprechen.

»Wollen wir wieder mit dem Unimog durch Norwegen fahren? Oder einfach nach Usedom?«, fragte sie. »Mmhh«, meinte ich. »Wie ihr wollt. Ich kann gerade keine Entscheidungen treffen.« Tanja sagte, wir könnten ja nochmals darüber sprechen, wenn ich in vier Tagen zurück sei. Als sie aufgelegt hatte, saß ich noch eine Weile am Kartentisch, wo ich telefoniert hatte. Ich versuchte mir vorzustellen, dass ich in vier Tagen wieder zu Hause sein würde. Es gelang mir nicht. Berlin kam mir so weit weg vor, fast noch weiter als während unserer Weltreise. Ich legte mich schlafen. Um drei Uhr nachts hatte ich gemeinsam mit dem Kapitän die letzte Nachtwache.

Als mein Wecker klingelte, war ich sofort hellwach. Wie immer hatte ich in Klamotten geschlafen, um die anderen in unserer Vierer-Kajüte nicht zu wecken, wenn ich nachts aufstand. Vorsichtig rollte ich mich aus dem Bett und stieg über einen Berg von Kleidungsstücken, der sich vor Peers Bett ausbreitete und fast den ganzen Boden bedeckte. Als ich auf die Brücke kam, sprachen Philipp und Caro, die die vorangegangene Nachtschicht geschoben hatten, aufgeregt mit dem Kapitän, der wie immer lange vor Schichtbeginn sein Bett verlassen hatte. Sie berichteten, was in den vergangenen drei Stunden vorgefallen war.

Der Funker eines Militärschiffes hatte die Sea-Watch aufgefordert, die Search-and-Rescue-Area zu verlassen, in der sich sein eigenes Schiff befand. Caro war am Funkgerät gewesen. Der Mann hatte sich als Mannschaftsmitglied der »Triton«-Truppe vorgestellt, jener europäischen Grenzschutzmission, die »Mare Nostrum« nachgefolgt war. »Er wollte, dass wir unseren Kurs auf 60 Grad korrigieren«, sagte Caro. Sie hatte ihm geantwortet, dass das nicht ginge, weil wir dann seitlich zur Welle fahren würden und die Sea-Watch dann so stark rollen würde, dass alle aufwachen würden. »Ich habe gefragt, ob auch 30 Grad okay seien. Er fragte seinen Vorgesetzten und der war einverstanden.« Bei dem Gedanken, wie der Funker des Militärschiffes seinem Kommandanten meldet, dass die Steuerfrau der Sea-Watch den Kurs nicht ändern will, damit ihre Crew-Mitglieder weiterschlafen können, mussten alle lachen.

Den Rest der Nacht saß ich auf der Bank auf der Brücke, schaute in die Nacht und dachte nach. Der Funker hatte gesagt, dass wir sein Suchgebiet verlassen sollten. Das könnte bedeuten, dass das Schiff entlang der Flüchtlingsroute, südlich der El Bouri-Plattform, nach Seenotfällen sucht. Das war eine gute Nachricht, schließlich hieß das, dass die »Triton«-Schiffe doch nach Flüchtlingen Ausschau hielten, obwohl das offiziell gar nicht ihr Auftrag war. Vielleicht funktionierte das staatliche Rettungssystem inzwischen doch besser als gedacht? Vielleicht hatte ich mich getäuscht, und der Anti-Schlepper-Einsatz hatte doch sein Gutes? Schließlich waren damit noch mehr Schiffe im Mittelmeer unterwegs, die Menschen aufnehmen konnten. Die Gedanken beruhigten mich.

Ich ließ unsere erste Patrouillenfahrt Revue passieren. Wir hatten kein Unglück verhindern können, wir waren auch nicht zufällig auf ein Flüchtlingsboot in Seenot gestoßen und hatten nicht einmal bei einer Rettungsaktion assistiert. Das einzige Mal, als wir uns in der Nähe eines Seenotfalls befanden, war unser Schiff zu langsam gewesen. Würden wir weiterhin die Erfahrung machen, dass die Küstenwache, die Handelsschiffe, die »Triton«-Schiffe und die Schiffe der deutschen Marine so gute Arbeit leisteten? Machte es unter diesen Voraussetzungen noch Sinn, im Mittelmeer zu bleiben? War das Projekt Sea-Watch überhaupt noch notwendig? Ich musste an das zerbrechliche graue Schlauchboot denken, das wir unweit der libyschen Hoheitsgewässer gefunden hatten. Selbstverständlich würden wir unsere Mission fortsetzen. Jederzeit konnten wir auf ein Flüchtlingsboot stoßen, das kein Satellitentelefon besaß oder den Notruf zu spät abgesetzt hatte.

Kapitel 5

Sir, da ist kein anderes Schiff

»... Steuerbord voraus ... ein Schlauchboot ...« Es knackte und rauschte in der Leitung. Ich konnte nicht erkennen, wer da sprach. Aber der Anruf kam vom Bordtelefon der Sea-Watch, mit der Ingo und die zweite Crew auf Patrouillenfahrt vor der libyschen Küste waren. Ich verstand noch die Wörter: »... 100 Leute ...« Und: »... fahren jetzt hin ...« Dann brach die Verbindung ab.

Gerade war ich mit dem Lieferwagen vor unserem Berliner Laden im Bezirk Prenzlauer Berg angekommen, ich saß noch am Steuer, es war früh am Mittwochvormittag. Im Laderaum stapelten sich kistenweise neue Klamotten, die aus dem Lager ins Geschäft sollten. Der Himmel war blau, es würde ein heißer Tag werden. Aber die Kisten, der Laden und Berlin interessierten jetzt nicht mehr. Meine Gedanken waren auf der Sea-Watch. Für einen Moment fühlte es sich sogar so an, als würde der Boden unter mir wanken und die Morgensonne blenden. Genauso wie zwei Wochen zuvor, als der Motor unseres Kutters stillstand und ich seekrank auf der Brücke mit dem Fernglas den Horizont absuchte. Ich blieb im Auto sitzen und wählte die Nummer des Bordtelefons. Kein Freizeichen. Mein Herz raste. Kein Freizeichen bedeutete, dass die Satellitenanlage nicht auf Empfang war, weil das Meer dafür zu unruhig geworden war. Keine gute Voraussetzung für eine Rettungsaktion.

Drei Tage zuvor, am 5. Juli, hatte die Sea-Watch von Lampedusa abgelegt. Seither hatte ich täglich mehrmals mit der Mannschaft telefoniert. Ein jedes Mal hatten sie mir das Gleiche berichtet und damit die Erfahrung bestätigt, die wir auch schon auf unserer ersten Patrouillenfahrt gemacht hatten: dass sie wieder kein Flüchtlingsboot entdeckt haben. Vor einer Woche war ich aus Lampedusa nach Berlin zurückgekehrt. Aber noch immer hatte ich das Gefühl, nicht richtig zu Hause angekommen zu sein. Es verging kaum ein Moment, in dem ich nicht an die Sea-Watch denken musste. Am liebsten wäre ich auf Lampedusa geblieben, um auch bei der zweiten Patrouillenfahrt mitzufahren. Wie schrecklich es ist, seekrank zu sein, hatte ich verdrängt, sobald die Übelkeit verschwunden war. Ich wollte so genau wie möglich wissen, wie es der Sea-Watch auf dem Mittelmeer ergeht. Vor allem aber wollte ich herausfinden, ob die »Triton«-Schiffe tatsächlich nach Flüchtlingsbooten suchen, wie ich es mir seit meiner letzten Nacht im Einsatzgebiet erhoffte. Aber ich musste zurück nach Berlin. Ich hatte Tanja versprochen, dass ich nach der ersten Patrouillenfahrt wieder für die Familie und das Geschäft da bin. Überhaupt sollte Sea-Watch auf meiner Prioritätenliste nicht mehr ganz oben rangieren. Diesen Teil des Versprechens einzulösen, fiel mir schwer. Ich konnte das Projekt einfach nicht loslassen.

Bevor unser Skipper Ingo nach Lampedusa geflogen war, hatte ich ihn in Hamburg getroffen und ihm detailliert meine Beobachtungen und Eindrücke geschildert. Ich bat ihn, mich ebenso ausführlich über seine Erlebnisse zu informieren. Ich berichtete ihm, welche Seenotfälle uns gemeldet worden waren und wie sehr wir mit uns gerungen hatten, auch Kurs auf Flüchtlingsboote zu nehmen, die weit weg von der Sea-Watch waren. Dass die italienische Küstenwache, die Handelsschiffe und die Rettungsschiffe von »Ärzte ohne Grenzen« stets schneller vor Ort gewesen waren als wir, um Flüchtlinge zu retten, die um Hilfe gerufen hatten. Dass zwei von uns täglich auf dem Oberdeck vom Morgengrauen bis zur Dämmerung den Horizont mit Ferngläsern abgesucht haben und trotzdem kein Flüchtlingsboot entdeckt wurde. Und ich erzählte ihm von dem Vorfall mit dem »Triton«-Schiff, das uns in der letzten Nacht angefunkt und dazu aufgefordert hatte, das Operationsgebiet zu verlassen, in dem es selbst im Auftrag der europäischen Frontex-Agentur unterwegs war. Schließlich gab ich Ingo auch zu bedenken, dass das Mittelmeer möglicherweise besser abgesichert sei, als wir erwartet hatten. Beim Abschied sagte ich ihm noch, er könne mich jederzeit anrufen, auch mitten in der Nacht, wenn er meinen Rat bräuchte. Er antwortete gespielt genervt, »als ob ich das nicht wüsste«, und umarmte mich.

Seitdem die Sea-Watch unter seinem Kommando unterwegs war, bombardierte ich ihn und die Mannschaft mit Anrufen und Fragen. Wenn ich schon nicht dabei sein konnte, wollte ich zumindest telefonisch alles mitbekommen, ich wollte Rat geben und eventuelle Probleme und Konflikte beheben. Lediglich der Gedanke, dass ich auf dem Schiff nicht wirklich gebraucht wurde, dass ich die Mannschaft mit meinen ständigen Anrufen womöglich sogar stören könne, half mir ein wenig dabei, Abstand zu gewinnen. Ich wusste ja: Auch die zweite Crew war gut vorbereitet. Außerdem war Ingo nicht nur ein guter Skipper, sondern auch ein Diplomat, der Konflikte schlichten und umschiffen konnte. Ich hingegen verfügte über keinerlei nautische Erfahrung und wurde noch dazu seekrank. Mein Anliegen aber, genau Bescheid wissen zu wollen, was sich im Mittelmeer tat, gab ich trotzdem nicht auf.

Bis zu dem besagten Anruf am 8. Juli hatte ich insgeheim den Wunsch gehabt, dass die Sea-Watch lediglich als eine Art »Meer-Wache« fungierte. Dass wir Zuschauer blieben, wenn die Küstenwache, Handels- und Militärschiffe oder Hilfsorganisationen wie »Ärzte ohne Grenzen« bei Rettungsaktionen professionell vorgingen. Dass jeder Seenotfall, den wir der Leitstelle in Rom meldeten, schnell gelöst wird. Ich redete mir ein, dass es kein Zufall sein konnte, dass wir bisher weder ein Flüchtlingsboot entdeckt hatten noch bei einer Rettung assistieren mussten. Damals wollte ich noch glauben, dass die staatlich organisierte Seenotrettung im Mittelmeer inzwischen funktionierte. Schließlich hatte Bundesverteidigungsministerin Ursula von der Leyen im Mai die Seenotrettung im Mittelmeer zu ihrer Sache gemacht und erklärt, dass es eine Selbstverständlichkeit sei, den Flüchtlingen beizustehen. Ich nahm an, dass die Schiffe von Frontex zwischenzeitlich den Befehl erhalten hatten, gezielt nach Flüchtlingsbooten Ausschau zu halten, die in Notlagen geraten waren. Und tatsächlich häuften sich die Erfolgsmeldungen. So haben allein die Schiffe der deutschen Marine im Zeitraum 7. Mai bis 25. Dezember im Mittelmeer 10 528 Menschen, darunter 605 Kinder, aus Seenot gerettet.

Manchmal ertappte ich mich sogar bei dem Gedanken, dass der Wirbel um die Sea-Watch mit dafür verantwortlich sein könnte, dass es im Frühjahr 2015 am Mittelmeer voranging. Dass wir den Politikern haben zeigen können, dass das Massensterben an unserer südlichen Außengrenze verhindert werden kann. Aber jedes Mal, wenn ich mir solche Gedanken machte, rief ich mir auch in Erinnerung, dass schon viele andere vor uns auf die Missstände aufmerksam gemacht hatten, allen voran Mussie Zerai, und dass es nichts gebracht hat. Obwohl ich grundsätzlich Zweifel hatte, dass sich Entscheidendes an den Grenzen ändern würde, hatte mir Ursula von der Leyens Vorstoß Hoffnung gemacht. Der Anruf von der Sea-Watch am 8. Juli aber machte meinen Optimismus zunichte. Die Illusionen, die ich mir im Frühjahr noch gemacht hatte, erschienen mir nun naiv. Zwar hatte die EU inzwischen die Mittel für die Überwachungsmission »Triton« verdreifacht. Ihren ursprünglichen Auftrag aber, Grenzschutz vor der italienischen Küste, ebenso wenig erweitert wie das Einsatzgebiet der Militärschiffe. Ich ärgerte mich fast ein wenig über mich selbst. Selbst wenn die Crews von »Triton« inzwischen tatsächlich aktiv nach Flüchtlingen Ausschau hielten, würden sie bei der Größe des Mittelmeeres niemals alle Boote finden können.

Das alles ging mir durch den Kopf, während ich in Berlin vor unserem Laden im Lieferwagen wieder und wieder die Nummer des Bordtelefons wählte. Es gab so vieles, was ich von der Mannschaft wissen wollte. Haben sie das Schlauchboot zufällig entdeckt? Oder hatte ihnen die Seenotrettungsleitstelle in Rom oder etwa »Watch the Med« die Position übermittelt? War das Beiboot bereits bei den Flüchtlingen? Wie lief die Begegnung? In welcher Verfassung waren die Menschen? War die italienische Küstenwache oder ein anderes Schiff bereits zur Sea-Watch unterwegs, um die Geretteten aufzunehmen und an Land zu bringen? Als ich zum elften Mal auf die Wahlwiederholung drückte, ertönte endlich das Freizeichen. Ingo, der normalerweise stets souverän und kontrolliert reagiert, antwortete. Die Geschehnisse des Tages hatten ihn sichtlich berührt.

Vom Oberdeck der Sea-Watch aus hatte unsere Ärztin an Bord um neun Uhr morgens das Schlauchboot entdeckt. Es lag etwa zwei Seemeilen von unserem Kutter entfernt, der sich zu diesem Zeitpunkt nordöstlich von Tripolis befand. Da das Flüchtlingsboot immer wieder in den Wellentälern und damit aus dem Sucher des Fernglases verschwand, brauchte es eine Weile, bis sie einschätzen konnte, dass es mit etwa 100 Menschen dicht besetzt war. Ingo machte bei der italienischen Seenotrettungsleitstelle in Rom Meldung. Dabei erklärte er dem Diensthabenden am Notruftelefon, dass die Mannschaft zwar Erste Hilfe leisten, aber keine Flüchtlinge an Bord aufnehmen könne und deshalb schnellstmöglich ein größeres Schiff zur Stelle sein müsste. Dann setzte er die beiden Schiffe von »Ärzte ohne Grenzen« und das Schiff von MOAS über den Vorfall in Kenntnis, die ebenfalls in dem Gebiet unterwegs waren. Schließlich berichtete er mir noch, dass sich vor einer halben Stunde drei Crew-Mitglieder im Beiboot zu den Flüchtlingen aufgemacht hätten: der Arzt Frank, früher Geschäftsführer von »Ärzte ohne Grenzen« in Deutschland und nun ein wichtiger Sea-Watch-Vertrauter, der Rettungsassistent und Johannes. Sie sollten in Erfahrung bringen, wie es den Bootsflüchtlingen ging und was für sie zu tun sei. Bis zu ihrer Rückmeldung könnten er und die Crew nichts anderes machen, als abzuwarten. Ich wollte von Ingo wissen, ob ich die Leute bei der Seenotrettungsleitstelle und Küstenwache abermals anrufen oder mit unseren Kontaktpersonen bei MOAS und »Ärzte ohne Grenzen« sprechen sollte. Er verneinte mit Nachdruck, ich könne und müsse derzeit nichts tun, sie hätten alles im Griff. Ich bat ihn, mich wieder anzurufen, sobald er mehr wisse.

Mit wackeligen Knien ging ich in den Laden. Meine Gedanken blieben bei der Mannschaft. Was würde die Männer im Beiboot erwarten? Der Erstkontakt mit Flüchtlingen ist schwierig. Wenn etwas schiefläuft, besteht die Gefahr, dass Menschen sterben. Erst recht, wenn das Meer unruhig ist und hohe Wellen schlagen. Nach dem Gespräch mit dem

Chef der Küstenwache auf Lampedusa hatten uns dessen Mitarbeiter immer wieder gewarnt, wie risikoreich unser Vorhaben ist. Sie haben uns auf der Straße, in Bars oder beim Einkaufen angesprochen, um die eigenen Erlebnisse mit uns zu teilen und uns auf das vorzubereiten, was uns auf dem Mittelmeer erwarten würde. Sie berichteten, dass die Menschen auf den Schlauchbooten zumeist Todesängste ausstehen, insbesondere dann, wenn ein Schlauch geplatzt oder Wasser in das Boot eingedrungen ist. Oft seien sie sogar panisch. Dass die Flüchtlinge in den völlig überfüllten Gummibooten vielfach in einer Brühe aus Treibstoff, Salzwasser, Urin und Erbrochenem stehen und dass das zu schlimmen Verletzungen führen kann, insbesondere an den Beinen. Und dass die Boote, in denen sie das Meer überquerten, für die offene See überhaupt nicht tauglich sind und die Flüchtlinge so gut wie nie Schwimmwesten dabeihaben.

Ein junger Küstenwächter hatte mich frühmorgens beim Bäcker angesprochen. Wir standen gemeinsam in der Schlange vor der Theke, um Brot für das Frühstück zu kaufen. Nachdem er mich erkannt und sich vorgestellt hatte, sagte er unvermittelt zu mir, dass wir uns auf schreckliche Dinge einzustellen hätten. Noch sichtlich von den Erlebnissen gezeichnet, berichtete er mir von seiner jüngsten Ausfahrt aufs Meer. Wie Flüchtlinge aus einem wackeligen Schlauchboot ins Wasser gesprungen waren, um schneller zum Rettungsschiff zu gelangen, und dass es ganz den Anschein gehabt hatte, dass sie ertrinken, weil sie nicht schwimmen konnten. Ein anderer, dem ich im Supermarkt über den Weg gelaufen war, erzählte mir zwischen den Regalen mit den Nudelsorten bewegt von der Rettung, die er zuletzt mitgemacht hatte. Die Flüchtlinge hätten hektisch versucht, mit ihrem

Schlauchboot möglichst nahe an das Schiff der Küstenwache heranzukommen, und dabei ihr eigenes Boot zum Kentern gebracht. Sie konnten nur gerettet werden, weil er und seine Kollegen sich ins Wasser gestürzt haben.

Zwar waren die Berichte der Augenzeugen erschütternd, neu waren sie aber für uns nicht. Lange bevor wir auf Lampedusa auf der Terrasse unseres Ferienhäuschens Einsatzszenarien durchspielten, hatten wir alles gelesen, was uns über Seenotrettungen auf dem Mittelmeer in die Finger gekommen war. Immer und immer wieder hatten wir beredet, wie wir vorgehen sollten, wenn wir auf ein Flüchtlingsboot stießen. Obschon wir vor unserem ersten Einsatz zu dem Schluss gekommen waren, dass jede Rettung anders ist und deshalb keine eindeutigen Regelungen dafür existieren, hatten wir uns auf ein gewisses Prozedere geeinigt, das uns für Rettungsaktionen geeignet und am wenigsten gefährlich schien. Während ich im Laden nervös auf den nächsten Anruf von der Sea-Watch wartete und die Klamotten mechanisch aus den Kisten packte, die ich aus dem Lager mitgebracht hatte, vergegenwärtigte ich mir den Ablauf. Damit die Menschen gar nicht erst auf die Idee kommen, zum Kutter schwimmen zu können, hält die Sea-Watch zum Flüchtlingsboot einen Sicherheitsabstand von mindestens einer Seemeile. Drei Crew-Mitglieder fahren mit dem Beiboot zu ihnen, um herauszufinden, in welchem Zustand Boot und Insassen sind. Es werden Rettungswesten, gegebenenfalls auch Wasser verteilt. Sollten Verletzte, Schwangere oder Kleinkinder an Bord sein, würden wir diese an Bord der Sea-Watch bringen. Rettungsinseln sollten für den Fall ausgebracht werden, wenn ein Schlauch geplatzt war oder bereits so viel Wasser in das Flüchtlingsboot eingedrungen war, dass die Gefahr bestand, es könnte kentern. Nachdem ich das Szenario durchgespielt hatte, legte sich meine Aufregung ein wenig. Es erschien mir gut durchdacht.

Doch dann begann ich mir auszumalen, was bei einer Rettung alles schieflaufen konnte. Völlig entkräftete Menschen können kollabieren und ins Wasser stürzen – und zwar noch bevor sie die Rettungsweste anhaben. Panisch geworden, könnten die Menschen versuchen, unser Beiboot zu stürmen und dabei sich und unsere Crew in Gefahr bringen. Mein Puls beschleunigte sich bei diesen Gedanken. Ich drückte meine Handballen gegen meine Schläfen und verbat mir weitere Schreckensszenarien. Es brachte nichts und lenkte mich nur von der Arbeit ab, die ich heute noch zu tun hatte. Viele E-Mails mussten beantwortet und einige Telefonate erledigt werden. Statt mir auszumalen, was bei einer Bergung alles passieren kann, wollte ich die Nachrichten von der Crew abwarten. Natürlich gelang es mir kaum, meine Gedanken von der Sea-Watch abzuwenden. Weil ich einfach nicht bei der Sache war, brauchte ich für die anstehende Arbeit doppelt so lange wie gewöhnlich.

Erst nach dem Mittagessen hörte ich wieder von der Sea-Watch. Ich saß gerade vor dem Computer und versuchte, E-Mails von Kunden und Produzenten zu beantworten. Da piepte mein Handy. Ingo hatte ein Foto geschickt. Darauf zu sehen war ein hellgraues Schlauchboot, keine zehn Meter lang, auf dem sich dicht an dicht Flüchtlinge drängten. Die Männer, die auf den Schläuchen saßen, trennte nur eine Handbreit Gummi vom Wasser. In ihren Gesichtern stand Angst. Alle an Bord wirkten irgendwie panisch. Während ich die Aufnahme wie hypnotisiert betrachtete, klingelte mein Telefon. »Wir haben es geschafft«, rief Ingo voller Freude. »Die Menschen sind gerettet, es geht ihnen gut.« Ich ließ mich in meinen Bürostuhl zurückfallen. »Warte einen

Moment«, sagte Ingo, dann legte er den Hörer beiseite. Ich hörte, wie er etwas auf Englisch sagte. Danach konnte ich eine brabbelnde Kinderstimme vernehmen, die direkt in den Hörer zu sprechen schien. »Ich bin gleich wieder bei dir, Harald.« Offenbar hatte Ingo dem Kind den Hörer wieder aus der Hand genommen. »Ich muss kurz etwas prüfen. Blondie wird dich solange unterhalten«, sagte er lachend. »Sie ist vier. Wir haben sie gemeinsam mit einem Baby, ihrer kleinen Schwester, und der Mutter an Bord genommen.« Nachdem er zurückgekommen war, berichtete er mir, wie die Rettung verlaufen war. Sie hatten das Schlauchboot in einer relativ stabilen Lage vorgefunden und deshalb auf den Einsatz von Rettungsinseln verzichtet. Die Menschen, die erst in der vorherigen Nacht von einem Strand in der Nähe von Tripolis aufgebrochen waren, waren allesamt in recht guter Verfassung. Allerdings hätten sie sich überhaupt nicht darüber gefreut, als das Beiboot der Sea-Watch in ihre Sichtweite gekommen war. Sie hätten wohl gedacht, es würde zur libyschen Küstenwache gehören. Ein Afrikaner, offensichtlich ihr Wortführer, hätte unseren Männern entgegengerufen: »Wir sterben lieber hier auf dem Meer, als zurück nach Libyen zu gehen.« Es dauerte eine Weile, bis Frank ihnen klarmachen konnte, dass sie keine Libyer sind, sondern ihnen helfen wollten, bis ein größeres Schiff gekommen war, um sie sicher an Land zu bringen.

Als sich die Flüchtlinge davon überzeugt hatten, dass wir Hilfe leisten wollten, fragte Frank sie, ob Verletzte an Bord seien. Woraufhin ihm ein Baby und ein Kleinkind gereicht wurden, eben jenes Mädchen, das vor Kurzem mit mir gesprochen hatte. Sie entschieden, auch die Mutter der Kinder an Bord zu nehmen. Zu sechst kehrten sie zur Sea-Watch zurück, um den Rest der Crew über die Lage zu informieren und Trinkwasser für die Flüchtlinge zu besorgen. Nachdem Mutter und Kinder sicher an Bord und die Wasserflaschen geladen waren, fuhr das Beiboot zum Schlauchboot zurück. Beim Verteilen der Eineinhalb-Liter-Flaschen kam es zu kleineren Rangeleien. Mancher dachte wohl, nichts mehr abzubekommen, andere konnten es nicht abwarten, an eine Wasserflasche zu kommen. Nachdem sie alle Wasserflaschen ausgegeben hatten, die an Bord des Beibootes waren, warteten sie gemeinsam mit den Flüchtlingen auf die Ankunft des Rettungsschiffes, das sich inzwischen zu ihnen auf den Weg gemacht hatte. In der prallen Sonne hätte Johannes, der seine Kappe auf der Sea-Watch vergessen hatte, beinahe einen Sonnenstich bekommen. Wasser vor den Menschen zu trinken, die noch immer durstig waren, habe er nicht gewagt. Er befürchtete, dass neue Tumulte ausbrechen könnten. Eineinhalb Stunden später war die »Bourbon Argos« vor Ort, eines der beiden Schiffe von »Ärzte ohne Grenzen«, die sich in der Nähe befunden hatten. Ihre Mannschaft brachte ein großes Schlauchboot aus, und zwei Mitarbeiter halfen den Flüchtlingen in Gruppen zum Rettungsschiff. Solange blieben unsere Männer mit dem Beiboot noch in der Nähe. Nachdem alle Flüchtlinge sicher an Bord waren, musste noch die Mutter mit ihren beiden Kindern zur »Bourbon Argos« gebracht werden. Danach wollte die Crew wieder aufbrechen, um an der Grenze zur libyschen 24-Meilen-Zone zu patrouillieren.

Ich war erleichtert, irgendwie sogar euphorisch. Wir hatten die erste Rettung gemeistert! Unser Plan war aufgegangen! Ich klappte den Rechner zu. An Büroarbeit war nach diesen Neuigkeiten überhaupt nicht mehr zu denken. Die restlichen E-Mails würde ich am nächsten Tag schneller beantworten, und alles wirklich Dringliche hatte ich bereits erledigt. Ich beschloss, den Tag mit meinen Söhnen zu verbringen, wir würden zum See fahren. Ich rief Tanja an, die beim Einkaufen war, und erzählte ihr begeistert, dass die Mannschaft Menschen aus Seenot gerettet hatte, dass aus unserer Idee Realität geworden war. Ich merkte, wie erleichtert sie über diese Nachricht war. Dann meinte ich zu ihr, dass ich mich nicht mehr auf die Arbeit konzentrieren könne, dass wir alle gemeinsam an den See fahren sollten. Tanja fand, das sei eine gute Idee. Zusätzlich zu den Einkäufen wollte sie für unseren spontanen Familienausflug noch eine Wassermelone besorgen.

Auch in den nächsten Tagen konnte ich mich kaum auf meine Arbeit konzentrieren. Solange die Sea-Watch im Einsatz war, beschleunigte sich bei jedem Anruf mein Puls. Jederzeit war mit der Nachricht zu rechnen, dass die Crew abermals Flüchtlinge gefunden hatte. Um keinen Anruf zu verpassen, ließ ich mein Smartphone in diesen Tagen nicht aus dem Auge. Vielleicht brauchten sie mich ja? Meine Söhne zogen mich schon auf, ich sei süchtig nach meinem Handy. Andererseits waren sie aber auch ein bisschen stolz auf das, was wir mit dem Projekt schon alles erreicht hatten. Jedenfalls hörten sie mir immer gebannt zu, wenn ich von den Ereignissen auf dem Mittelmeer erzählte.

Ab sofort kam von der Sea-Watch fast täglich die Nachricht, dass sie auf Flüchtlingsboote gestoßen seien. Nach der ersten erfolgreichen Bergung hatten sie beschlossen, nördlich von der libyschen Hafenstadt zu patrouillieren. Dabei haben sie immer wieder die Position nordöstlich von Tripolis angepeilt, an der sie am 8. Juli das Schlauchboot entdeckt hatten, und stießen dort tatsächlich immer wieder auf voll besetzte Boote. Da der Mast die Satellitenanlage abschirmte, wenn der Kutter in Richtung Osten schipperte, fuhren sie nachts auf Ost-Kurs, um damit sicherzustellen, dass Bordtelefon und Internet einwandfrei funktionieren. Vor Sonnenaufgang nahm das Schiff dann wieder Kurs gen Westen. Allein bei der zweiten Ausfahrt vor der libyschen Küste hat die Mannschaft 600 Menschen gerettet. Insgesamt haben wir im Sommer 2015 mehr als 2000 Flüchtlingen aus seeuntüchtigen Schlauchbooten geholfen.

Allerdings verliefen die Rettungen nur noch selten so problemlos wie die erste. Bei der zweiten Rettungsaktion musste die Mannschaft von Ingo genau das erleben, wovon die Küstenwächter so oft gesprochen hatten. Als die Beiboot-Crew Rettungswesten verteilte, bemerkten sie, dass ein Schlauch des Gummibootes geplatzt war und die Menschen bereits im Wasser standen. Die Mannschaft brachte zwei Rettungsinseln aus. Allerdings stellte sich heraus, dass der Motor des Beibootes zu schwach war, um die schweren Inseln zum Flüchtlingsboot zu schleppen, das eine gute Seemeile von unserem Kutter entfernt war. Sie entschieden, die Insel mit der Sea-Watch in die Nähe der Flüchtlinge zu bringen. Da nicht mehr als sechs Personen gefahrlos auf dem Beiboot Platz hatten, wurden die Flüchtlinge in Dreier-Gruppen von zwei Crew-Mitgliedern zu den Rettungsinseln gebracht. Sie brauchten über eine Stunde, bis alle 95 Insassen des Gummibootes in Sicherheit waren. Nachdem sie an die Flüchtlinge Wasserflaschen und Rettungsdecken zum Schutz vor der sengenden Sonne verteilt hatten, mussten sie über sechs Stunden auf das Rettungsschiff der Küstenwache warten, das die Menschen an Land bringen sollte. Die Ankunft verzögerte sich so lange, weil die Küstenwächter den ganzen Tag über mit anderen Rettungsaktionen zu tun hatten. Von den beiden Schiffen von »Ärzte ohne Grenzen« konnte sich die Crew ebenfalls keine Unterstützung erwarten, da deren

Boote noch in den Häfen lagen, wohin sie am Vortag Flüchtlinge gebracht hatten.

Andere Rettungsschiffe, die der Crew und den Flüchtlingen im Gummiboot hätten beistehen können, waren offensichtlich nicht in der Nähe. Auf dem Monitor, der das AIS-Signal mit Position, Kurs und Geschwindigkeit der umgebenden Schiffe anzeigt, seien jedenfalls keine zu sehen gewesen, berichtete mir Ingo, als wir abends miteinander telefonierten. »Diese Menschen wären ertrunken, wenn wir nicht da gewesen wären, wenn wir ihr Boot nicht zufällig entdeckt hätten.« Er sprach kontrolliert, aber seine Wut war unüberhörbar. »Es ist unfassbar, dass die ganzen Militärschiffe, die hier herumfahren, den Flüchtlingen nicht helfen«, sagte er. Er schwieg einen Moment, schließlich erklärte er: »Es ist so absurd, dass diese Menschen ihr Leben riskieren, weil sie nach Europa wollen.« Mir wurde immer klarer: Nichts war gut im Mittelmeer. Mein Glaube, es könne ein gut funktionierendes staatliches Rettungssystem existieren oder zumindest aufgebaut werden, hatte überhaupt keine Basis. Tags darauf brachen meine allerletzten Illusionen gänzlich in sich zusammen.

An diesem Tag entdeckte der Rettungsassistent frühmorgens vom Ausguck aus ein Schlauchboot, das sich gerade noch in libyschen Hoheitsgewässern befand. Durch das Fernglas sah er, dass es seltsam schlaff im Wasser lag. Er befürchtete, dass es kurz vorm Sinken war. Die Absicht, zur libyschen 24-Meilen-Zone strikt Abstand zu halten, warf die Crew über Bord. Für sie war es selbstverständlich, den Menschen zu Hilfe zu eilen. Drei Mann machten sich mit dem Beiboot zu dem Schlauchboot auf. Es war tatsächlich schon am Sinken und mit 100 Menschen dicht besetzt. Wieder saßen die Männer auf den Schläuchen, noch mehr Männer, Frauen und Kinder drängten sich im Fußraum. Über das Schiffsheck trat Wasser ein. Später berichtete mir die Mannschaft, dass das pfeifende Geräusch, mit dem die Luft aus dem Schlauch entwich, deutlich zu hören gewesen war. Zwischen den Flüchtlingen standen einige Benzinkanister, die offensichtlich leckten. Der Sprit hatte sich mit Salzwasser und Urin zu einem ätzenden Gemisch verbunden, das sogar der Besatzung im Beiboot, das ja einige Meter entfernt war, in den Augen brannte.

Die Stimmung an Bord war angespannt. Als sich unser Beiboot ihnen näherte, begannen die Flüchtlinge heftig miteinander zu diskutieren. Offenbar fürchteten sie ebenfalls, wir würden zur libyschen Küstenwache gehören. Nur mit Mühe konnten die Menschen beruhigt werden. Wahlweise auf Englisch und Französisch wiederholten unsere Männer immer wieder, dass sie helfen wollten. Nachdem sich die Flüchtlinge etwas beruhigt hatten, machten sie, soweit das auf dem überfüllten Boot überhaupt möglich war, eine kleine Schneise und damit den Blick auf einen Bewusstlosen frei, der im Inneren des Schlauchbootes auf dem Boden lag. Frank erklärte ihnen, dass wir den Mann erst bergen könnten, wenn alle anderen das Boot verlassen hätten. Beim Transport der Flüchtlinge zu den ausgebrachten Rettungsinseln stellte sich heraus, dass es viele weitere Verletzte unter ihnen gab. Vier Männer hatten gebrochene Handgelenke, einer einen gebrochenen Oberarm, ein anderer eine gebrochene Hüfte. Viele wiesen Wunden an den Handgelenken auf, die sich entzündet hatten. Die Flüchtlinge berichteten, dass die Schleuser ihre Hände mit Kabelbindern gefesselt hätten, bevor sie mit einem Lieferwagen zum Strand gebracht wurden, wo das Schlauchboot ablegen sollte. Weil sie sich nicht festhalten konnten, wären beim Aussteigen einige gestürzt.

Nachdem alle Flüchtlinge auf Rettungsinseln in Sicherheit waren, begab sich Frank mit unserem Mechaniker an Bord des Schlauchbootes, um den Verletzten auf einer Trage zu bergen und mit dem Beiboot zur Sea-Watch zu bringen. Dort hatte der Rest der Crew den Tisch im Salon bereits freigeräumt. Sie schnallten die Trage darauf fest, und Frank untersuchte den Mann. Er vermutete, dass er innere Blutungen hatte, wahrscheinlich eine Folge von Tritten. Ihm wurden Infusionen und Schmerzmittel verabreicht. Ingo informierte die Leitstelle in Rom und die Schiffe von »Ärzte ohne Grenzen«, dass wir einen Schwerverletzten an Bord hatten und der Mann innerhalb von zwölf Stunden operiert werden müsse, anderenfalls bestünde Gefahr für sein Leben. Trotzdem dauerte es ganze sechs Stunden, bis Schnellboote der Küstenwache eintrafen. Ob der Bewusstlose seine schweren inneren Verletzungen überlebt hat, sollten wir nie erfahren. In keinem einzigen Fall hat uns die Küstenwache über das Schicksal der Menschen informiert, denen wir beigestanden haben. Später erfuhren wir, dass die Mitarbeiter von »Ärzte ohne Grenzen« und MOAS mit den Flüchtlingen keinen Kontakt hielten, die sie an Land gebracht hatten. Sie hielten bewusst Distanz – auch zum Selbstschutz.

Noch etwas gab uns bei dieser Rettungsaktion zu denken. Während Frank den Verletzten im Salon versorgte und sich die Crew um die Flüchtlinge auf den Rettungsinseln kümmerte, meldete der diensthabende Offizier der Seenotrettungsleitstelle in Rom auf der Sea-Watch einen weiteren Notfall. Das Schlauchboot sei lediglich zwei Seemeilen nördlich von uns entfernt, wir sollten auf der Stelle hinfahren. Skipper Ingo, der den Anruf angenommen hatte, erklärte, dass die Sea-Watch den Seenotfall unmöglich übernehmen könne, da sich die Mannschaft mitten in einem komplizierten Rettungseinsatz befinden würde. Da die Funkverbindung schlecht war, verstand der Offizier den zweiten Teil der Aussage offensichtlich nicht. Er erwiderte, dass seine eigenen Leute momentan alle mit aufwendigen Operationen beschäftigt waren. Dann rief er: »Da ist auch kein anderes Schiff, Sir! Sie müssen dahin und den Leuten helfen!« Den Satz »da ist kein anderes Schiff« wiederholte er mehrmals und wurde dabei immer wütender. Erst nach einer Weile konnte Ingo ihm verständlich machen, dass unsere Crew gerade ein anderes Flüchtlingsboot in Seenot versorgt und die Sea-Watch nicht die nötigen Kapazitäten hat, um Flüchtlinge an Bord zu nehmen. Erst danach beruhigte sich der Offizier wieder. Da Ingo bekannt war, dass die Rettungsschiffe von »Ärzte ohne Grenzen« und MOAS mit anderweitigen Einsätzen beschäftigt waren, wollte er von dem Küstenwächter wissen, was denn mit den »Triton«-Schiffen sei, was mit den Fregatten der Bundeswehr? Die könnten doch sehr schnell bei dem Flüchtlingsboot sein? Abermals sagte der Offizier, diesmal resigniert: »Sorry, Sir, there is no other ship.« Dies sollte auch bei unseren weiteren Fragen nach Militärschiffen die übliche Antwort bleiben. »Es ist kein anderes Schiff da.«

Was mit den Menschen auf dem Schlauchboot in Seenot passiert ist, sollten wir am Nachmittag erfahren, als die sizilianische Küstenwache nach sechs Stunden Wartezeit endlich bei der Sea-Watch eingetroffen war, um die Flüchtlinge aus unseren Rettungsinseln zu holen und den Schwerverletzten aufzunehmen. Auf dem Weg zu unserer Einsatzstelle hatten die Küstenwächter die Menschen im Schlauchboot geholt. Demnach hatte der diensthabende Offizier in Rom tatsächlich kein anderes Schiff erreicht, das den Flüchtlingen hätte Hilfe leisten können. Wäre ihr Boot in einem schlechteren Zustand gewesen, etwa wenn ein Schlauch geplatzt gewesen wäre, dann wären die Menschen mit großer Wahrscheinlichkeit ertrunken.

Offiziell war das Mittelmeer im Sommer 2015 so gut gesichert wie nie zuvor. Allein 18 Schiffe, zwei Hubschrauber und vier Flugzeuge waren unseres Wissens damals im Auftrag der Europäischen Union zwischen Spanien und Griechenland unterwegs. Die EU-Mission »Triton« aber, das stand für uns nach dem Vorfall mit dem Offizier der Küstenwache fest, war – entgegen offizieller Verlautbarungen – keine Rettungs-, sondern eine Grenzschutzmission. Gerettet wurde offensichtlich nur, wenn ein »Triton«-Schiff zufällig auf ein Flüchtlingsboot gestoßen war oder sich unweit eines Seenotfalls befand und von der Seenotleitstelle mit der Rettung beauftragt wurde. Militärschiffe, die weiter weg waren, standen offenbar bei Notfällen generell nicht zur Verfügung. Andernfalls hätte der diensthabende Offizier doch sicherlich eines abkommandiert? Da die »Triton«-Schiffe mehr als 30 Knoten in der Stunde machen, hätte eines binnen kurzer Zeit bei den Menschen im Schlauchboot sein können. Obwohl von offiziellen Stellen erklärt worden war, auch nahe der libyschen Hoheitsgewässer zu operieren, wo die meisten Flüchtlingsboote in Seenot geraten, sind wir dort, abgesehen von der Begegnung in der letzten Nacht, nie auf ein »Triton«-Schiff gestoßen.

Da mir die »Sorry, Sir, there is no other ship«-Aussage des Küstenwachen-Offiziers keine Ruhe ließ, rief ich den Pressesprecher der Bundeswehr an. Es war die einzige Nummer, die ich auf der Webseite der Bundeswehr gefunden hatte. Ich fragte ihn, wo die Fregatten der deutschen Marine am 11. Juli gewesen seien, wieso sie nicht für Seenotfälle zur Verfügung stünden und nicht auf Notrufe reagieren würden. Er erklärte mir weitschweifig, dass er lediglich für Journalisten zuständig sei und mir keine Auskünfte erteilen könne. Auch nach langem Suchen konnte er keinen Ansprechpartner ausfindig machen, bei dem Besatzungsmitglieder ziviler Seenotrettungsschiffe telefonisch Informationen einholen können. Da ich nicht lockerlassen wollte, bat ich einen befreundeten Journalisten, dem Bundeswehr-Pressesprecher meine Fragen zu stellen. Dessen Antwort lautete, dass die Schiffe sehr wohl im Mittelmeer gewesen seien, auch an dem besagten 11. Juli. Wo genau sie sich zu diesem Zeitpunkt befunden hatten, konnte er nicht sagen. Ebenso wenig, wieso sie nicht für die Seenotrettung zur Verfügung stünden, sosehr ihn mein Bekannter auch zu einer Antwort drängte. Der Pressesprecher sagte nur, dafür gäbe es sicherlich gute Gründe. Erst später konnte ich der Webseite der Bundeswehr entnehmen, dass die deutschen Marineschiffe seit dem 30. Juni 2015 der EU-NAVFOR-MED-Mission unterstellt waren. Demnach lautet ihr Auftrag also gar nicht Seenotrettung, sondern Aufklärung und Bekämpfung der Schleppernetzwerke. Widersprach das nicht dem Versprechen der Verteidigungsministerin Ursula von der Leyen, die sich im Mai 2015 noch für Seenotrettungseinsätze der deutschen Marine stark gemacht hatte?

Da Ingo die Aussage des Küstenwachen-Offiziers ebenfalls keine Ruhe ließ, sprach er mit Mitarbeitern auf den Schiffen von »Ärzte ohne Grenzen«, die seit Längerem im Mittelmeer unterwegs waren. Sie bestätigten unsere Vermutung, dass sich Militärschiffe rarmachten. Die Auskunft der Leitstelle, dass kein anderes Schiff in der Nähe sei, kam ihnen ebenfalls bekannt vor. Als mir Ingo von den Gesprächen berichtete, konnte er seine Wut kaum unterdrücken. Er und der Rest der Crew hätten sich so schrecklich gefühlt, als sie von der Leitstelle erfahren hatten, dass nur zwei Seemeilen von ihnen entfernt Menschen auf einem instabilen Schlauchboot sitzen, das jeden Moment sinken konnte. Es sei entsetzlich für sie gewesen, dass sie nichts für die Flüchtlinge tun konnten und dass auch sonst niemand ihnen zur Hilfe kam. »Uns waren die Hände gebunden. Wir mussten doch warten, dass ein Schiff die Menschen auf unseren Rettungsinseln abholt«, sagte er. »Die Stunden vergingen, und es kam einfach niemand.«

Ich musste daran denken, wie ich mich während der ersten Patrouillenfahrt gefühlt habe, als wir auf dem Weg zu einem Flüchtlingsboot waren, das nördlich von Zuwara in Seenot geraten war, und auf der Strecke von einem weiteren Notfall in der Nähe von Misrata erfahren haben. Obwohl mir bewusst war, dass beide Boote viel zu weit von unserer Position entfernt waren, fühlte ich mich schrecklich. Die Ohnmacht, nichts für die Menschen in Not tun zu können, machte mich wütend. An diesem Tag wurde mir zwar klar, dass wir endlich im Mittelmeer angekommen waren, dort aber nur wenigen Menschen würden helfen können. Es brauchte aber lange, bis ich mich tatsächlich mit dem Gedanken abfinden konnte, nicht für alle da sein zu können. Wenn ich mich schon so entsetzlich gefühlt hatte, obwohl die beiden Notfälle so weit weg von der Sea-Watch lagen, wie musste sich dann erst die Crew nach diesem Erlebnis fühlen? Sie hatten Menschen nicht helfen können, obwohl deren Boot lediglich eine Viertelstunde von unserem Kutter entfernt war.

Als ich darüber nachdachte, wie es meinen Mitstreitern ging, fiel mir ein, dass evangelische Seelsorger in den nächsten Tagen auf Lampedusa erwartet wurden. Harald, der Manager unseres Basis-Camps, kannte das Team von einem gemeinsamen humanitären Einsatz her. Er hatte ihnen von seinem Engagement für Sea-Watch berichtet, und sie boten ihm seelsorgerische Unterstützung für die Zeitpunkte an, an denen unsere Crews jeweils wechselten. Schließlich war nicht auszuschließen, dass Crew-Mitglieder während der Einsätze traumatische Erlebnisse hatten. Die Kosten dafür würde die evangelische Kirche übernehmen. Ich selbst wäre niemals auf die Idee gekommen, Seelsorger zu engagieren. Anfangs war ich mir auch nicht sicher, ob wir das Angebot überhaupt annehmen sollten. Nun aber war ich froh, dass Ingos Crew bei ihrer Rückkehr nach Lampedusa die Möglichkeit hatte, mit psychologisch geschulten Gesprächspartnern über ihre Erlebnisse und Gefühle zu sprechen.

Nach der zweiten Patrouillenfahrt war ich mir sicher: Politiker kümmerte das Schicksal der Flüchtlinge im Mittelmeer nicht. Sie entsandten Militärschiffe, um herauszufinden, wie Flüchtlinge aufzuhalten sind, und nicht, um Menschen vor dem Ertrinken zu bewahren. Und obwohl sie ihren Tod wissend in Kauf nahmen und massenhaftes Sterben Bestandteil der europäischen Politik war, stellten sie sich öffentlichkeitswirksam zumeist als Lebensretter dar. Sie sprachen von »Search and Rescue Operations«, von Rettungseinsätzen, obwohl sie Aufklärungs- und Grenzschutzoperationen meinten. Wenn Bundeswehrsoldaten Flüchtlinge gerettet hatten, wurde ein medialer Hype daraus gemacht. Fast alle Agenturen, Redaktionen und Sender gaben die offizielle Meldung wieder, ohne sie in den Kontext zu stellen. Für die, die über die Lage am Mittelmeer nicht Bescheid wussten, musste es tatsächlich so aussehen, als wären deutsche Marineschiffe permanent im Rettungseinsatz. Mich ärgerte auch, dass deutsche Politiker EUNAVFOR MED als einen Anti-Schlepper-Einsatz verkauften. Auch das war ein kluger, öffentlichkeitswirksamer Schachzug.

Indem sie die Aufmerksamkeit auf die Schlepper lenken

und diese für das massenhafte Sterben im Mittelmeer verantwortlich machen, verschleiern sie ihre eigene Rolle. Schließlich treibt die europäische Politik die Flüchtlinge doch erst in die Arme der Schleuser. Solange es keine legalen Wege nach Europa gibt, so lange werden Flüchtlinge auf Schleuser angewiesen sein. Kein Mensch kann beispielsweise in Damaskus in ein Flugzeug steigen, um in Frankfurt um Asyl zu bitten. Schleuser machen deshalb gute Geschäfte, weil sie die Einzigen sind, die die erforderliche Logistik für die Flucht vor Krieg, Folter, Verfolgung oder Elend bieten. Dass sie den Tod von Menschen in Kauf nehmen, um die Gewinne zu steigern, ist letztlich doch nur ein durchaus üblicher Auswuchs des Kapitalismus. Ist es unmoralischer, daran zu verdienen, dass Menschen vor Kriegen und Armut fliehen, als mit solchen Waffen Geld zu verdienen, die eben diese Kriege und Konfliktherde befeuern, vor denen so viele Menschen fliehen?

Immerhin stellten damals viele Journalisten den Politikern kritische Fragen zu EUNAVFOR MED. Was können Kriegsschiffe gegen Schlepper ausrichten? Sollen Soldaten auf Flüchtlingsboote schießen, die sich in internationalen Gewässern befinden, weil vermutet wird, dass Schlepper an Bord sind? Sieht die EU mit dem Bürgerkriegsland Libyen ein Abkommen vor, damit Schleppernetzwerke zerschlagen werden können, die in libyschen Hoheitsgewässern agieren? Andere wichtige Fragen, die uns umtrieben, wurden allerdings nicht gestellt. Soll der Mann, der im Flüchtlingsboot am Steuer sitzt und selbst Flüchtling ist, als vermeintlicher Schlepper verhaftet und eingesperrt werden? Will die EU Libyen Geld bezahlen, damit die libysche Küstenwache Menschen von der Flucht abhält?

Ich halte EUNAVFOR MED für eine gefährliche Mission,

die lediglich einige oberflächliche Symptome kuriert. Sehr viel richtiger wäre es, die Ursachen der Flucht zu bekämpfen und die Missstände in den jeweiligen Heimatländern anzugehen. So viel steht für mich fest: Die europäische EUNAVFOR-MED-Mission hilft den Menschen auf der Flucht nicht. Den Politikern geht es nur darum, die europäische Außengrenze abzusichern, damit nicht noch mehr Flüchtlinge zu uns kommen. Allerdings werden sich die Menschen nicht abhalten lassen, auch nicht von noch höheren und noch dickeren Mauern. Egal, wie groß die Gefahr auch für sie ist, ihr Leben auf der Flucht zu verlieren. Das war mir klar nach allem, was ich zu dem Thema gelesen und gehört hatte, und nach allem, was wir bisher auf dem Mittelmeer erlebt hatten. Noch dazu musste ich in der DDR selbst die Erfahrung machen, was es für einen Menschen bedeutet, hinter einer Mauer zu leben, die den Weg zu einem besseren, freieren und selbstbestimmteren Leben versperrt. Wäre die Berliner Mauer im November 1989 nicht gefallen, wäre ich in den Westen geflohen. Niemals hätte ich mich davon abhalten lassen, diese Grenze zu überwinden, selbst wenn ich mein Leben dabei riskiert hätte.

Sea-Watch war ein wichtiges, ein notwendiges Projekt. Wir mussten ein wachsames Auge auf See sein. Da sein, um den Menschen in Seenot zu helfen. Darüber hinaus mussten wir den Menschen zu Hause berichten, was wir auf dem Mittelmeer erlebten. Es ging darum, die Gesellschaft aufzurütteln, damit die Politik reagierte. Wir wollten sie durch unser eigenes Handeln überzeugen. Durch Taten demonstrieren, dass man etwas tun kann und die vielen Toten nicht hinzunehmen braucht. Dass es unsere humanitäre Pflicht ist, etwas gegen das massenhafte Sterben an der europäischen Außengrenze zu tun. Jedem sollte klar werden, dass die Politik versagt, indem sie Menschen über die lebensgefährliche Mittelmeerroute zwingt. Selbst wenn staatliche Programme zur Seenotrettung in Angriff genommen werden sollten, würden Menschen ihr Leben im Mittelmeer riskieren. Unser Projekt würde erst dann nicht mehr notwendig sein, wenn legale Fluchtwege eingerichtet wurden. Die einzige politische Lösung, die sicherstellen kann, dass keine Menschen mehr auf dem Weg zu uns sterben müssen, sind legale Wege.

Seit meiner Rückkehr von der ersten Patrouillenfahrt wuchs mein Wunsch, abermals bei einem Einsatz mitzumachen. Nach allem, was ich von Ingo und anderen Crew-Mitgliedern gehört hatte, wollte ich selbst erleben, wie Rettungsaktionen abliefen. Ich wollte dabei sein, wenn die Sea-Watch-Crew Menschen aus wackeligen oder gar defekten Schlauchbooten holt, und erleben, wie die Zusammenarbeit mit anderen Rettungsschiffen funktioniert. Ich nahm mir die Crew-Listen vor. Für die siebte, die wahrscheinlich letzte, Ausfahrt der Sea-Watch Ende September waren bislang lediglich sechs Kräfte eingeteilt: ein Kapitän, ein Bootsmann, ein Mechaniker, ein Arzt, ein Rettungsassistent, eine Fotografin. Damit waren die wichtigen Funktionen besetzt. Theoretisch konnte ich mitfahren.

Kapitel 6

Die Herbststürme kommen

Mit dem Schlauchboot rasten wir auf einen hellen Punkt im dunkelblauen Meer zu. Das Dröhnen des Motors rauschte in meinen Ohren. Bei jeder Welle hoben wir für Augenblicke ab; ich meinte zu fliegen. Wenn wir unsanft aufs Wasser zurückknallten, hinab ins tiefe Wellental, war der helle Punkt nicht mehr zu sehen, auf den wir zusteuerten. Bis zur nächsten Welle. Salzwasser spritzte uns ins Gesicht, auf die Arme und die Kleidung. Die Sonne stand noch tief vor uns im Osten, wärmte die Luft aber schon auf weit über 20 Grad. Es war halb sieben Uhr morgens, und wir befanden uns mit fast 30 Knoten auf dem Weg zu einem Flüchtlingsboot, und ich sollte erstmals dabei sein. Damit das Auf und Ab des Schlauchbootes meine Wirbelsäule nicht zu stark belastete, hatte ich jeden Muskel meines Körpers angespannt. Natürlich auch, weil ich aufgeregt war angesichts dessen, was uns erwarten würde. Im Kopf hatte ich die Begegnung mit Flüchtlingen auf hoher See zwar schon tausend Mal durchgespielt, und Sea-Watch-Mitstreiter hatten mir die Situation ebenfalls mehrfach detailliert beschrieben. An meiner Nervosität änderte das nichts. Ich saß ganz vorne, mir gegenüber Robel, der Arzt an Bord der Sea-Watch, und Federica, eine italienische Fotografin, die unsere Mission begleitete. Am Steuer stand Karl Heinz, unser Mechaniker, der gleichzeitig Rettungsassistent war. Neben ihm lagen zwei große weiße

Pakete mit je 100 Rettungswesten. Er war der Einzige von uns, der schon Erfahrung bei der Rettung von Menschen gesammelt hatte, die in Seenot waren.

Je weiter wir uns von der Sea-Watch entfernten, desto deutlicher war ein graues Schlauchboot zu erkennen, das überladen schien. Als wir schließlich Männer erkennen konnten, die auf dem Schlauch saßen, Frauen, die sich im Inneren drängten, drosselte Karl Heinz die Geschwindigkeit, bis der Motor leise tuckerte. Wenige Meter trennten uns noch, und wir kamen sekündlich näher. Bald fixierten uns etwa 100 Augenpaare, und ich war mir nicht sicher, ob die Menschen erleichtert waren, uns zu sehen, oder ob sie Angst vor uns hatten. Als wir noch weiter auf das Boot zufuhren, setzte ich vorsichtshalber eine besonders freundliche Miene auf. Doch je näher wir kamen, desto überzeugter war ich, dass die Flüchtlinge nicht wussten, was sie von uns halten sollten. Ich lächelte unbeirrt weiter. Fünf Meter vor dem Boot brachte Karl Heinz unser Schlauchboot zum Halten.

Als ich noch überlegte, wie ich die Flüchtlinge begrüßen sollte – »willkommen in Europa« oder vielleicht besser »wir wollen euch helfen«? –, da wurden die Menschen auf dem Flüchtlingsboot unruhig. Sie wandten ihre Gesichter von uns ab und begannen, leise miteinander zu tuscheln. Ab und zu ließen sich ein paar lautere Stimmen vernehmen. Ich dachte mir, dass sie diskutierten: wer wir waren, ob sie uns vertrauen konnten. Um Zweifel auszuräumen, rief ich auf Englisch: »Wir wollen euch helfen!« Doch meine Worte gingen im anschwellenden Gemurmel unter. Es schien fast so, als hätten sie uns vergessen. »Hey!«, rief ich. Niemand reagierte. Dafür erhoben sich noch mehr laute Stimmen. »Hey!«, schrie ich abermals. »Beruhigt euch!« In diesem Moment sprang ein junger Mann auf, der auf dem Schlauch gesessen hatte. Er schrie etwas zu den anderen. Die Unruhe nahm zu, und das voll besetzte Boot begann gefährlich zu schwanken. Alle schauten auf den jungen Mann, der zu einem älteren im Inneren des Bootes getreten war. Beide sahen einander wütend an. Der Ältere erwiderte etwas. Die Umstehenden mischten sich ein, und sofort war eine laute Diskussion im Gang.

Wie gelähmt hatte ich den Vorfall beobachtet, der sich binnen Sekunden abspielte. Hilfe suchend wandte ich mich den anderen auf unserem Schlauchboot zu, die das Geschehen ebenfalls konzentriert verfolgten. Auch sie schienen sich nicht sicher zu sein, ob ein Streit im Gange war, der mit uns nichts zu tun hatte, oder ob sich die Menschen nicht einig werden konnten, was sie von uns zu halten hatten. Ich wandte mich ihnen wieder zu und setzte zu einem neuen Versuch an, ihre Aufmerksamkeit zu gewinnen. »Beruhigt euch!« Noch während ich das rief, versetzte der junge Mann dem Älteren einen Hieb vor die Brust. Sofort machte sich eine große Unruhe unter den Flüchtlingen breit. Die Stimmung schien zu kippen. »Hey, hey, hey!«, rief ich. »Not fighting!« Keiner reagierte. »Dann lassen wir euch eben alleine«, drohte ich. Karl Heinz reagierte prompt. Unser Motor heulte auf, und binnen weniger Sekunden lagen wir etwa 100 Meter von dem Flüchtlingsboot entfernt. »Was meint ihr? Was können wir tun?«, fragte ich die anderen, während ich die Menschen nicht aus den Augen ließ. Robel meinte, er wolle ihnen auf Französisch zu verstehen geben, dass wir ihnen helfen wollten, dass sie sich aber erst einmal beruhigen müssten. Vielleicht hatten sie uns einfach noch nicht verstanden? Als wir uns dem Boot abermals näherten, hatte sich der Tumult gelegt. Der junge Mann saß zusammengesunken vorne auf dem Schlauch, das Gesicht in seinen Handflächen verborgen. Die anderen sahen uns stumm an. Sie wirkten ängstlich und skeptisch.

Wir stoppten unser Boot fünf Meter von ihnen entfernt. Robel erläuterte ihnen auf Französisch, dass wir ihnen helfen wollten und dass wir das nur tun könnten, wenn sie sich ruhig verhielten. Die Flüchtlinge blieben stumm. Ich bezweifelte, dass sie Robel verstanden hatten, und wenn ja, ob sie ihm glauben würden. Als sich abermals Unruhe unter ihnen breitmachte, rief ich auf Englisch: »Wer ist euer Boss?« Als keine Antwort kam, wandte ich mich an einen Mann, der beim Außenborder saß und sich bisher an den Rangeleien nicht beteiligt hatte. »Du, sag den Leuten, dass wir ihnen nur dann helfen können, wenn sie ruhig bleiben.« Er schaute mich ernst an und nickte kaum merklich. Um meine Aussage zu bekräftigen, drückte Karl Heinz abermals aufs Gas, und wir entfernten uns von ihnen. Aus der Ferne konnten wir beobachten, dass sich der Mann, den ich angesprochen hatte, von seinem Sitz erhob und auf die anderen einredete.

Um fünf Uhr morgens, die Sonne war noch nicht aufgegangen, hatte sich ein Mitarbeiter der italienischen Seenotleitstelle auf unserem Bordtelefon gemeldet und die Position des Flüchtlingsbootes durchgegeben. Es lag nur wenige Seemeilen südöstlich von uns. »Seenotfall!«, schallte es in den Schiffsbauch, wo ich und die anderen noch fest schliefen. Am Vorabend war ich seekrank geworden. Geschwächt hatte ich mich in die Viererkoje zurückgezogen. Als ich mich jetzt aus meinem Lager rollte, war die Übelkeit aber zum Glück weg. Wenige Minuten später standen alle im Salon parat, die Rettungswesten hatten wir bereits an. Nur 30 Stunden zuvor waren wir von Lampedusa aufgebrochen, um Kurs auf Tripolis im Westen von Libyen zu nehmen. Von dort waren zuletzt die meisten Notrufe gekommen. Es war Ende September, der Herbst kündigte sich bereits an. Das Meer war unruhiger als noch wenige Wochen zuvor, und der Wind blies wieder stärker. Es war die siebte Patrouillenfahrt der Sea-Watch, und ich war nach dem ersten Einsatz wieder dabei. Unmittelbar nach der zweiten Fahrt, bei der Ingo und seine Crew Hunderten von Menschen geholfen haben, hatte ich den Wunsch geäußert, nochmals bei einer Patrouillenfahrt dabei sein zu wollen. Obwohl ich keine nautischen Kenntnisse besitze und schon bei meinem ersten Einsatz mit der Seekrankheit zu kämpfen hatte, waren alle einverstanden gewesen.

Als wir uns im Salon versammelt hatten, war die Sea-Watch bereits auf Kurs. So schnell als möglich tuckerte sie in Richtung Flüchtlingsboot. Unser Kapitän verteilte die anstehenden Aufgaben. Ich sollte gemeinsam mit dem zweiten Rettungsassistenten auf dem Oberdeck den Horizont mit dem Fernglas absuchen. Die anderen verblieben im Salon, wo sie unsere Meldung, dass wir das Boot gesichtet hatten, abwarten würden. Wir entdeckten es am Horizont nahezu zeitgleich. Es befand sich etwa vier Seemeilen von uns entfernt. Kaum hatten wir die Meldung auf die Brücke gefunkt, stoppte der Kapitän die Maschine und ließ dann das Beiboot flottmachen. Zu meiner großen Freude forderte er außer Karl Heinz, Robel und Federica auch mich auf, ihn bei der Rettung zu begleiten. Endlich ging mein Wunsch in Erfüllung, bei einer Rettungsaktion dabei sein zu können. Ich hatte zwar eine Menge darüber gehört, war aber noch nie dabei gewesen. Meine Neugierde war riesig auf das, was nun auf uns zukommen würde.

Als wir dann nahe bei dem grauen Schlauchboot lagen, war alles vergessen, was ich über Bergungen gehört und mir dazu zurechtgelegt hatte. Meine Gedanken waren bei den

Menschen, die sich etwa 100 Meter entfernt von uns in einem wackeligen Boot drängten und sichtlich nervös waren. Ich wollte schnellstmöglich zu ihnen zurückkehren, sie sollten gar nicht erst auf den Gedanken kommen, wir würden sie alleine lassen. Der Mann am Außenborder, den wir zu unserem vermeintlichen Ansprechpartner erkoren hatten, redete weiterhin eindringlich auf die anderen ein. Alle blieben stumm, auch die beiden Männer, die vor einigen Minuten noch aufeinander losgegangen waren. Wir besprachen die Lage. Das Schlauchboot war überladen, wie alle anderen Schiffe auch, denen wir bisher begegnet waren. Die Schläuche schienen intakt. Wenn die Flüchtlinge sich ruhig verhielten und das Schiff der MOAS, das sie nach Italien bringen sollte, bald zur Stelle wäre, könnten sie auf dem Schlauchboot bleiben und wir bräuchten keine Rettungsinseln auszubringen. Verletzte oder stark Geschwächte wollten wir zur Sea-Watch übersetzen, die eine gute Seemeile von uns entfernt lag. Wir verabredeten, zuallererst die Rettungswesten an die Bootsflüchtlinge zu verteilen und die Zeit zu nutzen, mit ihnen zu sprechen und die weiteren Schritte zu klären.

Karl Heinz lenkte unser Beiboot zurück zu den Flüchtlingen, die uns immer noch verzweifelt, aber nicht mehr ganz so skeptisch entgegenschauten wie noch zuvor. Unser Kontaktmann rief uns zu, sie wollten sich jetzt ruhig verhalten und kooperieren. »Wir kommen jetzt zu euch, um euch mit Rettungswesten zu versorgen«, erklärte Robel, währenddessen ich mich daranmachte, die beiden Pakete mit den Westen aufzureißen. Abermals wandte sich der Mann am Außenborder an die anderen. Dann nickte er uns zu, woraufhin wir mit dem Bug zum Heck des Schlauchboots fuhren, so konnten die Flüchtlinge unser Boot nicht entern. Ich reichte unserem Ansprechpartner einige Westen. Er gab sie an seine

Hintermänner auf dem Schlauch weiter. Von dort wanderten die Schwimmwesten so lange durch die Menschenreihen, bis auch jene damit versorgt waren, die ganz vorne am Bug saßen. Alle schlüpften sofort hinein. Je mehr Rettungswesten an Bord waren, desto entspannter wurde die Stimmung unter den Flüchtlingen. Einige lächelten uns sogar zaghaft zu. Als sämtliche Westen verteilt waren, demonstrierte ich auf Englisch und mit unmissverständlichen Gebärden ihren Gebrauch.

Als die Westen weitergereicht wurden, hatte sich eine kleine Schneise gebildet, sodass ich mir einen Eindruck von der Situation der Menschen verschaffen konnte, die keinen Platz auf und neben den Schläuchen gefunden hatten. Sie standen dicht aneinandergedrängt, Frauen, Männer und einige Kinder. In der Mitte war es so eng, dass man sich dort nicht hinsetzen konnte. Der Gedanke, dass die Menschen seit ihrer Abfahrt aus Libyen stehen mussten, erschütterte mich. Sollte ihr Boot – wie es damals üblich war – gegen Mitternacht losgefahren sein, standen sie inzwischen seit nahezu acht Stunden. Eine Tortur, allemal bei der Hitze. Wir hatten keine Zeit zu verlieren. Die Gefahr war groß, dass die ersten Menschen vor Schwäche kollabieren könnten. Und bald würde es noch heißer werden. Als wir uns versichert hatten, dass alle ihre Westen geschlossen hatten, beredeten wir für den Fall, dass das Rettungsschiff länger auf sich warten ließ, doch eine Rettungsinsel auszubringen. »Wir können die Leute keinesfalls länger stehen lassen«, meinte ich zu meinen Gefährten, die stumm nickten. Auch sie hatten erkannt, in welcher Notlage sich die Menschen in der Mitte des Schlauchbootes befanden. Dann fragte ich den Mann, den wir zum Anführer erklärt hatten, wie es ihnen auf dem Schlauchboot ginge, ob es Verletzte an Bord gäbe und ob jemand unter ihnen sei, der sich nicht gut fühlen würde. Er lächelte schwach. Schließlich antwortete er leise, »we're ok«, und dann rief er ganz laut, »thank you!« Auch andere Flüchtlinge, die sich in seiner Nähe befanden, nickten uns anerkennend zu. Selbst von vorne ließen sich »Thank you!«-Rufe vernehmen. Ich lächelte unsicher, Robel, Federica und Karl Heinz sahen ebenfalls beschämt aus. Sollte ich ihnen sagen, dass sie sich bei uns nicht zu bedanken brauchten? Dass wir vielmehr Mitgefühl mit ihnen hatten, weil sie sich solchen Gefahren aussetzen mussten, da es für sie keine andere Möglichkeit gab, nach Europa zu gelangen? Ich sagte nichts und lächelte verlegen.

Das Funkgerät auf unserem Beiboot knackte. Der Kapitän der Sea-Watch hatte gute Nachrichten für uns. Die »Phoenix« von MOAS sei auf dem Weg und voraussichtlich in einer Stunde bei uns. Ich war erleichtert, so lange würden es die dicht gedrängten Flüchtlinge im Stehen noch aushalten. Wir müssten auch keine Wasserflaschen unter ihnen verteilen. Eine Entscheidung, die wir getroffen hatten, um abermalige Rangeleien unter den sichtlich aufgebrachten und nervösen Menschen auszuschließen. Ich funkte zurück, dass wir bei den Flüchtlingen bleiben würden. »Wo kommt ihr her?«, wollte ich von ihnen wissen. Die Antworten kamen zögerlich. Erst nach einigen Sekunden meldete sich jemand zu Wort. Der junge Mann ließ mich wissen, dass die meisten aus Ghana stammten. Dabei lächelte er schüchtern. Ein anderer meinte, er sei aus Uganda. Daraufhin schallten mir Namen von weiteren afrikanischen Ländern entgegen: Senegal, Gambia, Mali, Sudan, Kenia. Da sie mich dabei allesamt freundlich ansahen, traute ich mich, ihnen weitere Fragen zu stellen. Ich wollte wissen, was sie von Beruf seien. Sie erwiderten prompt: Schreiner, Fischer, Händler, Bauern.

Ich fragte nach ihrem Leben in der Heimat. Sie berichteten, dass es kaum Arbeit gäbe, dass es schwierig sei, Geld zu verdienen, dass sie ihre Familien kaum ernähren könnten und dass sie sich mehr vom Leben erwarteten und deshalb nach Europa wollten. Ein junger Mann erklärte auch, dass sie sich nach Frieden sehnen würden. Afrika sei ein gefährliches Pflaster, niemand sei dort sicher, außer denjenigen, die gerade an der Macht waren. Er erzählte, dass ihn eine Gruppe Milizionäre monatelang in Libyen festgehalten habe und er wie ein Sklave in einer Ziegelei schuften musste, um sich freizukaufen. Ein anderer berichtete, dass ein Freund von ihm auf dem Weg durch die libysche Wüste von einem Soldaten erschossen worden war. Dass viele flüchtende Frauen in Libyen zur Prostitution gezwungen würden und zumeist erst dann freikämen, wenn sie schwanger waren. Wir hatten viele Schwangere auf den Flüchtlingsbooten angetroffen. Sie erwarteten also keine Kinder von ihren Ehemännern, sondern von libyschen Milizionären?

Von einem Kenianer wollte ich wissen, warum er seine Heimat verlassen habe. Ich selbst hatte das Land zwar noch nie bereist, aber Bekannte hatten mir berichtet, dass Kenia ein sehr fortschrittliches Land sei, in dem es den Menschen gut gehe. Mit gedämpfter Stimme gab er mir zu verstehen, dass er am Fuß des Kilimandscharo ein Auskommen als Bauer gehabt hätte. Die Gegend sei immer sehr fruchtbar gewesen, der Schnee auf den Gipfeln habe das ganze Jahr über für ausreichend Wasser gesorgt. Doch dann hätten sie begonnen, rund um den Kilimandscharo riesige Rosenfarmen anzulegen und dafür das Schmelzwasser abgezweigt. Für ihn und die anderen Kleinbauern in der Gegend sei Wasser immer knapper geworden, schließlich hätten sie vom Ertrag ihrer Äcker nicht mehr leben können. Er habe dann versucht, sich in der Hauptstadt Nairobi durchzuschlagen, doch auch dort nicht genug verdient, um sich und seine Familie ernähren zu können. Als Bauer habe man in der kenianischen Hauptstadt keine Chance. Schließlich habe er keinen anderen Ausweg mehr gewusst und sich von Verwandten das Geld geborgt, um die Reise nach Europa anzutreten. Ich musste schlucken. Wie naiv ich doch gewesen war, dem Bericht meiner Bekannten Glauben zu schenken. Schließlich wollte ich noch von ihm wissen, wie viel er für die Fahrt bezahlt habe. »400 Euro für die letzte Etappe der Reise.« Wie alle anderen sprach er von Reise, und nicht von Flucht.

Die Stimmung unter den Menschen wurde immer gelöster. Schließlich wollte ein Mann von mir wissen, wo wir herkämen. Als ich antwortete, dass wir aus Deutschland seien, ging ein Raunen durch die Menge. Einer rief »Germany is good!«, ein anderer »Merkel ist good!« Ein Dritter erklärte, dass er unbedingt nach Deutschland wolle. Bei seinen Worten nickten die Umstehenden heftig. Alle waren sich einig, sie würden lieber sterben, als zurück in ihre Heimatländer gehen. Dass ich sie so reden hörte, war mir unangenehm. Was sollte ich ihnen antworten? Dass die Bundeskanzlerin Flüchtlinge zwar willkommen hieß, dass aber andererseits in Deutschland über die Zuwanderungspolitik heftig gestritten wurde? Sollte ich ihnen etwa sagen, dass ein kenianischer Bauer in Europa ebenfalls nur wenige Chancen hat? Dass sie sich auf lange Wartezeiten einstellen mussten, bis sie überhaupt in Erfahrung bringen würden, ob sie bleiben durften? Dass sie während dieser Zeit nicht arbeiten und keine Ausbildung beginnen dürfen? Dass sie in Flüchtlingsheimen, gegebenenfalls sogar in Notunterkünften ohne jegliche Privatsphäre, untergebracht werden? Oder etwa, dass viele afrikanische Länder in Deutschland als sichere Herkunftsländer gelten und dass Abschiebeabkommen existieren, so mit Senegal und Gambia?

Unwillkürlich musste ich an Demba denken, einen 18-Jährigen aus Gambia, den die Sea-Watch-Crew bei ihrem fünften Einsatz aus einem sinkenden Schlauchboot geholt hatte. Kurz vor meiner Teilnahme an der Patrouillenfahrt hatte er uns über Facebook eine Nachricht zukommen lassen, dass er mit uns in Verbindung bleiben wolle. Es war das erste Mal, dass sich ein Flüchtling nach seiner geglückten Rettung bei uns meldete. Zwar hatten wir uns erhofft, mit den Menschen Kontakt halten zu können, die wir geborgen hatten, gelungen war uns das bisher jedoch nicht. Entweder war die Zeit während einer Rettungsaktion zu knapp oder die Lage zu angespannt, um Kontaktdaten austauschen zu können. Auch die Journalisten, die uns an Bord begleiteten, hatten es nicht vermocht, an Namen und Handynummern von Flüchtlingen zu kommen. Umso größer war meine Freude, als Demba sich meldete. Offensichtlich hatte er während der Bergung irgendwo den Namen der Sea-Watch entdeckt und ihn sich gemerkt. Auf den Rettungswesten, die wir damals verteilt haben? Auf der Flagge unseres Kutters? Auf den T-Shirts der Mannschaft? Er begann, die Statusmeldungen auf unserer Facebook-Seite zu kommentieren. Immer wieder schrieb er dort, dass Sea-Watch die beste Mission der Welt sei, dass er uns für seine Rettung unendlich dankbar sei und dass er uns niemals vergessen würde. Auf seiner eigenen Profilseite legte er als Hintergrundbild sogar das Sea-Watch-Logo fest.

Das Boot, auf dem Demba mit vielen anderen in Richtung Italien unterwegs gewesen war, hatten wir Ende August nahe Tripolis ausgemacht. Es sollte der größte Einsatz werden, den die Sea-Watch-Crew im vergangenen Jahr durchgeführt hat. Demba berichtete uns später, dass er Todesängste ausgestanden habe und die Crew-Mitglieder ihm wie Helden vorgekommen seien. Nach der Rettung wurden die Bootsflüchtlinge von der Küstenwache nach Sizilien gebracht. Von dort kam Demba einige Tage später nach Florenz, wo er gemeinsam mit vielen anderen Afrikanern in einem Flüchtlingslager untergebracht wurde. Da er in Italien keine Perspektive für sich sah, träumte er von Deutschland. Er schrieb uns, dass die meisten Afrikaner, denen er in Florenz begegnet war, illegal als Straßenverkäufer arbeiteten. Sie würden gefälschte Sonnenbrillen, Handtaschen, Strandtücher oder Raubkopien verkaufen, die sie zuvor in den Industriegebieten von Chinesen für viel Geld erstanden hatten. Andere würden schlecht bezahlte Jobs auf dem Schwarzmarkt, auf dem Bau, in Fabriken oder in der Landwirtschaft machen und der Willkür ihrer Arbeitgeber ausgeliefert sein. Ihren mageren Lohn erhielten sie häufig gar nicht. Aus Angst, den Job zu verlieren, würden sie sich nicht trauen, das Geld einzufordern. Im Allgemeinen würden die Italiener Afrikaner wie Aussätzige behandeln und keinen Kontakt zu ihnen unterhalten wollen. In Deutschland, so habe er gehört, sei alles anders. Dort würde es gute Arbeit geben, und die Menschen seien freundlich und korrekt.

Bislang hatte ich Demba nicht geantwortet. Ich wusste einfach nicht, was ich ihm hätte schreiben sollen. Ich musste an die Menschen denken, die mit Deutschland sicherlich ähnlich trügerische Hoffnungen verbinden. An die Menschen aus Osteuropa, die mit Zeitverträgen zu unmenschlichen Bedingungen und für Hungerlöhne auf dem Bau oder in Fabriken schuften. An die Afrikaner, die in den vergangenen Jahren in Berlin und in anderen Städten für die Rechte der Asylbewerber auf die Straße gegangen waren. Die globale Gerechtigkeit, Menschlichkeit, Selbstbestimmung und Verständnis eingefordert und kaum etwas erreicht hatten. Schließlich dachte ich an all die Artikel, Berichte und Dokumentarfilme über die Ursachen der Flucht, die ich in den vergangenen Monaten gelesen und gesehen hatte. Dass die Europäer eine Mitschuld tragen, wenn Menschen ihren Heimatländern den Rücken kehren. Sie fliehen einerseits vor Waffen, die europäische, darunter auch deutsche, Firmen liefern, und andererseits, weil sie in ihren Ländern kein wirtschaftliches Auskommen mehr haben. Europäische Fischfangflotten fischen seit vielen Jahren vor den Küsten Westafrikas die Meere leer, vor allem vor dem Senegal und vor Gambia. In vielen Staaten Afrikas erschweren EU-Importe die wirtschaftliche Entwicklung. Hochsubventionierte europäische Agrarkonzerne verkaufen tiefgekühlte Geflügelreste aus Deutschland, Tomatenmark aus Italien oder Milchpulver aus Dänemark tonnenweise so billig nach Afrika, dass die importierte Ware vielfach günstiger ist als das Angebot, das auf dem Kontinent selbst produziert wird. In Ghana beispielsweise ging der Anteil der heimischen Tomaten gemäß der Welternährungsorganisation FAO in den vergangenen Jahren stetig zurück. Gleichzeitig stiegen die Importe von ausländischem Tomatenmark zwischen 1998 und 2013 um das 34-Fache. Viele Bauern in Ghana haben ihre Felder aufgegeben und ihre Heimat verlassen. Bisweilen landen sie nach ihrer Flucht dann als Erntehelfer in spanischen oder italienischen Gewächshäusern. Dort müssen sie unter oftmals unmenschlichen Bedingungen dann häufig genau jene Tomaten ernten, die in ihre Heimat exportiert werden. Und – es wird noch schlimmer kommen. Vor Kurzem haben die westafrikanischen Staaten und die Europäische Union ein Handelsabkommen unterzeichnet, das den Import von ausländischen Waren noch mehr erleichtern soll.

Mir kamen die Worte des evangelischen Pfarrers in den Sinn, den ich Ostern auf Malta getroffen hatte, als ich dort unser Basislager aufbauen wollte. »Die Menschen sterben nicht nur durch Kugeln, sondern auch an Hunger, und das schmerzt viel stärker.« Warum machen wir überhaupt zwischen Kriegs- und Wirtschaftsflüchtlingen einen Unterschied, und zwar so, als würde es »richtige« und »falsche« Flüchtlinge geben? Menschen, die aus ökonomischen Gründen ihre Heimat verlassen, so lautet die unterschwellige Botschaft dann, hätten kein Recht, bei uns zu bleiben. Ob wir angesichts der vielen Menschen, die in den vergangenen Monaten nach Deutschland gekommen waren, unsere Haltung ändern und mehr Verständnis für ihre Lage entwickeln? Sosehr ich auch darauf hoffte, sowenig konnte ich daran glauben.

Allein in Deutschland haben im vergangenen Jahr 1,1 Millionen Flüchtlinge Zuflucht gesucht. Und täglich machen sich weitere auf den Weg nach Europa. Der größte Anteil kommt aus Syrien zu uns, wo seit nahezu fünf Jahren ein erbitterter Bürgerkrieg herrscht. Die meisten wählen den Seeweg, inzwischen immer häufiger über die Ägäis, weil dieser Weg kürzer und scheinbar nicht ganz so gefährlich ist wie der über das zentrale Mittelmeer, wo viele Menschen ihr Leben bereits lassen mussten. Von der türkischen Küste geht es zu den griechischen Inseln, vor allem nach Lesbos und Kos. Von dort reisen die Menschen, die vielfach aus dem Nahen Osten stammen, offiziell auf der Fähre nach Athen, von da weiter über den Balkan. Mit dem Bus nach Mazedonien, mit dem Zug nach Serbien und von dort weiter in den Norden. Über die Balkanroute, die 2014 noch kaum frequentiert wurde, kamen im vergangenen Sommer die meisten Flüchtlinge nach Europa. Ständig waren damals in den Medien Bilder von einem endlos erscheinenden Treck grauer, verzweifelter Menschen zu sehen. Häufig waren die Artikel mit Titeln wie »Der Ansturm«, »Die Flut« oder »Völkerwanderung« überschrieben, und das Wort »Flüchtlingskrise« nahm in allen Berichten überhand. Zwischen den Zeilen konnte man immer wieder lesen, dass die vielen Flüchtlinge eine Bedrohung darstellen. Ich dachte mir dabei immer: Nicht für uns ist es doch eine Krise, sondern für die Menschen, die zu uns kommen. Für unsere Gesellschaft kann es doch eine Chance sein.

Während die europäischen Regierungen darüber stritten, wie man die Flüchtlinge verteilt, hießen die Deutschen sie willkommen. Viele engagierten sich aus freien Stücken bis zur körperlichen und psychischen Erschöpfung. Auf den Bahnhöfen, wo die Menschen ankamen, in den Unterkünften, wo Essen, Kleidung und andere Bedarfsartikel verteilt wurden, oder bei der Berliner Asylbehörde Lageso, der Erstregistrierungsstelle, die komplett überfordert war. Die ehrenamtlichen Helfer begleiteten Flüchtlinge bei Behördengängen, betreuten Minderjährige und unterstützten sie dabei, sich mit der Sprache und den Gepflogenheiten in unserem Land vertraut zu machen. Die Hilfsbereitschaft war enorm und die Spendenbereitschaft überwältigend. Natürlich gab es auch welche, die skeptisch waren oder sogar Vorurteile und Vorbehalte hatten. Immer wieder brannten Flüchtlingsunterkünfte, und die Gewalt gegen Flüchtlinge nahm 2015 leider dramatisch zu. Spätestens nach den Trickdiebstählen und sexuellen Übergriffen auf Frauen in der Silvesternacht in Köln und anderen Städten scheint die Stimmung in Deutschland gespalten. Konservative Politiker befeuern das Misstrauen, um Wahlkampf zu machen. Die AfD, die Europa komplett abschotten möchte, gewinnt an Zustimmung. Und Angela Merkel, die sich in der Flüchtlingskrise von Anfang an klar positioniert und sich stets gegen eine Obergrenze für Asylsuchende ausgesprochen hat, verliert immer mehr an Boden. Auch in den eigenen Reihen werden die Forderungen nach einem Kurswechsel mit dem Ziel immer lauter, die Zuwanderung zu begrenzen. Inzwischen scheint die Position der Kanzlerin in ganz Europa keine Anhänger mehr zu haben. Selbst liberale Stimmen üben unverhohlen Kritik, dass sie mit ihrer Willkommenspolitik falsche Signale setzt. Auch ich ärgere mich bisweilen über die Haltung der Kanzlerin. Nicht weil ich meine, dass Angela Merkel dafür verantwortlich ist, dass die Menschen zu uns kommen wollen. Sondern weil zu wenig unternommen wird, um die Ursachen der Flucht zu bekämpfen.

Europa reißt die Mauern nicht etwa ein, wie ich es mir im November 2014 noch erhofft hatte, als mir anlässlich des 25. Mauerjubiläums die Idee für Sea-Watch gekommen war. Im Gegenteil. Es entstehen ständig neue Grenzen. So haben Schweden und Dänemark im Januar 2016 wieder Grenzkontrollen eingeführt, um den Zuzug von Flüchtlingen einzudämmen. Österreich plant zur selben Zeit, Flüchtlinge an seiner Grenze zu Slowenien abzuweisen. Mazedonien hat seine Grenze zu Griechenland geschlossen, und die Balkanländer Serbien, Kroatien und Slowenien wollen nur noch solche ins Land lassen, die nach Österreich und Deutschland weiterziehen. Auch der ehemalige bayerische Ministerpräsident Edmund Stoiber plädiert inzwischen dafür, die Grenze zu Österreich dichtzumachen. Ungarn errichtete im September 2015 einen hohen und schwer bewachten Zaun, um Flüchtlinge abzuhalten. Bei einem Massenansturm an den spanischen Nordafrika-Enklaven Ceuta und Melilla, die seit den 1990ern mit meterhohen Zäunen umgeben sind, starben im Dezember 2015 sogar erstmals Flüchtlinge.

Jetzt auf dem Mittelmeer, als wir auf die Ankunft der »Phoenix« warteten, war mir klar: Je stärker Europa seine Grenzen vor den Flüchtlingen schützt, desto mehr sind sie auf gefährliche Routen und skrupellose Schlepper angewiesen. Gleichzeitig hatte ich die Befürchtung, dass diejenigen von ihnen, die den riskanten Weg nach Europa geschafft hatten, es zukünftig noch schwerer haben werden. Zu den Männern auf dem Schlauchboot sagte ich das nicht. Ich wollte ihre Zuversicht und ihre Hoffnung nicht trüben. Aber vielleicht würden sie mir auch gar nicht glauben, wenn ich ihnen von Schwierigkeiten oder Ressentiments erzähle? Sicherlich hatten sie schon unzählige Berichte über Flüchtlinge gehört, die Schlechtes erlebt hatten oder sogar gescheitert waren. Vermutlich hielten sie sich sowieso lieber an die Erfolgsgeschichten. Woher sonst auch sollte ihre Motivation kommen, schließlich setzen sie auf der Flucht ihr Leben aufs Spiel. Und dann dachte ich, wie arrogant ich doch bin, dass ich so über sie denke. Die Menschen sind nicht so naiv. Angesichts der miserablen Bedingungen, die in ihren Herkunftsländern herrschen, haben sie keine andere Alternative. Europa war definitiv besser für sie. Außerdem gab es kein Zurück mehr für sie. Die Flucht hatte sie und ihre Familien eine Menge Geld gekostet. Zurückgebliebene Freunde, Bekannte und Verwandte setzten hohe Erwartungen in sie. Auf keinen Fall konnten sie in ihre Heimat zurückkehren. Als Hoffnungsträger sowieso nicht. Warum sollte ich ihnen also in diesem Moment, in dem zudem weiterhin die Gefahr bestand, das Schlauchboot könne kentern, von den Schwierigkeiten erzählen, die noch auf sie warteten?

Stattdessen fragte ich die Männer, was sie von Deutschland wussten. »Bayern München!«, antwortete einer. Es folgten Namen von Fußballern, die ich zwar schon einmal gehört hatte, aber keiner Mannschaft zuordnen konnte. Während wir uns über Fußball unterhielten, tauchte endlich die »Phoenix« am Horizont auf. Das weiß-blaue Schiff der privaten Rettungsmission MOAS ist schneller als die Sea-Watch und fast so gut ausgerüstet wie die Schiffe der Küstenwache. Ich zeigte darauf: »Es wird euch nach Italien bringen.« Entgegen meiner Erwartung verdüsterten sich die Gesichter der Männer. »Sind da Polizisten an Bord? Werden sie unsere Fingerabdrücke nehmen?«, fragte einer. Sie schauten mich ängstlich an. Einer sagte laut: »Wir wollen nicht in Italien bleiben.« Mir war klar, dass sie das Dublin-Abkommen fürchteten, das unter anderem regelt, dass Asylbewerber in dem Land registriert werden, in welchem sie die Europäische Union betreten haben. Faktisch bedeutet es für viele Flüchtlinge Abschiebung und Elend. Zwar hat die EU-Kommission inzwischen angekündigt, die unzeitgemäße Verordnung überarbeiten zu wollen – die Aussichten auf Erfolg sind aber mäßig. Ich zuckte ratlos die Schultern. Einmal wieder wusste ich nicht, was ich ihnen entgegnen sollte. Sollte ich antworten, dass auf der »Phoenix« keine Polizisten sind, was der Wahrheit entsprach? Dafür aber an Land, dass die Polizei im Hafen auf sie warten würde? Dass sie zunächst registriert und dann in Aufnahmelager gebracht werden? Sie würden vorerst in Italien bleiben müssen. Egal, ob sie wollten oder nicht.

Unweigerlich musste ich an Erlebnisse denken, die ich auf Lampedusa gehabt hatte. Einige Male war ich dabei gewesen, als die Küstenwache Gerettete an Land brachte. In ihren Augen vermeinte ich, eine Mischung aus Hoffnung, Skepsis und Angst zu erkennen. Das dortige Aufnahmelager habe ich ebenfalls aufgesucht. Hinter einem löchrigen Zaun saßen die Menschen apathisch in der Sonne. Als sie mich erblickten, wollten sie von mir wissen, wie lange sie noch bleiben müssten. Alle wollten weiter nach Nordeuropa ziehen. Ich erfuhr auch, dass es immer wieder zu Protesten gegen die unmenschlichen Zustände gekommen war, die im Lager herrschten. Einige Male wurde Feuer gelegt. Und der italienische Journalist Fabrizio Gatti, der sich 2006 als vermeintlicher Flüchtling in das Aufnahmelager eingeschleust hatte, berichtete sogar von Erniedrigungen durch diensthabende Soldaten. In Anbetracht der Situation tat ich jetzt allerdings so, als wüsste ich nicht, was die Menschen auf dem Schlauchboot erwartete. Ich war froh, dass die »Phoenix« nahe gekommen war und die Gelegenheit für Gespräche vorbei war. Der Steuermann stoppte das Rettungsschiff ein paar 100 Meter vom Schlauchboot entfernt. Die Mannschaft brachte das Beiboot aus und hielt dann Kurs auf die Gestrandeten, um alle sicher aufzunehmen. An Bord der »Phoenix« gelangten die Flüchtlinge über eine Öffnung in der Bordwand und nicht, wie zumeist üblich, über eine Leiter. Obwohl für sie damit so gut wie keine Gefahr bestand, ins Wasser zu fallen, blieben wir so lange vor Ort, bis alle sicher an Deck waren. Dann kehrten wir auf unserem Beiboot zur Sea-Watch zurück, die in einem Sicherheitsabstand von einer knappen Seemeile von uns entfernt lag.

Am Vordeck war Karl Heinz gerade dabei, von einem Crew-Mitglied der »Phoenix« die Rettungswesten entgegenzunehmen, die wir den Flüchtlingen ausgehändigt hatten, als das Bordtelefon klingelte. Erneut meldete sich die Seenotrettungsleitstelle in Rom. Wieder war ein Schlauchboot mit Flüchtlingen in unserer Nähe in Schwierigkeiten. »Beeilt euch«, meinte der Diensthabende, »den Menschen scheint es nicht gut zu gehen. Einige sollen sogar bewusstlos sein.« Um keine Zeit zu verlieren, entschieden wir uns, mit dem

Beiboot statt mit der schwerfälligeren Sea-Watch zu ihnen zu fahren. Robel, Philipp und ich nahmen diesmal im Beiboot Platz und rasten los. Als wir uns dem Schlauchboot, das nur wenige Meilen südlich von unserer Ausgangsposition lag, genähert hatten, drosselte Philipp die Geschwindigkeit. Aus der Entfernung konnten wir deutlich erkennen, dass ein Schlauch geplatzt war und die Lage für die Menschen an Bord noch viel schlimmer war, als wir angenommen hatten.

Ihr Boot war ebenso überladen wir das, dessen Insassen die »Phoenix« gerade an die Küste brachte. Hier stand jedoch so gut wie niemand mehr. Fast alle lagen oder saßen, und da sie nur wenig Platz hatten, zumeist auf- und übereinander. Die meisten hielten die Augen geschlossen, andere hatten die Hände vors Gesicht geschlagen, um es vor der sengenden Sonne zu schützen. Einige schauten teilnahmslos auf, als wir uns ihnen noch weiter näherten. Die meisten reagierten auf unsere Ankunft jedoch überhaupt nicht. Es machte ganz den Anschein, als hätten sich die Menschen längst aufgegeben. Da wir die Gefahr ausschließen konnten, es könne zu Rangeleien oder Streitereien kommen, legten wir unser Beiboot am Heck des Schlauchbootes quer, um die Schwimmwesten zu verteilen. Dort entdeckte ich einen Jungen, dem es etwas besser zu gehen schien. Er klammerte sich an den geplatzten, schlaffen Schlauch. Seine Beine lagen über denen des Mannes, der mit dem Rücken vor ihm kauerte. Ich sprach ihn auf Englisch an. Und da er mich zu verstehen schien, wollte ich von ihm wissen, wie lange sie schon unterwegs seien. Er antwortete mit matter Stimme, sie hätten zwei Nächte zuvor an einem Strand in der Nähe von Tripolis abgelegt und kaum Wasser und keinen Proviant mitgenommen. Für eventuelle Notlagen hätten ihnen die Schleuser ein Satellitentelefon und eine Notrufnummer mitgegeben und ihnen eindringlich erklärt, dass sie es erst nach einer Fahrzeit von sechs Stunden benutzen dürften, nämlich dann, wenn sie die internationalen Gewässer erreicht hätten. Der Motor sei bereits nach vier Stunden Fahrt ausgefallen, und sie hätten es nicht vermocht, ihn wieder in Gang zu bringen. Weil sie vermuteten, sich noch in libyschen Hoheitsgewässern zu befinden, hätten sie sich nicht getraut, die Notrufnummer zu wählen. Sie hätten Angst gehabt, man würde sie zurück nach Libyen bringen. Erst als ein Schlauch geplatzt war und Wasser in das Boot drang, hätten sie die Nummer angerufen. Dann fragte er: »Habt ihr Wasser für uns?« Alle hätten großen Durst. »Ist jemand an Bord verletzt? Braucht jemand einen Arzt?«, wollte Robel von ihm wissen. Als Antwort ließ der Junge seinen Blick über die Mitreisenden gleiten. Fast alle sahen aus, als bräuchten sie dringend Hilfe.

Wir baten ihn, die vollen Benzinkanister, die sich auf dem Boot befanden, über Bord zu werfen. Wir hofften, das Schlauchboot dadurch ein wenig zu entlasten. Als die acht blauen Kanister im Meer schwammen, versicherten wir dem Jungen, gleich wieder zurück zu sein. Auf dem Weg zur Sea-Watch funkte ich an die Brücke, dass wir dringend Wasser bräuchten und die Rettungsinseln ausbringen müssten. In der Vorpiek lagerten fast 1000 Halbliter-Flaschen Wasser. Keine Eineinhalb-Liter-Flaschen mehr wie noch bei unserem allerersten Rettungseinsatz unter Ingo. Damals hatten sich die Flüchtlinge um die Flaschen gestritten. Uns war klar geworden, dass wir nicht erwarten konnten, dass sie Wasser unter sich aufteilen. Ihr Durst war einfach zu groß. Jeder von ihnen musste seine eigene Flasche bekommen. Während wir die Pakete mit den Flaschen auf dem Beiboot entgegennahmen, besprachen wir mit den anderen die Vorgehensweise. Da wir davon ausgehen konnten, dass die erschöpften Menschen unser Schiff nicht stürmen würden, sollte sich die Sea-Watch parallel zum Flüchtlingsboot legen und dann die Rettungsinseln zu Wasser bringen. Doch dazu kam es nicht. Wir hatten mit dem Beiboot die Flüchtlinge kaum erreicht, da tauchte in der Ferne ein Schiff der Küstenwache auf. Uns blieb gerade noch Zeit, die Wasserflaschen zu verteilen, schon war es vor Ort – sogar noch vor dem Eintreffen der Sea-Watch. Erneut hielten wir die Stellung, bis alle Flüchtlinge sicher an Bord des Schiffes der Küstenwache waren. Während wir noch beobachteten, wie der letzte Entkräftete die Leiter an der Bordwand vorsichtig hochkletterte, rauschte das Funkgerät auf unserem Beiboot. Unser Kapitän meldete, dass abermals ein Notruf eingegangen sei. Die Seenotleitstelle hatte einen Hilferuf von einem Boot gemeldet, dessen Motor ausgefallen war. Es lag acht Seemeilen südwestlich von uns. Wir brachen zu unserem dritten Einsatz an diesem Tag auf.

Während wir in Richtung des Schiffes rasten, musste ich an den 28. August denken, den fünften und bisher größten Einsatz der Sea-Watch. An jenem Tag konnte die Crew über 500 Menschen aus fünf Booten retten, darunter auch Demba, den 18-Jährigen aus Gambia. Auf einem der Schlauchboote musste sie allerdings einen schrecklichen Fund machen: zwei leblose Frauen, die auf der Überfahrt offensichtlich verdurstet waren. Tatsächlich konnte unsere Medizinerin Ruby nur noch deren Tod feststellen. An jenem Tag hatte mich der verantwortliche Kapitän mit dem Handy angerufen. Über Nacht war die Satellitenanlage ausgefallen, per E-Mail konnten wir uns nicht mehr verständigen. Er meldete, dass die Crew auf einen Schlag drei Schlauchboote entdeckt hatte, dass auf den Booten fast 300 Menschen waren, viele scheinbar schwer verletzt. Mir war sofort klar, dass die

Situation schwierig war, problematischer als alles andere, was die Crews bisher gemeistert hatten. Mir war seltsam und hilflos zumute. Schließlich war ich weit weg von der Sea-Watch. Als der Anruf einging, saß ich mit der Angel in der Hand an einem Fjord in Norwegen und wartete auf einen Fisch. Unsere drei Jungens spielten am Ufer. Wir machten Familienurlaub während der Sommerferien. Immer wieder wurde die Verbindung zur Sea-Watch gestört. Die Antwort auf meine Frage, ob sie die Situation im Griff hätten, ging in einem Rauschen unter. Als ich abermals nachfragte, brach die Verbindung gänzlich ab. Ich rief zurück, die Leitung war tot.

Erst jetzt legte ich die Angel beiseite, die ich noch immer in der Hand hielt. In der Aufregung hatte ich sie völlig vergessen. Ich fühlte mich so hilflos und besorgt wie schon lange nicht mehr. Ich rief Ruben an, der in Berlin war, und berichtete ihm die wenigen Fakten über das Unglück, die mir bekannt waren. Ruben blieb ganz ruhig. Er sagte, das Einzige, das wir jetzt tun können, wäre, das Guthaben der Prepaid-Karte des Satellitentelefons schnellstmöglich aufzuladen, damit die Kommunikation mit der Seenotleitstelle gewährleistet ist. Da ich am Fjord kein Internet hatte, versicherte er mir, sich auf der Stelle darum zu kümmern. Nach dem Gespräch war ich in Versuchung, abermals auf der Sea-Watch anzurufen, um zu erfahren, wie es um die Mannschaft und die Flüchtlinge stand. Doch ich hielt mich zurück. Mich brauchte die Crew jetzt am allerwenigsten. Sie mussten mit der Küstenwache sprechen und mit der Seenotrettungsleitstelle in Rom, sicherstellen, dass rechtzeitig Hilfe kam. Mit Schrecken fiel mir ein, dass sie am Vortag bereits zwei unserer Rettungsinseln ausgebracht hatten. Sollten tatsächlich alle drei Boote sinken, dann würden die beiden Rettungsinseln, die sich derzeit noch an Bord befanden, für 300 Personen nicht ausreichen.

Die Bergung war längst vorbei, als sich die Crew endlich bei mir meldete. Ihr Bericht bestätigte meine schlimmsten Befürchtungen. Diese Aktion war aufwendig und zudem äußerst riskant gewesen – für die Mannschaft und die Flüchtlinge. Noch dazu hatte ihnen die Seenotleitstelle mitgeteilt, dass ein Schiff der Küstenwache frühestens in acht Stunden vor Ort sein könne. Als die Sea-Watch am Unglücksort eintraf, stellte sich heraus, dass auf einem Boot ein Schlauch geplatzt und die Gefahr groß war, dass es sinken könnte. Sie brachten eine der verbliebenen Rettungsinseln aus. Da sie angesichts der kritischen Lage auf dem defekten Schlauchboot keine Zeit verlieren durften, entschieden sie sich, bei der Bergung anders vorzugehen als sonst üblich. Statt die Menschen in Dreier-Gruppen mit dem Beiboot in Sicherheit zu bringen, schob der Kapitän die Rettungsinsel mit der Sea-Watch zu dem Schlauchboot. Nachdem die Crew den etwa 100 Menschen, die zwar ängstlich, dafür aber relativ ruhig waren, auf die Rettungsinsel geholfen hatte, vertäuten sie drei Boote an der Sea-Watch. Damit stellten sie sicher, dass die manövrierunfähigen Schlauchboote nicht abdrifteten. Kaum hatten sie das geschafft, kamen zwei weitere Schlauchboote in Sicht, die mit jeweils circa 100 Flüchtlingen ebenfalls dicht besetzt waren. Wieder stellte sich heraus, dass an einem Boot ein Schlauch geplatzt war. Die Crew brachte die letzte verbliebene Rettungsinsel aus und holte die Menschen aus ihrem beschädigten Boot. Da sie nicht mehr beide Boote auch noch an der Sea-Watch vertäuen konnten, baten sie per Funk einen Frachter in der Nähe um Unterstützung. Nachdem sich der Kapitän bereiterklärt hatte, gemeinsam mit der Sea-Watch so lange vor Ort zu bleiben, bis die Küstenwache eingetroffen war, hatten sie ein Boot am Frachter befestigt und an der Seite der Flüchtlinge gewartet. Fast elf Stunden.

Bei jedem Gespräch mit der Seenotleitstelle bat die Crew um Unterstützung, fragte immer wieder nach anderen Schiffen. Aber keines der Kriegsschiffe kam.

Wieder fragten wir uns, wieso sie nicht dort waren, wo die Unfälle passierten. Das Gebiet war doch überschaubar, wir fanden doch auch immer wieder Boote in Seenot. Und selbst wenn sie vor Sizilien lagen – die Fregatten der Bundeswehr legten fast 30 Seemeilen in einer Stunde zurück, sie wären in vier Stunden da gewesen.

Jetzt hatten wir Schwierigkeiten, das dritte Schlauchboot, das uns die Seenotleitstelle an diesem Tag gemeldet hatte, zu finden. An der Position, die die Seenotleitstelle in Rom durchgegeben hatte, war kein Schlauchboot zu sehen. Der Wellenverlauf sprach dafür, dass das Boot zurück in Richtung Libyen driftete. Genauso gut kamen aber auch alle anderen Richtungen infrage. Da sich die Wellen hochtürmten und die Sicht dadurch schlecht war, entschlossen wir uns, mit dem Beiboot um die angegebene Position immer weitere Kreise zu fahren. Wir entdeckten das Schlauchboot nach einer guten halben Stunde. Es war leer und bereits halb gesunken. Hatte ein anderes Schiff die Flüchtlinge gerettet und die Seenotleitstelle nicht darüber informiert? Wir kehrten frustriert zur Sea-Watch zurück, die sich ihnen inzwischen bis auf vier Seemeilen genähert hatte. Dort entschied Giorgia, eine Menschenrechtsanwältin, die seit Wochen mit uns zusammenarbeitete und jetzt dabei war, umgehend die Leitstelle in Rom zu kontaktieren. Der diensthabende Mitarbeiter dankte für die wichtige Information und versprach uns herauszufinden, wer die Flüchtlinge geborgen habe. Wir sollten es nie erfahren.

Den übrigen Tag patrouillierten wir nördlich von Tripolis, entlang der Grenze der libyschen Hoheitsgewässer, wir fuhren immer nach Westen, damit der Mast den Empfang der Satellitenanlage nicht abschirmte und wir auf dem Bordtelefon und per Mail erreichbar waren. Obwohl die Wellen stündlich höher wurden, blieb ich zu meiner Verwunderung seefest. Hatte ich mich inzwischen an das heftige Schaukeln gewöhnt? Da zu befürchten war, dass die Satellitenanlage – und damit auch Telefon und Internet – wegen der hohen Wellen wieder einmal ausfallen würde, entschloss ich mich, auf der Stelle mit Ruben zu sprechen. Ich wollte ihn bitten, eine Pressemitteilung über unsere heutigen Einsätze zu verfassen. Als ich am Kartentisch Platz genommen hatte und zum Bordtelefon greifen wollte, fiel mir auf, dass ich mit der anderen Hand noch immer die Wasserflasche umklammerte, die ich gerade in großen Zügen geleert hatte. Bevor Ruben antworten konnte, brach die Verbindung ab. Draußen war es offensichtlich schon zu unruhig. Als ich seine Nummer abermals wählte, brachte eine besonders hohe Welle den Kutter heftig zum Schaukeln. Es fühlte sich an, als befänden wir uns im freien Fall, als er in das Wellental zurückkrachte. Um besseren Empfang zu haben, begab ich mich mit dem Satellitentelefon auf die Brücke. Von hier aus klappte das Gespräch mit Ruben störungsfrei. Ich berichtete ihm von den Rettungsaktionen am Tag und meinen Gesprächen mit den Flüchtlingen. Er sicherte mir zu, eine Meldung an die Medien zu geben und uns über die Reaktionen auf dem Laufenden zu halten. Leider sollten lediglich einige Lokalzeitungen davon Notiz nehmen, dass wir an diesem Tage so viele Menschen gerettet hatten.

Nach dem Hype nach meinem Auftritt bei Günther Jauch hatte das Interesse der Medien an unserer Mission in den vergangenen Monaten merklich nachgelassen. Gerade jetzt, wo wir auf dem Mittelmeer das in Taten umsetzten, was wir so lange angekündigt hatten, waren Berichte über die Sea-Watch selten. Vielleicht war der Vorfall mit dem Radioreporter schuld daran, dass sich die Journalisten zurückhielten? Vielleicht waren wir anfangs einfach zu präsent gewesen? Vielleicht hatten die Menschen Meldungen über unser Projekt satt? Vielleicht ließ das Interesse nach, weil wir den Beweis angetreten hatten, dass unser Konzept funktioniert? War die Spannung weg, weil die Frage nicht mehr im Raum stand, ob wir es überhaupt schaffen würden? Vielleicht schenkten die Redaktionen unseren Meldungen auch einfach keinen Glauben? Vielleicht dachten sie, dass wir keine verlässliche Quelle sind? Womöglich nahmen sie sogar Rücksicht auf die Stimmung im Land, die sich immer stärker gegen Flüchtlinge kehrte? Immerhin erschienen die Beiträge jener Journalisten regelmäßig, die uns bei den Einsätzen begleiteten. Abgesehen von der »Stern«-Reporterin, die beim ersten Einsatz dabei gewesen war, waren bisher ausnahmslos Fernsehjournalisten an Bord gewesen. Ihre Aufnahmen demonstrieren eindrucksvoll, was unsere Crews erlebt und geleistet haben. Immer, wenn einer ihrer Filmberichte im Fernsehen gelaufen war, hatten wir Hunderte von Zuschriften und viele Spenden erhalten. Auch unsere Motivation wuchs jedes Mal.

Als ich am folgenden Tag kurz vor Sonnenaufgang aufstand, um gemeinsam mit Robel die Schicht im Ausguck zu übernehmen, waren die Wellen noch höher. Philipp stand auf der Brücke, er hielt seit zwei Stunden Wache am Steuerrad. Ich verzichtete auf das Frühstück und kletterte aufs Oberdeck. Die kühle Morgenluft tat meiner schmerzenden Haut gut, die ich mir tags zuvor in der Sonne verbrannt hatte. Mit dem Fernglas suchte ich den Horizont ab. Es verging keine halbe Stunde, die Sonne war gerade aufgegangen, als sich Philipp über das Funkgerät von der Brücke mit der Nachricht meldete, dass eine Schlechtwetterfront innerhalb der nächsten Stunden über unser Einsatzgebiet hinwegziehen würde. Erwartet wurden sechs Meter hohe Wellen und starke Windböen. Da die Insel Lampedusa eine gute Tagesfahrt von uns entfernt lag, mussten wir eine andere Möglichkeit finden, das Schiff vor dem Unwetter an Land zu bringen. Wir prüften Alternativen an der afrikanischen Küste. Der Hafen von Zarzis südlich von Djerba, der in wenigen Stunden erreichbar war, schien uns geeignet. Unser Kapitän nahm Kurs auf Tunesien.

Als wir im Frühjahr die Sea-Watch in Hamburg für ihren Einsatz im Mittelmeer vorbereiteten, haben wir auch darüber nachgedacht, in Tunesien einen Heimathafen zu suchen. Die Flüge nach Djerba waren nicht teurer als die nach Malta oder Lampedusa. Unser Einsatzgebiet war von dort sogar schneller erreichbar, und Diesel ist in Tunesien günstiger als anderswo. Daniel, unser Rechtsberater, riet uns aber ab. In Afrika seien unsere Rechte im Konfliktfall nur schwer durchsetzbar. So die tunesischen Behörden unseren Kutter beschlagnahmen würden, wäre es höchstwahrscheinlich schwierig, ihn überhaupt wiederzubekommen, so vage und vorgeschoben die Gründe auch sein mochten. Möglicherweise würden uns die europäischen Behörden in Notfällen nicht beistehen. Vielmehr bestünde sogar das Risiko, dass sie Tunesien bitten, ein besonderes Auge auf uns zu halten. Er verwies auf die sogenannte »Mobilitätspartnerschaft«, die die Europäische Union im März 2014 mit Tunesien geschlossen hatte. Das Abkommen, das die EU auch mit einigen anderen Ländern vereinbart hat, hat zwar offiziell sowohl migrations-

als auch entwicklungspolitische Ziele. Es sollte die Zuwanderung steuern, Migranten bessere Anreize zur Heimkehr bieten und die »illegale Migration« bekämpfen. Flüchtlingshilfsorganisationen wie »Pro Asyl« warfen der EU aber vor, bei den Mobilitätspartnerschaften gehe es vor allem darum, Flüchtlinge von Europa fernzuhalten, egal, mit welchen Mittel. Die tunesischen Behörden bekämen Geld dafür, dass sie die Flüchtlinge wie auch immer aufhielten, nach Europa weiterzuziehen. Ein ähnliches Abkommen hatte es auch mit Libyen unter Gaddafi gegeben. Die EU zahlte dem Diktator 50 Millionen Euro, damit die libyschen Küstenwächter die Menschen an der Überfahrt hinderten. Später wurde bekannt, dass viele Flüchtlinge in die Wüste gebracht wurden.

Obwohl wir damals infrage stellten, dass uns irgendwelche Abkommen von unseren Plänen abhalten könnten, nahmen wir sicherheitshalber von dem Vorhaben Abstand, den Heimathafen der Sea-Watch nach Tunesien zu verlegen.

Ende September hatten wir die Befürchtung nicht mehr, dass uns die tunesischen Behörden in die Quere kommen könnten. Mit großer Wahrscheinlichkeit war diese Patrouillenfahrt unsere letzte in diesem Jahr. Das Unwetter, das gerade aufzog, war ein Vorbote der Herbststürme, die das Mittelmeer in ein noch gefährlicheres Wasser verwandeln würden. Dann war die See für unseren alten Kutter viel zu rau. Als der Hafen von Zarzis mit bloßem Auge zu erkennen war, türmten sich die Wellen bereits auf fast vier Meter auf. Der Wind blies heftig. Nachdem eine starke Böe den Rettungsring, der seitlich am Steuerhäuschen befestigt war, vom Haken gerissen hatte, ordnete der Kapitän an, dass wir unter Deck bleiben sollten. Ich versuchte mich abzulenken, indem ich mich mit der Kamera beschäftigte, die uns eine Fernsehreporterin mitgegeben hatte. Wir waren alle erleichtert, als wir am frühen Mittag endlich den sicheren Hafen von Zarzis erreicht hatten.

Der Ort, an einem feinen Sandstrand gelegen, ähnelt dem Städtchen Lampedusa. Im Hafenwasser ankerten kleine, bunte Fischerkutter, am Kai hatten einige Fährschiffe und Boote der Küstenwache festgemacht, daneben lagen ein paar Segeljachten. Die Häuser waren sandfarben und quadratisch – genauso wie auf Lampedusa. Der Hafenmeister von Zarzis, ein älterer grauhaariger Herr mit dickem Schnauzer, empfing uns freundlich. Per Funk hatte er uns bereits einen Platz zwischen zwei Fischerbooten zugewiesen, vor denen bei unserer Ankunft zusammengeknäulte Fischernetze lagen. Über dem Beifang, der noch darin hing, schwirrte ein riesiger Schwarm Fliegen. Der Hafenmeister half uns, den Kutter am Kai zu vertäuen. Als wir fertig waren, rief er uns etwas zu, das in dem lauten Getöse des Windes unterging. Ich bat ihn an Bord. Auf Englisch wollte er wissen, ob wir Fischer seien. Als ich ihm erzählte, was wir machen, klopfte er mir erst anerkennend auf die Schulter, dann meinte er, dass wir gute Menschen seien. Unsere einstigen Befürchtungen, in Tunesien womöglich nicht sicher zu sein, erschienen mir in diesem Moment absurd. Philipp, der das offensichtlich genauso sah wie ich, fragte den Hafenmeister, ob er glaube, dass die Sea-Watch in Zarzis überwintern könne. Der Mann nickte heftig. Klar, antwortete er, viele Segler würden ihre Jachten den Winter über in Tunesien festmachen. Er empfahl uns, im Hafen von Djerba nachzufragen. Mit einem Grinsen im Gesicht blickte er kurz auf das Fischernetz mit den verwesenden Fischen, um uns dann zu erklären, dass die Liegeplätze in Tunesien billiger sind als in europäischen Häfen. Außerdem seien die Kosten für Reparaturen an Schiffen günstiger. Philipp lachte und sagte dann, das sei für uns ein gewichtiges Argument. Der Hafenmeister erklärte, wo wir eine Werft finden würden.

Anfang August war ein Kugellager im Getriebe der Sea-Watch kaputtgegangen. Nur mit Mühe hatte die Crew es von der libyschen Küste zurück nach Lampedusa geschafft. Unseren Einsatz haben wir damals lediglich deshalb erfolgreich fortsetzen können, weil Frank, der Augenarzt, der auch bei der Überführung eingesprungen war, die benötigten Ersatzteile binnen weniger Tage organisierte und spontan selbst nach Lampedusa geflogen war, um das Kugellager höchstpersönlich auszutauschen. Seitdem wussten wir, dass das Getriebe anfällig war und absehbar ein Austausch unumgänglich. Am Nachmittag machte ich mich mit Philipp auf den Weg zur Werft. Auch dort wurden wir freundlich empfangen, viele Arbeiter sprachen sogar deutsch. Auf Lampedusa hingegen hatten wir oft Verständigungsprobleme, da dort kaum jemand Englisch spricht. Als wir die Männer fragten, ob sie einen 100 Jahre alten Kutter reparieren könnten, lachten die Werftmitarbeiter laut. Einer meinte sogar, sie seien auf ältere Modelle spezialisiert.

Für das Abendessen an Bord hatte ich Bratwurst mit Sauerkraut zubereitet. Wir wollten am Tisch Platz nehmen, um gemeinsam zu essen, da rief Ruben auf dem Bordtelefon an. Er klang aufgeregt. Wir müssten in die Ägäis, meinte er, dorthin, wo gerade die meisten Menschen übers Meer nach Europa kommen. So schnell wie möglich. Vor der Türkei seien bei einem Schiffsunglück über 20 Menschen ums Leben gekommen. Obwohl das Wetter dort immer schlechter werde, würden viele Flüchtlinge weiterhin diese Route nehmen. Die griechische Küstenwache patrouilliere in dem Gebiet nicht, eine zivile Seenotrettung existiere zudem nicht. Ein passendes Schiff habe er bereits in Aussicht, ein Hartrumpfschlauchboot. Es würde etwas weniger als 40 000 Euro kosten, das könnten wir uns doch noch leisten? Ruben kündigte an, uns Bilder von Lesbos zu schicken, die ein Freund gemacht hatte, der sich auf der Insel aufhielt. Beim Essen sprachen wir über nichts anderes. Danach versammelten wir uns um den Kartentisch, auf dem unser Laptop stand, und starrten erschrocken auf seinen Monitor. Die Aufnahmen, die Ruben gesandt hatte, waren erschütternd. Verzweifelte und verängstigte Menschen, die an Lesbos' felsigem Ufer aus kleinen, wackeligen Schlauchbooten ins knietiefe Wasser stiegen. Auf einem Bild war ein völlig entkräfteter Mann zu sehen, der seinen kleinen Sohn und seine etwas ältere Tochter weinend umklammerte. Es schien offensichtlich, dass er unendlich erleichtert war, die Reise mit seinen Kindern überlebt zu haben.

In den vergangenen Wochen hatten mir bereits einige Sea-Watch-Mitstreiter verschiedentlich den Vorschlag unterbreitet, die Mission auf die Ägäis auszuweiten. Bislang hatte ich zurückhaltend reagiert. Um in Griechenland überhaupt einsatzbereit sein zu können, müssten wir ein neues, kleineres Boot kaufen. Ich war mir nicht sicher, ob wir uns das auch noch leisten konnten. Schließlich brauchten wir für die vorgesehenen Mittelmeerfahrten im kommenden Jahr ein neues Schiff, um vor der libyschen Küste zukünftig noch besser zu agieren. Meiner Meinung nach sollten wir uns auf ein Gebiet konzentrieren, wir konnten nicht überall sein, wo Hilfe benötigt wurde. Zwar kamen Ende September tatsächlich sehr viele Flüchtlinge über die Ägäis. Aber auch von Libyen aus, von wo eine Überfahrt weit gefährlicher ist, starteten noch immer viele Boote. Lange war ich felsenfest davon überzeugt, dass wir die Mittel, die wir hatten, in eine

Region stecken sollten. Und dann hatte ich ja auch noch die Idee mit dem Flugzeug.

Immer wieder habe ich mir nach meiner ersten Patrouillenfahrt überlegt, wie wir das Meer noch effektiver absuchen konnten, um zu verhindern, dass Flüchtlingsboote unentdeckt blieben. Zuerst dachte ich an eine Drohne, die das Einsatzgebiet abfliegen und dabei permanent Fotos machen sollte, auf denen GPS-Daten vermerkt sind. Wenn Aufnahmen von Schiffen darunter sein sollten, die in Not geraten waren, konnten wir die jeweilige Position umgehend an die Seenotleitstelle in Rom leiten. Doch eine Drohne, die dazu fähig ist, kostet etwa eine Million Euro. Dann hatte ich überlegt, für derartige Operationen einen Hubschrauber oder eine Cessna zu mieten, die ich selbst fliegen wollte. Aber auch das ist äußerst kostspielig. Außerdem war es offiziell verboten, sich von Europa dem libyschen Luftraum zu nähern. Die USA sind schon seit Monaten mit Flugzeugen und Drohnen im lybischen Luftraum unterwegs, neuerdings wirken bei den Aufklärungsflügen auch Tornados der Bundeswehr mit. Schließlich habe ich eine Firma entdeckt, die tagesaktuelle Satellitenbilder vom Mittelmeer anbietet. Auch diese Alternative ließ ich fallen, da Boote auf Satellitenbildern lediglich dann erkennbar sind, wenn der Himmel wolkenlos ist. Obwohl ich bislang noch immer keine geeignete Lösung gefunden hatte, das Meer aus der Luft nach Flüchtlingen abzusuchen, hielt ich an der Idee fest.

Als ich nun die aufschreckenden Bilder aus Lesbos gesehen hatte, verstand ich Ruben. Ich rief ihn an, sagte ihm, dass er recht habe, dass wir das irgendwie hinbekommen müssten mit einem Schiff für die Ägäis. Vielleicht würden sogar noch mehr Spenden zusammenkommen, wenn wir auch dort noch aktiv würden. Ich bat ihn, einen Projektplan zu erarbeiten. Den bräuchten wir, um die Mitstreiter von der Idee zu überzeugen. Schließlich ist Sea-Watch seit Sommer ein Verein, was auch heißt, dass Entscheidungen von allen Mitgliedern gemeinsam gefällt werden.

Am folgenden Tag besserte sich das Wetter wieder. Der Wind ließ nach, das Meer wurde ruhiger. Gegen Mittag verließen wir den Hafen von Zarzis in Richtung Lampedusa. Wir hatten die Leuchtfeuer an der Hafeneinfahrt noch nicht hinter uns gelassen, da knackte das Funkgerät. Der Hafenmeister war dran, um uns mitzuteilen, dass Mitglieder der Nationalgarde bei ihm seien. Wir müssten sofort zurückkommen. Ich wollte von ihm wissen, was das bedeuten könnte. Er meinte, er wisse es nicht. Aber die Nationalgardisten, die so etwas wie die tunesischen Küstenwächter seien, wären sehr bestimmt. Wenn wir nicht kämen, würden sie uns holen. Mein erster Gedanke war, dass unser Rechtsberater Daniel womöglich doch recht behalten konnte. Vielleicht wollten die tunesischen Behörden unser Schiff beschlagnahmen? Würden sie als Vorwand irgendwelche Dokumente verlangen, die wir nicht vorweisen konnten? Oder hatten wir vielleicht tatsächlich irgendwelche Formalitäten bei der An- und Ausreise vergessen? Uns blieb keine andere Wahl. Wir drehten um.

Am Kai erwarteten uns vier grimmig dreinblickende Männer in dunkelgrünen Uniformen mit goldenen Knöpfen und vielen Abzeichen. Der Kapitän und ich gingen von Bord, die anderen verblieben auf der Sea-Watch. Derjenige von ihnen, der die meisten Abzeichen auf der Brust trug, sagte mit donnernder Stimme: »Sie haben einen Migranten an Bord. Für Menschenschmuggel gibt es in Tunesien Gefängnis.« Ich sah ihn fassungslos an und schüttelte heftig den Kopf. Auch unser Kapitän beschwor den Mann, »nein, Sie irren sich«.

Die Männer blickten noch grimmiger. »Wenn Sie nicht mit uns kooperieren, durchsuchen wir Ihr Boot«, sagte der Chef der Truppe. »Mir liegen handfeste Informationen von einem Kollegen vor.« Die anderen Männer nickten ernst. Ich stellte mir vor, wie Nationalgardisten unser Schiff auseinandernahmen, sodass wir nicht mehr weiterfahren konnten. Und dann dämmerte mir, welche Hinweise ihnen vorlagen. Robel! Sie hielten unseren Arzt Robel offensichtlich für einen Flüchtling. Er war Deutscher, aber seine Eltern stammten aus Eritrea. Ich sah unseren Kapitän an, der in dem Moment ebenfalls zu verstehen schien, dass es sich um ein Missverständnis handelte. Ich ging an Bord, erklärte den anderen die Situation. Robel holte seinen Reisepass aus der Kajüte, wir begaben uns an Land. Die Nationalgardisten lächelten bei Robels Anblick zufrieden. Er begrüßte sie freundlich und hielt ihnen seinen deutschen Pass hin. Irritiert nahm ihn der Anführer entgegen. Vier Männer beugten sich über das weinrote Dokument, betrachteten das Foto, dann Robel, um sich dem Passbild abermals zuzuwenden. Nach einigen Minuten erklärten sie uns, den Pass kurz mitnehmen zu müssen, um ihn auf seine Echtheit zu überprüfen. Als sie nach einer halben Stunde zurückgekommen waren, entschuldigten sie sich leicht zerknirscht und wünschten uns eine gute Fahrt.

Danach kreuzten wir noch einen Tag lang im Nordwesten von Libyen vor Zuwara, ohne dabei jedoch ein Flüchtlingsboot auszumachen. Das Meer lag spiegelglatt vor uns. Wenn ich keine Wache hielt, saß ich mit Karl Heinz am Heck, um zu angeln. Einen Fisch fingen wir aber nicht. Karl Heinz erzählte mir Geschichten aus seinem Alltag als Rettungsassistent, von Einsätzen auf der Reeperbahn, von betrunkenen Jugendlichen. Ich war dankbar für die Ablenkung. Abends vermeldete der Wetterdienst, dass am Morgen abermals ein Sturmtief aufziehen sollte. Es war spät geworden, als ich alleine im Salon meinen Gedanken nachhing. Die Episode mit den Nationalgardisten hatte mir abermals vor Augen geführt, dass die Herkunft darüber entscheidet, ob man sich frei bewegen kann oder nicht. Dass Menschen, die nicht den richtigen Pass besitzen, ihr Leben riskieren müssen, um die europäischen Außengrenzen zu überwinden. Dass sie in der aktuellen Weltordnung kein Recht auf Sicherheit, Wohlergehen und persönliche Freiheit haben. Und dass es ein Glück und eine Bürde ist, in Europa geboren zu sein. Aus meinen Gedanken holte mich ein lauter Schrei aus dem Steuerhaus. Ich eilte zur Brücke. Dort schaute Philipp bestürzt in Richtung Libyen. Er meinte, helle Lichter vor der Küste gesehen zu haben, die wie Raketen ausgesehen hätten. Wir recherchierten im Internet, ob in Libyen aktuell Gefechte stattfanden, fanden aber keine Meldungen. »Dort will sicher niemand mehr bleiben«, sagte Philipp. Die anderen nickten.

Kapitel 7

Die Toten am Strand

Immer schneller rollte das kleine Flugzeug über die Startbahn. Ich saß am Steuer und beschleunigte, langsam zog ich den Steuerknüppel weiter zu mir. In einem Garten neben dem Flugplatz blinkten Lichter an einem Tannenbaum, es war kurz vor Weihnachten. Ich spürte, wie sich die Räder vom Boden lösten. Wenige Sekunden später war das Flugzeug in der Luft, und vor mir breitete sich grau der Himmel aus. »Gut gemacht«, sagte mein Fluglehrer, der neben mir im Cockpit saß. Ich lächelte. Wie immer, wenn ich in der Luft war, war ich glücklich. Es war meine erste Flugstunde, aber das Fliegen war für mich nicht neu. Seit vielen Jahren fliege ich Gleitschirm, ein paar Mal schon hatte ich einen Motorschirm ausprobiert. Trotzdem war ich ein wenig nervös gewesen, als ich in das Flugzeug gestiegen war. Ich wollte es unbedingt gut machen. Der Flugschein, auf den ich mich gerade vorbereitete, war eine Chance, mich bei den Einsätzen auf dem Mittelmeer noch aktiver einzubringen. Zwar hatte ich auf unserem Kutter alle möglichen Reparaturen erledigt, bei meinem zweiten Einsatz bisweilen die Kommunikation mit den Flüchtlingen übernommen. Zudem hatte ich mich stets bemüht, etwas über Schiffe und Nautik zu lernen. Qualifiziert für nautische Jobs war ich aber nicht.

Wenige Wochen vor meiner ersten Flugstunde hatten wir eine Antwort auf die Frage gefunden, wie wir das Einsatzgebiet noch effektiver absuchen könnten, um zu verhindern, dass Flüchtlingsboote unentdeckt bleiben und die Insassen vor Durst, Hunger und Entkräftung sterben. Ruben war auf eine Firma gestoßen, die Ultraleichtflugzeuge herstellte, die auf dem Wasser landen können, wenig Treibstoff verbrauchen und nur wenig mehr als 100 000 Euro kosten. Nach langen Diskussionen hatten unsere Vereinsmitglieder zugestimmt, ein solches Flugzeug anzuschaffen. Anfangs hatten sie die Befürchtung geäußert, wir könnten uns verzetteln und finanziell übernehmen. Dann aber räumten Ruben, Johannes, Peer und ich ihre Bedenken aus. Wenn wir erst einmal ein Flugzeug hätten, müsste unser Schiff nicht mehr vor der Küste patrouillieren. Es könnte an einer strategisch günstigen Stelle entlang einer Fluchtroute auf die Meldung der Flugzeugbesatzung warten, die Position des gesichteten Bootes an die Seenotleitstelle weitergeben und es dann gezielt ansteuern. Wir würden erhebliche Dieselkosten für das Schiff sparen, der Sprit für das Flugzeug fiele nicht ins Gewicht, da ein Ultraleichtflugzeug wenig verbraucht. Ich versprach den anderen, das Projekt zu betreuen. Für die kommende Saison wollte ich Piloten anheuern und außerdem einige Einsätze selbst fliegen. Längst hatte meine Frau Tanja akzeptiert, dass Sea-Watch zu einem Teil unseres Lebens geworden war. Ab Herbst würde ich sowieso erst einmal ausschließlich für die Familie da sein. Wir hatten geplant, mit unserem Unimog wieder in Richtung Asien zu fahren. Diesmal wollten wir bis nach Thailand kommen.

Die strategische Entscheidung für den Lufteinsatz der Sea-Watch war eine unter vielen in den vergangenen Wochen gewesen. Unter anderem hatten wir ein neues Schiff gekauft. Zwar hatte uns der alte Kutter gut durch das erste Jahr gebracht, für die nächste Saison aber sollte ein Schiff mit weniger Macken her. Eines, das schneller und wendiger war, auf dem wir mehr Platz hatten und Verletzte nicht auf dem Esstisch im Salon behandelt werden mussten. Dass wir weitermachen würden, war seit Ingos Einsatz klar, spätestens seit der Aussage des Offiziers der Seenotleitstelle: »Sorry Sir, da ist kein anderes Schiff«. Unser Ziel, die Politik dazu zu bewegen, etwas gegen das Sterben im Mittelmeer zu tun, hatten wir nicht erreicht. Zwar hatte es im Frühjahr 2015 kurzfristig so ausgesehen, als würde sich etwas Grundlegendes ändern, tatsächlich war aber alles beim Alten geblieben. An den europäischen Außengrenzen riskierten Flüchtlinge weiter ihr Leben.

Immerhin waren am Mittelmeer prozentual weniger Tote zu beklagen als noch im Jahr davor. Laut Angaben der Vereinten Nationen hatten bis Ende November 2015 rund 945 000 Menschen das Mittelmeer überquert. Allein auf der gefährlichen Route zwischen Libyen und Italien starben 2738, wie die Internationale Organisation für Migration (IOM) schätzt. Die tatsächliche Opferzahl dürfte weit höher liegen. Laut dem Flüchtlingshilfswerk UNHCR hatten im Jahr zuvor 219 000 Menschen den Weg übers Mittelmeer genommen, 3500 kamen bei der Flucht ums Leben oder werden vermisst. Die Gründe für rückläufige Zahlen sind vielfältig. Syrische und afghanische Flüchtlinge kommen inzwischen vor allem über die sogenannte Balkanroute und nicht mehr über das zentrale Mittelmeer, eine Route, die bis Ende Oktober 2015 nur noch von rund 140 000 Menschen genutzt wurde. Im Vorjahreszeitraum waren es gemäß der EU-Grenzschutzagentur Frontex noch 155 000 gewesen.

Es ist wahrscheinlich, dass die gefährliche Route zwischen Libyen und Italien, bei der gut 300 Kilometer offenes Meer überquert werden müssen, 2016 wieder stärker frequentiert wird. Zum einen führt die Europäische Union mit der Türkei derzeit zähe Verhandlungen, die das Ziel haben, dass Ankara die Grenze zur EU absichert, also verhindert, dass die Flüchtlinge übersetzen. Im Gegenzug soll Europa syrische Geflüchtete aus der Türkei aufnehmen und dem Land Geld zur Verfügung stellen, damit die Menschen dort besser versorgt werden. Zum anderen werden 2016 voraussichtlich wieder weniger Schiffe vor der libyschen Küste patrouillieren. Für das kommende Jahr haben zwar ein paar neu entstandene private deutsche Initiativen angekündigt, Rettungsschiffe vor der libyschen Küste patrouillieren zu lassen. Sicher war im Dezember 2015 aber nur, dass MOAS wieder ein Schiff schicken würde, ein schnelleres und größeres als die »Phoenix«, die mittlerweile im Golf von Thailand war, um dort die Rohingya, eine rechtlose Volksgruppe in Myanmar, dem ehemaligen Burma, die von der buddhistischen Bevölkerung diskriminiert und verfolgt wird, zu helfen. Und sicher war natürlich auch, dass wir 2016 mit unserem neuen Schiff im Einsatz sein würden. Die Teams von »Ärzte ohne Grenzen« aber, die 2015 auf drei Schiffen insgesamt 20 129 Menschen im zentralen Mittelmeer aus Seenot gerettet und nach Italien gebracht haben, beendeten zum Jahresende vorerst ihren Einsatz. Die »Operation Sophia« der EU-Mission EUNAVFOR MED wird im zentralen Mittelmeer zunächst fortgeführt, bei der sich – voraussichtlich bis April 2016 – auch deutsche Marineschiffe beteiligen. Nach eigenen Angaben haben die Schiffe, die im Anti-Schleuser-Einsatz unterwegs sind, im vergangenen Jahr 13 000 Menschenleben aus Seenot gerettet.

Vielleicht hat es ja tatsächlich etwas gebracht, dass unser Kapitän Ingo Journalisten gegenüber immer wieder hervorhob, dass die Sea-Watch bei ihren Rettungseinsätzen kein einziges Mal von einem Bundeswehrschiff oder einem anderen an EUNAVFOR MED beteiligten Marineschiff Unterstützung erhalten hat. Immerhin hatten seine deutlichen Worte zur Folge, dass wir im Herbst, als die ersten Stürme aufzogen, einen Ansprechpartner im EUNAVFOR MED-Führungshauptquartier bekommen haben. Sein offizieller Rang war der eines »Offiziers für zivilmilitärische Zusammenarbeit«, laut eigenen Aussagen war er für die deutschen zivilen Seenotrettungsschiffe zuständig, also für uns. Wir telefonierten einige Male miteinander. Er war stets freundlich, die Flüchtlinge schienen ihm am Herzen zu liegen. Er informierte uns über Rettungsaktionen der EUNAVFOR-MED-Schiffe, wir berichteten von unseren neuesten Plänen, auch über mögliche Einsätze mit einem Flugzeug. Bei unseren Patrouillenfahrten allerdings konnte er nicht mehr helfen. Als er sich bei uns gemeldet hatte, war das Mittelmeer für unseren Kutter schon zu rau geworden.

Ein neues Schiff für die kommenden Einsätze entdeckten Johannes und Tillmann im November. Es war genau so, wie wir es uns immer gewünscht haben, und sollte fast 200 000 Euro kosten. Fast doppelt so groß wie der alte Kutter, 33 Meter lang, acht Meter breit, vier Meter tief und hochseetauglich. Bei stürmischer See würde es kaum mehr schaukeln. Selbst bei Gegenwind und starkem Wellengang macht das Schiff neun Knoten, die alte Sea-Watch unter solchen Bedingungen nur sechs. Der Maschinenraum ist etwas mehr als viermal so groß wie der beengte Raum im Kutter, wo Peer, Johannes und ich so viele Stunden zugebracht haben. Es verfügt über zwölf Kabinen und einen großen Raum, aus dem wir eine Krankenstation machen wollen. Außerdem steht am Heck ein Kran, mit dem das Beiboot zu Wasser gelassen werden kann. Das Schiff, das wir »Sea-Watch II« taufen wollten, fanden wir im Süden von England, und es trug den Namen »Clupea«, die lateinische Gattungsbezeichnung der Echten Heringe. Es war zunächst als Forschungsschiff im Auftrag der britischen Fischereiaufsicht in der Nordsee unterwegs gewesen, danach wurde es von verschiedenen Firmen als Vermessungsschiff genutzt. Zwar verfügten wir damals noch über eine halbe Million Euro an Spendengeldern, die wir allerdings für die kommenden Einsätze brauchen würden. Um den Kaufpreis zusammenzubekommen, starteten wir eine Crowdfunding-Kampagne, die große Unterstützung fand.

Wenige Tage vor meiner ersten Flugstunde hatte ich in London den Kauf perfekt gemacht. Das Wetter dort war ähnlich schlecht gewesen wie bei meiner ersten Flugstunde. Während ich über den Berliner Himmel flog, befand sich die Sea-Watch II bereits auf dem Weg zu einer Hamburger Werft, um dort für die Einsätze im Mittelmeer flottgemacht zu werden. Zwar war die Maschine 2014 überholt worden, dennoch gab es viel zu tun. Das Unterwasserschiff musste gereinigt und neu gestrichen, der Generator ausgetauscht werden. Auf Deck fehlten die Halterungen für die Beiboote und Rettungsinseln – und natürlich für das Flugzeug. Da wir vorsahen, frühzeitiger im Mittelmeer zu sein als im vergangenen Jahr, nämlich dann, wenn die ersten Flüchtlingsboote ablegen, kam uns das Angebot einer Werft in Hamburg-Neuenfelde gelegen, die Arbeiten an der Sea-Watch II für wenig Geld zu übernehmen. Da die Sea-Watch II bereits Anfang März losfahren sollte, hatten wir eine Menge anderer Dinge zu organisieren und zu erledigen.

Unseren Plan, in der Ägäis zu helfen, hatten wir inzwischen auch umgesetzt. Im September hatte die griechische Küstenwache noch vor einer Katastrophe vor der Insel Lesbos gewarnt. Anfang November stationierten wir dort ein großes Schlauchboot, das Ruben und Peer organisiert hatten: 7,50 Meter lang und 40 Knoten schnell. Für die Logistik vor Ort haben Philipp und Giorgia gesorgt. Für die Einsätze waren dann Peer, Philipp und Giorgia verantwortlich, die sich bereiterklärt hatten, den ganzen Winter auf der drittgrößten Insel Griechenlands zu verbringen. Im 14-tägigen Rhythmus flogen freiwillige Rettungssanitäter, Ärzte und Mechaniker nach Lesbos, um Peer, Philipp und Giorgia bei den Operationen zu unterstützen. Seit November machen sich die jeweiligen Crews fast täglich auf, um Flüchtlinge sicher an Land zu bringen. Wir hatten uns für Lesbos entschieden, weil dort im Spätherbst 2015 täglich Tausende Migranten ankamen, alleine am 11. November wurden 5000 gezählt. Die griechische Küstenwache, die sich im Dauereinsatz befand, war mit der Situation überfordert – und die EU schaute zu. Immerhin unterstützten inzwischen knapp 300 Experten der EU-Grenzschutzagentur Frontex die griechische Polizei und Küstenwache bei der Bewältigung der Flüchtlingskrise. In der Praxis kümmerten sich auf Lesbos jedoch weiterhin vor allem Freiwillige um die Seenotrettung und die Versorgung der Flüchtlinge.

Über eine halbe Million Menschen haben im vergangenen Jahr die Überfahrt von der Türkei auf eine griechische Insel gewagt. Die Internationale Organisation für Migration schätzt, dass in diesem Zeitraum 900 Menschen in der Ägäis ertrunken sind; Dutzende werden vermisst. Während zwischen Libyen und Italien 300 Kilometer liegen, ist der Weg von der Türkei nach Griechenland relativ kurz. Die geringste Entfernung zwischen der türkischen Küste und Lesbos beträgt nur etwa sechs Seemeilen. Trotzdem passieren auf der Strecke immer wieder schreckliche Unfälle mit tödlichem

Ausgang. Völlig überladene Boote kentern, die türkische Küstenwache patrouilliert zwar, greift aber häufig nicht ein. Auch vor Lesbos ist das Risiko hoch, in Seenot zu geraten. Ein Großteil der Küste besteht aus gefährlichen Klippen und spitzen Steinen. Man muss das Gebiet gut kennen und geschickte Manöver fahren können, um sie zu umschiffen. Das können die unerfahrenen Bootsleute in navigationsuntüchtigen Schlauch- und Gummibooten zumeist nicht. Oft kentern sie nur wenige Meter vom Ufer entfernt, weil sie einen Felsen gerammt haben. Meist bleibt ihnen dann für einen Notruf keine Zeit. Immer wieder kommt es vor, dass Flüchtlinge nicht weit vom Ufer ertrinken, weil sie nicht schwimmen können. Die Sea-Watch-App, an der ich gerade arbeite, soll möglich machen, dass Flüchtlinge mit ihren Smartphones selbst Notrufe absetzen können. Die Meldungen sollen direkt an die Seenotleitstelle sowie an uns und alle anderen zivilen Rettungsschiffe gehen, die die App nutzen.

Vor dem Hintergrund der katastrophalen Situation haben Freiwillige und Hilfsorganisationen an der Nordküste von Lesbos an verschiedenen Aussichtspunkten eine Rundum-Überwachung organisiert. Mit Ferngläsern und Nachtsichtgeräten suchen Ehrenamtliche Tag und Nacht die Küste nach Flüchtlingsbooten ab. Im Januar schloss die griechische Polizei allerdings die Funkstation, von der die Freiwilligen aus die Rettungseinsätze koordinierten. Angeblich hatten sie keine Zulassung beantragt. So stark der Wille zu helfen unter ihnen auch ist, so groß ist auch ihre Wut über das Versagen der Behörden. Die griechischen Küstenwächter, die eng mit den europäischen Grenzschutzbeamten von Frontex zusammenarbeiteten, erlauben es den Helfern nicht, mit den Rettungsbooten vor der Küste von Lesbos zu patrouillieren. Rettungsteams dürfen nur auslaufen, wenn die Küstenwache sie dazu auffordert. Um das Verbot zu umgehen, an der Küste zu patrouillieren, geben Rettungsteams den Behörden auch schon einmal an, keine Patrouillenfahrt, sondern eine Trainingsfahrt zu unternehmen.

Unsere Crew berichtete, dass Überfahrten nach Griechenland seit den Verhandlungen der EU mit der Türkei über das Abkommen zur Sicherung der EU-Außengrenzen noch gefährlicher geworden sind. Flüchtlinge, die auf Lesbos angekommen waren, hätten ihnen erzählt, dass die türkische Küstenwache gezielt jene Strände kontrolliere, die Lesbos am nächsten liegen. Menschen, die übersetzen wollten, wären festgenommen und ihre Boote vernichtet worden. Viele hätten vier oder gar fünf Anläufe unternommen, bevor sie es nach Griechenland geschafft haben. Um der türkischen Polizei zu entgehen, seien sie von Küstenabschnitten gestartet, die weiter von Lesbos entfernt liegen. Mit der längeren und gefährlicheren Überfahrt mussten sie auch in Kauf nehmen, nicht im Norden der Insel zu landen, wo die Helfer auf ankommende Flüchtlinge warten. Sogar Mitarbeiter der griechischen Küstenwache werfen ihren türkischen Kollegen öffentlich vor, dass sie sich nicht korrekt verhalten und Booten, die in Seenot geraten waren, nicht zu Hilfe eilen würden. Die Griechen standen aber selbst unter massivem Druck, die Grenzen besser zu sichern, die Flüchtlinge abzuhalten. Auch deshalb verboten sie wohl die Patrouillenfahrten. In keinem Fall sollten die privaten Retter den türkischen Gewässern zu nahe kommen. Helfen sie dort Flüchtlingen in Seenot und bringen sie nach Griechenland, können sie wegen Beihilfe zur illegalen Einwanderung angeklagt werden.

Die türkische Küstenwache behauptet offiziell zwar, 2015 über 75 000 Flüchtlinge auf dem Weg nach Europa gerettet zu haben. In vielen Fällen dürfte damit gemeint sein: gestoppt.

Ich fürchte, dass auf der südöstlichen Mittelmeerroute 2016 noch mehr Menschen sterben werden als im vergangenen Jahr. Nach Schätzungen der Internationalen Organisation für Migration sind allein in den ersten 18 Tagen des Jahres bereits 77 Menschen beim Versuch ums Leben gekommen, über die Türkei nach Griechenland zu gelangen. Zum Gedenken der Ertrunkenen haben unsere Leute gemeinsam mit anderen Aktivisten und Hilfsorganisationen wie »Greenpeace« und »Ärzte ohne Grenzen« aus rund 3000 orangefarbenen Rettungswesten, von denen Tausende auf Lesbos liegen geblieben sind, auf einem Berg der Insel am 1. Januar 2016 ein weithin sichtbares Peace-Zeichen zusammengelegt. Auch der chinesische Künstler Ai Weiwei, der Anfang des Jahres auf Lesbos war, plant ein Mahnmal für die Toten.

Ende Januar wurden dann auch noch fünf Helfer festgenommen, denen Küstenwächter das Okay gegeben hatten, vor der Nordküste von Lesbos 51 Flüchtlinge aus einem Boot zu holen. Sie hatten sich wohl der türkischen Grenze zu weit genähert. Ihnen droht eine Haftstrafe. Dabei geraten die Schlauchboote doch oft schon in türkischen Hoheitsgewässern in Seenot – und die Küstenwächter zögern, die Menschen zu retten.

Meine Flugstunde war gerade zu Ende gegangen. Nachdem ich eine Stunde lang Start und Landung geübt hatte, lenkte ich den kleinen Flieger zurück in den Hangar. Im Cockpit unterhielt ich mich mit dem Fluglehrer über unsere weiteren Pläne. Da vibrierte mein Handy. Es war Ruben. Als ich den Anruf annahm, sah ich, dass er bereits zehn Mal probiert hatte, mich zu erreichen. Es musste wichtig sein. Ich entschuldigte mich bei dem Fluglehrer und sprang aus dem Cockpit. Noch bevor Ruben überhaupt zu sprechen begann, fiel mir auf, wie aufgeregt er war. Atemlos berichtete er mir, dass unsere Crew gemeinsam mit spanischen Rettungsschwimmern und den Teams von Greenpeace und Ärzte ohne Grenzen in der Ägäis gerade mehr als 50 Menschen aus einem sinkenden Schlauchboot geholt hatte. Ein wachhabender Ehrenamtlicher hatte das instabile und völlig überfüllte Gummiboot entdeckt und die Küstenwache und die Rettungsteams vor Ort verständigt. Die Helfer, deren Boote stets in Alarmbereitschaft sind, machten sich umgehend zur angegebenen Position auf. Sie kamen gerade noch rechtzeitig, um die Menschen aus dem Gummiboot zu holen, bevor es sank. »Wären die Retter nur ein paar Minuten später dran gewesen, die Menschen wären ertrunken«, sagte Ruben. Das ägäische Meer war um diese Jahreszeit kalt. Auf Lesbos waren in den vergangenen Wochen immer wieder Menschen, vor allem Kinder, an Unterkühlung gestorben, nachdem sie ins Wasser gefallen waren.

Zu Hause erzählte ich Tanja von der gelungenen Rettungsaktion, die unsere bisher größte in der Ägäis war. Während ich das Abendessen vorbereitete und Tanja am Küchentisch Post sortierte, sprachen wir über die Situation in Deutschland. Wie so oft in letzter Zeit. Die Spaltung der Gesellschaft in der Flüchtlingsfrage, die sich bereits im September abzeichnete, hatte sich im Dezember verfestigt. Wir hatten den Eindruck, dass sich eine neue unsichtbare Grenze mitten in Deutschland bildete: zwischen den Bürgern, die Flüchtlinge willkommen hießen, und den anderen, die die Menschen davon abhalten wollten, zu uns zu gelangen. Ein Dialog zwischen den Lagern schien kaum mehr möglich. Tanja meinte, dass wir auch gegen diese Grenze ankämpfen und uns auch in Deutschland dafür einsetzen sollten, dass die Welt humaner wird. Dass wir uns weiterhin darum bemühen sollten, die Menschen aufzurütteln. »Nur wenn die

Leute hier Empathie entwickeln, wenn sie darüber nachdenken, was das mit ihnen zu tun hat, dass sich Flüchtlinge auf den Weg zu uns machen, ändert sich tatsächlich etwas im Mittelmeer«, sagte Tanja. Sie fuhr fort: »Sie müssen doch erkennen, dass wir uns nicht abschotten dürfen, dass alle Menschen miteinander vernetzt sind. Dass es nicht ›die‹ und ›wir‹, sondern nur ›wir‹ gibt.« Ich musste daran denken, dass wir bei den ersten Ideen für Sea-Watch auch das Vorhaben gehabt hatten, das Mittelmeer und die europäische Außengrenze nach Berlin zu holen. Ich musste lächeln, als ich mich daran erinnerte, dass wir diesen Plan vor einigen Wochen sogar haben Realität werden lassen. Um die Situation auf dem Mittelmeer zu veranschaulichen, haben wir Menschen für eine Spreefahrt auf ein Schlauchboot eingeladen, das wir von einem Einsatz aus dem Mittelmeer nach Berlin gebracht hatten. Als wir direkt vor dem Deutschen Bundestag anlegten, waren 121 Menschen an Bord. Darunter einige Politiker und Journalisten sowie drei Flüchtlinge, die das Mittelmeer überquert haben.

In den vergangenen Monaten waren so viele Flüchtlinge nach Deutschland gekommen, dass meiner Meinung nach nun niemand mehr wegschauen konnte. Die meisten aber sprachen von einer Flüchtlingskrise, eben genauso wie die Medien und die Politiker. Die allerwenigsten Menschen empfanden die Ankunft als Chance für gesellschaftliche Entwicklungen. Sie empfanden kein Mitgefühl für die Menschen auf der Flucht, sondern fürchteten gesellschaftliche Veränderungen, die mit der Ankunft der Migranten einhergehen konnten. Im Dezember hatte ich den Eindruck, dass sich überhaupt nichts verändert hatte. Und noch dazu konnte ich überhaupt nicht verstehen, warum sich so viele Menschen dagegen wehren, den Flüchtlingen in unserem

Land Chancen zu geben. »Sea-Watch muss sich darauf konzentrieren, dass keine Menschen auf der Flucht im Meer sterben«, sagte ich trotzdem zu Tanja. »Wir müssen weiterhin daran erinnern, dass das Mittelmeer die gefährlichste Grenze der Welt ist. Vielleicht könnten wir mehr Vorträge organisieren, um die Menschen wach zu rütteln?«

Obwohl ich mich mittlerweile für einen politischen Menschen halte, war ich davon überzeugt, dass wir uns nicht verzetteln durften, um die Glaubwürdigkeit von Sea-Watch nicht zu gefährden. Unsere Kapazitäten waren beschränkt. Ein wenig fühlte ich mich bei dem Gespräch mit Tanja an meinen ersten Einsatz auf dem Mittelmeer erinnert. An jenen Moment, in dem ich mich mit dem Gedanken habe abfinden müssen, dass wir nicht allen Menschen in Seenot beistehen können. Tanja und ich überlegten, was wir neben Sea-Watch noch unternehmen könnten. Sollten wir eine Patenschaft übernehmen? Menschen bei uns zu Hause aufnehmen? Als freiwillige Helfer beim Berliner Landesamt für Gesundheit und Soziales mittun, das für die Erstaufnahme von Flüchtlingen zuständig ist und wo seit Monaten chaotische Zustände herrschen? Da rief erneut Ruben an. Er schien mir noch aufgeregter als beim vorherigen Anruf.

Ein Holzkahn war vor Lesbos gekentert. Über 80 Menschen im kalten Wasser, etwa 300 Meter von der Küste entfernt. Gemeinsam mit einem Boot von »Greenpeace« war die Crew sofort mit dem Schlauchboot ausgerückt. Die beiden Teams konnten 50 Menschen aus dem Wasser holen, darunter zwei Tote. Tage später wurden Leichen – vielleicht die, die nicht geborgen werden konnten? – ans Ufer gespült. Die Toten werden, häufig in anonymen Gräbern, auf dem Friedhof von Mytilini bestattet, der Hauptstadt von Lesbos. Längst reicht der Platz dort nicht mehr aus. Auf der Rückfahrt von der Bergung verhedderte sich eine Schwimmweste in der Schraube unseres Schlauchbootes. An Land sollte sich schließlich herausstellen, dass der Antrieb kaputt war. Abends telefonierte ich mit Giorgia, die sehr betroffen war. Die Rettungswesten, die die Flüchtlinge getragen hatten, waren nutzlos gewesen. Offenbar hatten ihnen Schleuser oder andere skrupellose Menschen, die aus der Not Profit schlagen, Schwimmwesten minderer Qualität angedreht. Giorgia meinte, dass das Team aus dem schrecklichen Vorfall zwei Schlussfolgerungen gezogen habe: Wenn ein Boot kenterte, hätten sie nur wenige Minuten, um die Menschen aus dem Wasser zu holen. Und die Westen, die sie trugen, böten Flüchtlingen in der Regel keinen Schutz. Doch vorerst könnten sie überhaupt niemanden mehr retten. Der Antrieb müsse repariert werden. Da es auf Lesbos kaum Fachgeschäfte gibt, hätten sie die Ersatzteile in Athen geordert. Möglicherweise vergingen Tage, bis sie wieder aufs Meer könnten.

Nach dem Telefonat fiel mir ein Interview von Mussie Zerai ein, das ich zu dem Zeitpunkt gelesen habe, als wir die Idee für Sea-Watch gehabt haben. Zerai sagte, wenn ihm alles zu viel wird, wenn er das Unglück nicht mehr erträgt, dann erinnert er sich daran, dass er nicht der Retter der Welt ist. Dass das Jesus Christus ist. Als ich jetzt über seine Worte nachdachte, ging mir auf, wie er sie gemeint haben konnte. Dass nicht einer alleine die Welt verändern kann, dass wir das nur zusammen tun können. Ich begann, über das vergangene Jahr nachzudenken. An die vielen Menschen, die Sea-Watch unterstützt haben, die uns geholfen haben, auch sehr schwierige Situationen zu meistern. Als bei einem Einsatz im August das fast 50 Jahre alte Getriebe unseres Kutters kaputtgegangen war, besorgte uns ein Mitstreiter einen handgezeichneten Bauplan, der aus den 1960ern stammte.

100 Freiwillige waren bei den Einsätzen dabei, viele andere haben uns an Land und bei der Organisation unterstützt. Gemeinsam haben wir innerhalb eines Jahres aus einer Idee, die manche für verrückt hielten, einen professionellen Seenotrettungs-Verein gemacht. Wir haben mehr als 2000 Menschenleben gerettet. Unser Beispiel hat andere ermutigt, ebenfalls Rettungsschiffe aufs Mittelmeer zu schicken, um gemeinsam mit uns Flüchtlingen zu helfen. Wie schnell sich manche Dinge doch entwickeln, dachte ich mir zufrieden.

Doch dann erinnerte ich mich daran, dass das Mittelmeer immer noch die gefährlichste Grenze der Welt ist. Meine Zufriedenheit war weg. Wir werden weiter dafür kämpfen, dass die Welt humaner wird. Dafür, dass Flüchtlinge auf sicheren Wegen zu uns kommen können. Dass Menschen, die von ihrem Recht auf Asyl Gebrauch machen wollen, nicht ihr Leben riskieren müssen. Gemeinsam können wir etwas bewegen!

Dä
Helgoland
Borkum
Ham
Irland
Groß-
britannien
D
Boulogne sur Mer
Cherbourg
Brest
Frank-
reich
Schwe
A Coruña
Berlin
Portugal
Spanien
Lissabon
Cartagena
Carboneras
T
Algerien